BLACK LIVES STUDIES

ブラック・ライブズ・スタディーズ

BLM運動を知る15のクリティカル・エッセイ

山本伸＋西垣内磨留美＋馬場聡 編著

三月社

イラスト　勝部浩明
制作協力　中尾　登
組版・装幀　ＧＯＮＴ

はじめに

アメリカ合衆国ミネソタ州のミネアポリスにおける警察官の不適切な拘束方法による黒人男性ジョージ・フロイドの二〇二〇年五月二五日の死をきっかけに、黒人の命も大切だという意味の「ブラック・ライブズ・マター（以下、ＢＬＭ）運動」は世界に拡がった。スポーツ界や芸能界でも多くの著名人がいまも賛同の声をあげつづけている。

このＢＬＭ運動、実は今に始まったわけではない。二〇一二年二月、当時一七歳の黒人男性トレイボン・マーティンが自警団のジョージ・ジマーマンに射殺された事件で無罪判決が下ったとき、それに怒った人びとが警察の捜査への不信と不満をあらわにしたＳＮＳ上のハッシュタグ（#BlackLivesMatter）として始まったのが最初である。さらに二〇一四年、マイケル・ブラウンが白人警官に射殺され、エリック・ガーナーが警官の絞め技で窒息死させられるという黒人男性に対する警察の横暴が連続したことで運動は広く知られるようになる。

とはいえ、今回のＢＬＭ運動よりもずっと以前から人種差別への糾弾は途切れることなく繰り返し行われてきた。主なひとつは一八世紀末にさかのぼる奴隷制廃止運動であり、もうひとつは一九五〇年代から六〇年代にかけての公民権運動である。しかしながら、奴隷制が廃止され公民権が確立されても、黒人への人種差別はなくならなかった。それどころか、経済状況や政治情勢によってはますますひどくなってさえいる。ＢＬＭ運動が目指すのは繰り返されるこの負のジレンマの終焉であり、キング牧師が訴えた「人が肌の色ではなく人柄で判断される社会」の実現であることは言うまでもない。

本書もまた同じ方向を目指して緊急刊行された。集められた十五編の論考やエッセイのひとつひとつにはＢＬＭ運動をこのまま終わらせてはいけないという固く強い決意と願いが込められているだけでなく、差別とリンチや暴力の文化から、ＢＬＭ運動に至る歴史、文学に描かれた黒人、コミックなどのポップカルチャーを通しての黒人、そして日本を含む世界の視点から見た黒人にいたるまで、ＢＬＭ運動を理解するための鍵がちりばめられている。

アカデミズムの場で扱われてきた人種と階級、国家と民衆、貧困と犯罪、文化とアイデンティティといった研究テーマが、出版による発信というＢＬＭ運動への「参加」によって有機化され、どこに問題があり、どのような意識改革やシステム改革が必要なのかを問いかけるきっかけになれば、と心から願う。

山本伸

ブラック・ライブズ・スタディーズ

BLM運動を知る15のクリティカル・エッセイ

目次

#BlackLivesMatter

偉大な国の未熟な文化
――リンチと銃と原爆と

山本伸

インディアナ州マリオンでリンチされたトーマス・シップとエイブラム・スミス
Lawrence Beitler, 1930
These Americans. An American Archive

「わが国、それはそなたのもの。うるわしき自由の地よ。そなたのために、私は歌う。わが父祖たちの逝きし大地よ。巡礼者の誇れる大地よ。あらゆる山々から、自由の鐘を鳴り響かせよう」
マーチン・ルーサー・キング・ジュニア

偉大な国　アメリカ

一九六三年八月二八日、二十五万人の聴衆を前に、マーチン・ルーサー・キング・ジュニア牧師は次のように演説を締めくくった。

あらゆる村、あらゆる集落から、すべての州、すべての町から自由の鐘を鳴り響かせることができたとき、神の子であるわれわれすべてが、黒人と白人、ユダヤ教徒とユダヤ教徒以外、そしてプロテスタントとカトリックのいかなる隔てもなく、ともに手をとり合い、懐かしき黒人霊歌を歌うことのできる日が近づくはずだ。「ついに自由になった！　ついに自由に！　神様ありがとう、われわれはついに自由になった！」

そして、この「自由の鐘」を実現することこそが、アメリカが偉大な国家となるための必須条件だとキングは強調したのだった。

「偉大な国アメリカ」。そう、この言葉は現大統領のドナルド・トランプが「アメリカ第一」と並んで選挙キャンペーン以来繰り返し使ってきた言葉だ。就任演説の最後でもまた、アメリカを「強く」「誇り高く」「豊か」で「安全」で「偉大」な国家にすると結んでいる。

気になるのは、「すべてのアメリカ人」への呼びかけであるにも関わらず、「二度と無視されない」とトランプが誓う相手である「あなたがた」がいったい誰を指すかという点である。移民政策ひとつを例に取ってみても、それが限られた階層の人種、すなわち低所得者層の白人であることは自明であろう。

こうしてみると、キングとトランプがともに口にした「偉大な国アメリカ」は明らかに別物であることがわかる。それどころか、その実現へのベクトルは前者が「協調・融合」、後者は「排除・区別」と、まさに真逆を指し示しているのである。

偉大な国とは、いったいどんな国なのか。その根本的な概念を大統領という一個人の思想によって如何様にも解釈し実行させることのできる国、それが現在のアメリカである。そして、それは総体としての国家自体が思想文化的に未熟であることを物語っている。

ふと思い出すのは、かつてオバマ大統領が歴史的就任を果たす直前に来日し、NHK-BSへの出演では筆者もお手伝いしたことのあるプリンストン大学教授コーネル・ウエストの言葉だ。ウエストは、多人種多民族国家アメリカが有色人種の大統領をひとりも出していない原因をアメリカ社会の「未熟さ」だと断じた。

二〇二〇年のジョージ・フロイド事件のみならず、皮肉にものちにウエストがオバマ批判を展開することになる二〇一二年のトレイボン・マーティン射殺事件や、その他日常的な警察による黒人やラテン系移民への人権侵害や高圧的で不愉快な路上尋問、マイノリティの逮捕と刑罰により重きを置く米司法制度等々、今なお続く多民族国家アメリカの社会文化的、哲学思想的未熟さ。キングが頭に描いた偉大な国へと熟成する道のりはなおも遠く険しいと言わざるを得ない。

偉大な歌手　ビリー・ホリデイ

一九三九年、偉大なる黒人女性歌手ビリー・ホリデイ（一九一五—一九五九）がのちに自らを代表することになる曲をリリースした。『奇妙な果実』である。

南部の木に奇妙な果実がなっている
葉っぱも根っこも血に濡れて
ぶらさがった黒い死体が風に揺れている
そんな奇妙な果実がポプラの木になっている

凛々しい南部の牧歌的な風景
ふくれあがった眼とゆがんだ口
モクレンの香りの新鮮な甘さのなかに
突然割り込んでくる肉の焼け焦げるにおい

その果実はカラスにつつかれ
雨にさらされ　風にもさらされ
太陽で腐り　やがては落ちて肥となる
そんな奇妙でみじめな果実がここにある

ホリデイが最初にこの曲をビレッジのナイトクラブ「カフェ・ソサエティ」で歌ったときの観客の静まり返った反応は容易に想像できる。あからさまな黒人へのリンチを歌った曲だからだ。

この曲は一九三〇年に実際に起きたリンチの写真（扉頁参照）に衝撃を受けたブロンクスの教師エイベル・ミーアポルが作詞作曲し、やがてクラブの支配人バーニー・ジョセフソンを介してホリデイが歌うこととなるわけだが、ミーアポルが当時アメリカ社会が黒人と同じく差別の対象としていたユダヤ系であることはあまり知られていない事実である。

リンチという文化

アメリカにおけるリンチの歴史は一八三〇年代に始まったと言われている。驚いたことに、当時の対象者はほとんどが白人だった。黒人が対象となるようになったのは一八六一年から六五年にかけての南北戦争後のことで、この傾向は一九三〇年代までの長きにわたって続いた。タスキーギ大学等の調査によれば、ほとんどは殺人や殺人未遂、レイプやレイプ未遂、人種差別を公に認める当時のジム・クロウ法下における経済競争による白人への妨害などがよくその理由にあげられたという。

社会学者のアーサー・F・レイパーによれば、一九三〇年代の百件のリンチの三分の一はまったくの濡れ衣だったといい、黒人の他にはラテン系や先住民系、アジア系やイタリア系、ユダヤ系などがその対象にされた。

先のタスキーギ大学によれば、一八八二年から一九六八年にかけて四七四三人がリンチされ、その内訳は黒人が三四四六人、白人が一二九七人であった。七十三パーセントは南北戦争後の南部で起きており、一八七七年から一九五〇年にかけて四〇八四人の黒人がリンチによって命を落としたとされている。

リンチには銃で何発も撃つとか、生きたままの火あぶり、車で引きずり回すなどといったさまざまなやり方があったが、典型的な方法はつるし首である。その理由は多くの群衆が見やすく、また写真にも撮りやすいからだ。リンチによってはその様子をプロの写真家が撮影し、信じがたいことに絵ハガキにして販売までしていた。さらに驚くのは、この絵ハガキが土産として飛ぶように売れたということだ。そのことを意識してか、あるいはリンチへの参加自体が神聖な儀式とでもとらえていたのか、皆スーツにネクタイ、帽子をかぶっての正装が目立つ。

絵ハガキには大人だけでなく、あどけない子どもたちの姿までもが映り込んでいる。おそらく家族総出でやってきたのだろう、皆にこやかにカメラの方を向いて微笑んでいる。真っ黒に焼け焦げて木からぶら下がる黒人の死体を背景にしながら、である。

つまり、リンチには単なる私刑以上の意味があったのだ。リンチに参加した群衆が味わったもの、それは正義に関わる高揚感であったろうし、神に代わっての処罰という達成感、皆で悪を排除したという一体感、ひいては子どもたちへの戒めを含む家族愛だったかも知れない。

そのことはハガキに記された文面からもうかがい知ることができる。十六歳の黒人少年がテキサスの裁判所の庭でつるされたときのハガキには、知人の名前と彼の殺された祖母の名前が強い親近感を伴って書かれているし、三歳の少女を殺したとされる黒人男性のリンチの絵ハガキには、自分もその群衆のなかにいたことを友人に鼓舞する文面がしたためられている。

こうしてリンチは、一般には「理解しがたい文化」としてアメリカの歴史に刻み込まれたわけであるが、先の高揚感や達成感、一体感や家族愛が人種差別を基盤とした価値観のもとで他者の命や自由を奪うことでしかもたらされないという身勝手さは人間として許されざるものであり、その真理を解さずにリンチに正装して参加する群衆を集め続けたという史実、そしていまなお人種差別を伴うさまざまな問題を解決できないという事実は、やはりアメリカがいかに社会文化的、哲学思想的に底浅でありつづけているかの証拠ともいえるだろう。他者を排除することでしか生み出されない文化が真の文化であるはずはない。

銃とコメ

もうひとつ、アメリカには他者を排除することによって文化と自ら位置付けるものがある。それは銃である。マイケル・ムーア（映画監督、一九五四―）が映画『ボーリング・フォー・コロンバイン』で車いすの元高校生被害者を連れて彼の体内にまだ数発残る銃弾を売ったホームセンターに押し掛けても、わずか三ヵ月後に販売を再開する国アメリカ。オバマ元大統領が銃規制に理解を示し、積極的に規制を推し進めようとしたにもかかわらず、全米ライフル協会の強力な反対で何事もなかったかのように発砲事件が繰り返される国アメリカ。屋内への侵入者への発砲を容認する州法を持つルイジアナで日本人留学生が屋外であるにも関わらず射殺され、加害者が無罪になる国アメリカ。

銃に関するアメリカ社会のこだわりは執拗である。

このこだわりをイメージするとすれば、われわれ日本人がコメに抱く思いに近いかも知れない。フランス料理では米を野菜の一種としてサラダに混ぜたりする。つまり、他の野菜との差異はない。食べ残されることに特段の違和感もない。一方、日本の食卓においてのコメといえば、「一粒たりとも無駄にしない」という倫理観に伴う食育があるため、野菜と見なすことなど思考の隅にすらないし、また残したり無駄にしたりすることには大きな罪悪感が伴う。

では、アメリカ人への銃のこだわりと日本人のコメへのこだわりの共通点は何か。それは両者に密着した歴史文化的な背景である。

日本人の主食としてのコメの歴史的文脈については多くを語る必要はないだろう。基本的には農業国であり、コメとともに悠久の歴史を歩んできた日本人のコメに対する思いは、単なる食べ物としてだけでなく、生産者である農家の人びとや自然や神々への感謝、家族を「養う」や「食う」に困らないというときに真っ先に想起する象徴であることは言うまでもないからだ。

アメリカ人にとっての銃もまた同様である。政教一致で腐敗するイギリスから新天地を求めてやってきた清教徒たちがアメリカ東部に上陸して以来、徐々に西へと開拓の手を広げていく過程で、銃はキリスト教信仰と並んで重要な役割を果たしてきた。彼らの視点で見れば、先住民は皮肉にも外敵であり、自らの身はもとより、作物や家畜、そして何より家族を外敵から守るために必要不可欠なもの、それが銃だった。つまり銃には、家族への愛と絆が歴史文化的背景としてすり込まれているのである。

このことを痛切に感じさせられたアラバマでの経験がある。国際交流の仕事で何度もアラバマを訪ねていたある年、ずっとお世話になっていた夫婦の家に招かれたときのことだ。案内されて降りて行った地下室の壁には、ざっと二〇丁ほどの銃が飾られていた。家主は一つひとつを指さしながら、そのいわれを聞かせてくれた。あれは祖父の形見だとか、それは自分が初めて父親からもらったものだとか。そして最後に、引き出しから小さな真新しい銃を取り出して言った。「今度の娘の誕生日プレゼントだよ」。

家族愛そのものが尊いものであることに議論の余地はない。しかしながら、コメと銃は生産と破壊というまるで正反対のベクトルをもつ。何も壊すことなく家族愛をはぐくんできたコメとは対照的に、家族を守るために他者を脅し、傷つけ、ときには命をも奪ってきた銃は、リンチ同様、キリスト教の偏狭な解釈を基盤として、他者を排除することを前提にはぐくまれた、身勝手で浅はかで歪《ゆが》んだ偽りの文化以外のなにものでもない。

エメット・ティル事件

あまたの黒人が「奇妙な果実」とされていったなかで、アメリカの歴史を変えるリンチ事件がちょうど公民権運動が盛り上がるさなかの一九五五年に勃発する。エメット・ティル事件だ。

ティルは当時シカゴに住む十四歳の黒人少年で、夏休みにミシシッピー州のマネーに住む親戚を訪ねていた。そして、近所の食品雑貨店のキャロライン・ブライアント（当時二十一歳）に口笛を吹いてちょっかいを出したとされた。キャロラインは腰に手を回されて卑猥な言葉を投げかけられたと裁判で証言したが、公民権運動の歴史に詳しい作家ティモシー・タイソンの二〇〇八年のインタビューではそれが偽証だったことを自ら明かしている。いとこの証言によれば、その後店を出て車に向かう彼女にティルが口笛を吹いたのは事実とのことだが、いずれにせよ、黒人と白人を法的に隔離するジム・クロウ法が厳密に施行されていた当時の南部にあって、妻にちょっかいを出したとされた黒人男性への怒りと憎しみは想像を絶するほど激しく、キャロラインの夫のロイは数日後の夜、義理の弟のJ・W・ミラムを連れてティルの親類の家を訪れ、銃で脅して外へと連れだしたのだった。

二人はティルを散々殴った挙句に片目をえぐりだし、頭に銃弾を撃ち込み殺害する。遺体は重しをつけてタラハッチー川へと沈められたが、三日後に引き上げられることになる。

すぐに事情を聴かれたロイとミラムは、ティルを連れ出したことは認めたものの、すぐに家に帰したと証言、事件を担当した郡警察のH・C・ストライダーもまた、発見されたのは成人男性の遺体で、ティル失踪よりも以前に沈められたものだとし、ティルがまだ生きている可能性を示唆した。しかし、ストライダーの行為は、当時の南部にはありがちな白人の同胞をかばってのものであったことは明らかだ。

ティルの遺体が発見された当初はミシシッピーの民衆のショックと怒りは激しく、州知事のヒュー・ホワイトが地方検事のジェラルド・チャタムに事件の早期解決を促す電報を打つ一方で、チャタムは「黒人白人の別を問わず解決に全力を挙げる」と約束し、地元紙の『グリーンウッド・コモンウエルス』もまた、「必ず犯人を捕まえ、法にのっとって裁きを与える決意」で一致する住民の意識を代弁した。

ところが、NAACP（全米黒人地位向上協会）のロイ・ウィルキンスが本件をリンチだとして乗り出し、「ミシシッピー州（民）は子どもを殺害してまで白人の優位を保とうとした」というコメントを発したとたん、それまでティルに同情的だった人びとの態度は一変する。ずっと培われてきた南部独自の悪しき伝統が白人の団結と黒人への反感を再燃させ、ロイとミラムを擁護する気風を反動として生み出してしまったのだ。

結果、一九五五年九月、裁判官が全員白人で占められた裁判所はロイとミラムに対して無罪の評決を下すことになる。当然とばかりに家族で抱き合い、悠々と葉巻を吹かす姿はテレビでも放映され、新聞各紙の紙面を飾った。しかし、翌一九五六年、同じ罪で二度裁きを受けないという一事不再理の庇護のもと、雑誌『ルック』のインタビューで二人はティルの殺害を公に認めている。

一方、シカゴに戻ったティルの遺体は、母親のたっての願いであえて顔が見える棺桶に入れられた。ティルの母親のこの毅然とした態度と行動を、デボラ・ホワイト・ジュニアらは著作『わが心の自由』（二〇一三）のなかで次のように評している。

マミー・ティル・ブラッドリーによる顔が見える棺桶の葬儀は、水を吸って膨らみ、目をえぐり取られたわが子の無残な姿以上のものを世間に映し出した。それはアメリカの人種差別やリンチの残酷さと、アメリカという国の民主主義のもろさと限界である。

ティルの遺体写真は黒人メディアを中心に数多くのメディアによってカバーされたことで黒人白人を問わず全米の共感を呼び、反黒人差別運動へのうねりに勢いをつけることとなった。ティルの死はけっして無駄にはならなかったのである。そして、そのわずか三ヵ月後のローザ・パークスのバス席移動拒否による逮捕劇を巻き込んでのモンゴメリー・バス・ボイコット運動、人種によるバス席隔離は違法という連邦最高裁による歴史的判決、さらには決定的なワシントン大行進へとつながっていく。キング牧師による「私には夢がある」演説が行われた一九六三年八月二十八日は、奇しくもティル八回忌の当日であった。

エメット・ティル事件の衝撃はいまなお衰えを見せていない。そして、その教訓はメモリアルセンターはじめ多くのプロジェクト・アイコンとして人種差別撤廃活動に貢献しつづけている。

未熟な文化とその極み

エメット・ティル事件で露呈した民主主義のもろさと限界をはらんだとアメリカの文化的未熟さは国際社会においても同様であり、その事例には枚挙にいとまがないが、なかでもその極みは一九四五年の広島、長崎への原爆投下であろう。マーケティング調査会社「ギャラップ」の調査によると、原爆投下を支持しない若年層が増えているとはいえ、過去数十年にわたって原爆投下を支持するアメリカ人の割合は五〇％前後を保ちつづけている。

広島約三十二万、長崎十八万、総計五〇万という尊い人命を奪った原爆をアメリカ人の約半数が相変わらず肯定するのはなぜか。

銃、リンチ、そして原爆投下の三つに共通するもの、それはアメリカ式正義の独善性である。そして、その独善性の基盤がアメリカのホワイティズム、すなわち白人中心の人種主義であることは言うまでもない。先住民を野蛮な悪とみなす不寛容な独善的正義、偏見のなかで私刑する独善的正義、そして戦争を止めるための必要悪としての独善的正義。これら独善的正義によって、銃とリンチと原爆はアメリカの社会に受け入れられ、深く浸透してきたのである。

ここに、かつてコーネル・ウエストも指摘した、身勝手で歪んだ正義とその独善性を正すことのできなかった、あるいはいまだできていないアメリカ社会の思想文化的未熟さがあるのだ。そして、その未熟さの裏に見え隠れするのは、利便性と快適性のみを追求する近代合理主義と盲信的と言っても過言ではないキリスト教原理主義の絡み合う暗い影である。

人種とは何か

ここでやや哲学的な問いを発しようと思う。

人種とは何だろうか。

一七世紀のフランスの医師で旅行家のフランソワ・ベルニエが『人種による新大地分割論』(一六八四)で人種による人間の分類を論じて以来、近代社会は骨格や皮膚、毛髪などの遺伝的、形質的特徴によって人を分類することを受け入れてきた。そして、当時のフランスが中東地方を植民地化すると同時に徐々にアラブ人を侮蔑する記述や研究が増えていったように、近代社会もまた人種によるステレオタイプやヒエラルキーを作り出すことになる。ヨーロッパ列強国による世界の植民地化は、先住の民をはじめとする非ヨーロッパ系、すなわち有色人種を生物学的に劣っている人間とみなし、付随する彼らの文化や風習、宗教や価値観までをも蔑《さげす》むべきものとして偏見視したのだった。

さすがに今日の科学ではそのような生物学的本質主義ははなはだ時代錯誤であり、身体的、行動的特徴による人種の本質主義的、類型的な概念化集団分化は避けてしかるべきとの傾向が強くはなっているものの、社会には人種という概念が厳然と居すわったまま、政治や経済、そして日常生活においてもまたしつこく幅を利かせている。

人種という概念が科学の進歩と歩調を合わせせられない理由はいったい何なのか。

自らも警察の横暴で逮捕された経験を持つハーバード大学教授のヘンリー・ルイス・ゲイツ・ジュニアが監修したマイクロソフトの電子百科事典『エンカルタ・アフリカーナ』（一九九九）のなかで、出演者の一人である女優のウーピー・ゴールドバーグはこう説明する。

「人種とはアイデア、つまり頭のなかで作られるもの」。

肌の色や髪の毛の質、そして顔の形で分別を行い、人種間に優劣の差をつけることで、優れた人種は劣った人種を支配できるというとんでもないイデオロギー、すなわちアイデアを生み出したというのだ。ハーバードの教授ですら経験させられた、一連の白人警官による黒人その他のマイノリティに対する不敬や横暴は、人種が人の頭のなかで作られるというウーピーの言葉を何より正確に実証しているといえるだろう。

リンチ代行の警察権力

悪しき文化として先に取り上げたリンチも、二〇世紀初頭のジム・クロウ法への抵抗に伴う公民権運動の機運の高まりとともに徐々に減少していったわけであるが、一部のアメリカ人の頭のなかでは人種はその後も再生産されつづけてきた。

では、人種概念とそれに伴う人種差別意識は旧態然としてあるのに、リンチが減ったのはなぜなのか。

その整合性の謎を解くための興味深いヒントが、『荒っぽい正義―アメリカ社会のリンチ　一八七四―一九四七』（二〇〇四）の著者マイケル・J・ファイファーによって示されている。南北戦争後のしばらくの間は司法の適正手続きに対する民衆の不満がリンチの要因だったのに対し、二〇世紀以降は新たに出現した死刑制度がリンチを肩代わりしてくれているとファイファーは指摘する。そして、何より注目すべきは、警察による人種差別的で過度な権力行使がかつてのリンチに成り代わっていると示唆している点である。群衆が望む正義を代弁または代行しているといううぬぼれが警察側にあるとすれば、いまなお後を絶たない警察の不敬と横暴にも説明がつく。

おわりに

アメリカは時代の潮流や経済状況によって身勝手に人種概念を再生産し、かつてのヨーロッパの植民地主義が生み出した白人優位の悪しき伝統を払しょくできないまま、利便性のみを追求する浅はかな近代合理主義と、非科学的で時代錯誤も甚だしいキリスト教原理主義のもとで人種を分別し、銃やリンチ、原爆という破壊的な手段で他者を排除してきた。そして、その排他的ベクトルは警察権力や政治権力による不条理に形を変え、いまもその延長線を国内外へと延ばしつづけている。

キング牧師が望んだ自由の鐘がアメリカじゅうに鳴り響く日は果たして来るのか。アメリカの文化に成熟の可能性はあるのか。

世界はアメリカを変えられるのか。

たとえこれらの問いの答えがすべてノーであったとしても、「ブラック・ライブズ・マター（黒人の命も大切だ）」という真理を前に、われわれはキングのいう「絶望の山のなかから希望の石」を切り出していかねばならない。

そして、人類にはそれができるはずである。

なぜなら、破壊することとは逆に生産することの歓びは疲れを知らないからだ。

最後に、キャスリン・ストケットの原作を映画化した『ヘルプ』（二〇一一）のなかで主人公の黒人家政婦エイビリーンが人種差別主義者の白人女性ヒリーに投げかけた問いを読者の皆さんと共有して筆をおくことにしたい。

「ミス・ヒリー、そんなに人を差別して、疲れませんか」。

階層と差別の重層構造

西垣内磨留美

マネシツグミ（Mockingbird）
Two Brown-backed Mockingbirds in Argentina. ㏄
Ron Knight from Seaford, East Sussex, United Kingdom
https://en.wikipedia.org/wiki/File:Mimus_dorsalis_-Argentina_-two-8.jpg

はじめに――ゾラ・ニール・ハーストンの事例

黒人女性作家、そして文化人類学者ゾラ・ニール・ハーストンは、アメリカの黒人が設立した最も初期の町の一つであり現存する最古の町、フロリダ州イートンヴィルの出身である。このことは彼女の人生に大きな影響を及ぼした。迫害から守られ自由に幼少期を過ごせたこと、アフリカ系の文化が色濃く残る環境で育ち、民族の文化に誇りを持っていたことなどである。作家や学者としての彼女の活動は、アメリカ南部の黒人の生活の描写やアフリカ系文化の擁護に力点が置かれ、抗議文学の先鋒であったリチャード・ライトやスターリング・ブラウンと一線を画す立場であった。しかし、ハーストンとて差別と無縁であったわけではない。

ハーストンは、一九三八年四月から一九三九年八月にかけて一年五ヶ月間、フランクリン・ルーズベルト政権下でニューディール政策の一環として組織された連邦作家計画（以降、作家計画）に参加している。作家計画は、実地調査に基づくアメリカンガイドの制作を主たる目的としてアメリカ国家規模で行われた事業である。アフリカ系の歴史や文化を調査する上で、ゾラ・ニール・ハーストンは申し分ない人物であった。民話の宝庫ともいえる地域の出身であったことに加え、大学で文化人類学を学び、すでに実地調査の経験者であったのである。作家としても多数の短編に加え大手出版社から二冊の小説『ヨナのとうごまの木』と『彼らの目は神を見ていた』を既に出版しており、それはフロリダ支部でただ一人が持つ経験であった。しかし、最初は「臨時雇用の執筆者」という待遇で、白人被雇用者の最低賃金に満たない給料で、作家計画のフロリダ支部で雇われた。のちに「ニグロ編集者」の名を当てられるが、実質的な編集の仕事からは遠ざけられていた。この待遇について、ハーストン自身の言葉がなく、忸怩《じくじ》たる思いであったろうと推測する以外にないが、ロリンズ・カレッジの合唱団とともにワシントンの国内民俗文化祭に参加した折に、ハーストンが行動に出たことで、やはり納得のいく環境ではなかったことが明らかになる。作家計画のワシントン本部を訪れ、総指揮をとっていたヘンリー・オールズバーグに面会しているのである。その後、彼はハーストンの昇給や仕事面での活用をフロリダ支部に勧告したが、それがすぐさま実現するというわけにはいかなかった。フロリダでは、白人編集者は本雇いであったのに対し、臨時雇いの黒人が指導的役職に就くなど論外とされていたからだった。

一九三九年五月には、録音調査に参加した。フロリダ州クロス・シティのテレビン油（松ヤニ）製造所での資料収集へ向かったのである。しかし、なお人種混交の実地調査チームは考えられない時代であり、ハーストンは、地元の歌の提供者をスカウトする役割で現地に前もって送り込まれたのであった。六月には、ジャクソンヴィルで、録音セッションに参加している。若い白人民俗学者ハルパートの調査のためのセッションではあったが、ハーストンは中心的役割を担い、その肉声による歌が収録された。歌とともに語られたハーストン自身の説明によって、機器による録音の手段を持たなかった当時の苦労も見える音声データとなっている。しかし、当時は、音声データを入手できるのはごく一部の人々に限られており、公表されるためには活字化される必要があったが、紙ベースではほとんど採用されず、データは可視化されずに終わったのである。

資料採集の結果としての著作は、『フロリダ・ガイド』、『フロリダ・ニグロ』の二つの企画に向け執筆された。しかし、作家計画は、クロス・シティでの調査記録を活用することはなかった。オコイー暴動（一九二〇年）

についても執筆しているが、これも採用されず、部分のみ取り入れられるという扱いであった。『フロリダ・ニグロ』の宗教の章のために執筆された解説もあり、民族の文化や信者の心と密着した宗教活動として、アフリカ系の文化を報告した貴重な資料であるが、この原稿は白人編集者によって全文削除されるという憂き目に遭っている。ガイドブックの編集者であったステットソン・ケネディは、当時の仕事に関する著作に「ゾラの貢献」という章を設け、本人は書かなかった当時の様子を伝えてくれるが、ハーストンがもたらした資料を「価値は計り知れない」と評価しながらも、「フレーバーとして『フロリダ・ガイド』の原稿に散りばめた」というのである。原稿を採用せずに部分を散りばめたという行為は、果たしてハーストンの真価を理解していたと言えるのだろうか。

作家計画時代のハーストンの著作は、長く公の目に触れることはなかった。当時、大衆が手にできる唯一の手段であった紙媒体として残らなかったからである。執筆した著作の単体が掲載されることもなく、署名すら記載されることもなく、ハーストンを含む当時の人々にとっては、作家計画におけるハーストンの功績は、紙面から滑り落ちた、いや、払い落された結果となったのである。しかし、公民権運動からはるか前の時代に闇に葬られたかに見えた黒人の作家、そして文化人類学者の仕事は、現代に至って、保存データの体系的な整理と公開により評価に堪えるものとなった。ハーストンの仕事は、後世の貴重な宝となったのである。『フロリダ・ガイド』、『フロリダ・ニグロ』の編集者が軽視した価値は、長いスパンでの評価において、見過ごせないものとなった。音声データも著作も、ハーストンの実績が可視化されるのには時間を要した。この時期は彼女の「面目躍如の時」であったと、後世から振り返り、ようやく言えるのである。

民俗学のスキルを持つハーストンに企画の監督を担わせたいとする本部の意向はあっても、現場ではそうはいかなかった。組織の中で個人の能力を活用しきれないということは時代に関係なく普遍的に頻繁に起こりうる。しかし、作家計画における ハーストンの場合は、個人のレベル以前に黒人という民族的背景が負の方向に大きく作用したという点で、作家計画当局の理念がコスモポリタニズムを掲げようとも、活動の現場では、この時代以前と同様、「民族」という負荷を背負い、動くことになったのである。

白人側の階層の存在が人材の活用を妨げ、差別を生む結果となった事例をハーストンの例で紹介した。階層という視点を入れた差別の重層構造について、次の章からは、二つの文学作品を手がかりに検討してみよう。

『小さきものたちの神』

『小さきものたちの神』（一九九七）はインドの作家アルンダティ・ロイによる作品である。イギリスでブッカー賞を獲得し、アメリカでも作品への反響が大きかった。アメリカの反響の大きさは、アメリカが支配層と被支配層の両方の側面を持ち、深刻な問題を抱えていることにも起因するかもしれない。ロイが講演やエッセイで糾弾するように、アメリカが、被支配者を国外のみならず国内にも抱え持つ事実上の「帝国」であることは隠しようもない。この作品で、カースト制度の最下層、不可触民であるヴェルータは警察による差別的リンチで落命するが、この事件はアメリカ社会の暗部を連想させる。読者は社会正義の足下の危うさを改めて確認することになるのである。この作品はテーマだけでなく、子どもの視点による語りなど物語構成を含め、次の章で扱う『アラバマ物語』との類似点があるのだが、ロイの描くインド社会は、アメリカ南部社会に繋がるところがあり、イギリスによる植民地支配に端を発することに限定されない問題が扱われていることがわかる。

この作品には「歴史の館」というシンボルが現れる。「歴史とは夜の家みたいなもの」と、主人公の幼い双子のエスタとラヘルに伯父のチャコが説明する。

彼が言う家とは、行ったことはないがゴムの廃園の真ん中にある川向こうの家に違いないと二人は考えた。……「土地の者になった」あのイギリス人の。……アエメナムの「カーツ」だった。……その家は何年も空き家のままだ。見たことのある人もほとんどいない。だが、二人は頭に描くことができた。

「歴史の館」だ。

「歴史の館」が語られるときには、コンラッドの小説『闇の奥』やその主人公カーツが言及されるが、そこは、ヴェルータが警官によるリンチを受けた場所でもあった。アウトカが指摘するように、ロイは、歴史の館とコンラッドと、植民地主義から発する構造的トラウマとを結び付けただけではなく、そのリンクを広げ、カースト的差別をも内包させたのである。双子が成長する頃には、その屋敷はホテルチェーンのものとなり、「歴史ごっこ」のためのリゾート地となる。

消えない過去の記憶、そして、現在も、皮肉な世界の動勢を映す「歴史の館」のように、過去が過ぎ去らないまま、様々な形で現れ、個人の生を脅かす様が描かれるのがこの作品である。

双子の祖父パパチは「大英帝国昆虫学者」であり、祖母ママチは、保存食品の会社パラダイス・ピクルスを創業し、その息子チャコが英国留学の後、その会社を経営している。富裕層に属する一族である。支配層ではあるが、実は、特に心の中で欧米の支配を受ける側であることが暴かれる。亡くなる日までイギリス風の三揃えのスーツを着続けたパパチ、親英派であることに複雑な思いを持ちつつも、イギリス人の元妻にへつらうチャコ。時代が下ると、アメリカ側にも振れて行く。家中鍵をかけ、衛星放送に見入る大叔母のベイビー・コチャマ、エルビス・プレスリーに傾倒する子ども時代のエスタ、アメリカ人と結婚し離婚するラヘル。特権階級であるがゆえのハイブリディズムである。発展的融合への方向性を持っていてもおかしくはないのだが、人物はだれも幸せそうには見えない。

その土地、その階級に生まれたことが、その生を支配する。植民地であれば、その生は複雑さを増す。このことはカタカリを踊る一座の心情によって示される。今はリゾート地となった「闇の奥」で彼らは、生活のため、ホテルのプールの余興として縮小版のダンスを踊る。それは彼らにとって屈辱なのであった。「『闇の奥』からの帰り道、彼らは許しを請おうと寺院に立ち寄るのだ。神々に詫びるために。物語を乱したことを。彼らの生の証を換金していることを。彼らの生をまともに使っていないことを」。

リゾート地となる前の「闇の奥」は、ヴェルータの死の舞台となったところである。彼が階級の異なる双子といたことをとがめ、警官が非人間的なまでのリンチを加える。こんなとき個人が歴史の僕になるのだろう。しかし、ラッツは、このリンチは制御できないものに対する恐れに基づく攻撃であったことも指摘する。

ヴェルータの打ち砕かれた肉体は、カースト制度だけでなく、資本主義や父権主義の残忍さの証だと言うのである。本来彼らが寄る辺とすべきインド社会や文化は、過去の遺物であるはずの旧制度を脱し切れず、彼らの受け皿となり得ない。双子の母アムーとヴェルータ、そして双子の悲劇の土壌として作用するばかりである。

そしてヴェルータの死がまた新たな悲劇の連鎖を生む。エスタはリンチを目撃するだけでなく、「母を救うため」と説得され、ヴェルータに誘拐されたと証言することになる。エスタの「子ども時代が忍び足で出て行った」瞬間だった。この時エスタが証言として発した言葉「そうです」は、彼の人生に反響し続ける。エスタは寡黙になって行き、ついには何も言葉を発しなくなる。誰にも気づかれずに。彼は心を固くするしかなかった。エスタは内向する痛哭を抱え生きる。そして、「時間をかけて、彼はどこにいても背景に溶け込む能力を身につけて行った」。エスタ自身が亡霊のようになって行くのである。誰も救うことはできない。自分で抜け出すこともできない。時が解決することもない。痛みのみがエスタの人生を紡いで行く。「ヴェルータの支払った代価の領収書をエスタが持つ」ことになった結果であった。

『小さきものたちの神』では、旧制度や植民地的状況から脱しきれない社会の混沌に翻弄され破壊されていく人々が描かれたのである。

ヴェルータとアムーは、階級の違いゆえ、惹かれ合う気持ちを抑えているが、やがて二人の間の壁が霧散する時が来る。「彼らはもう考えていなかった。その時間はもう過ぎ去った。微笑みが砕け散る時が来る。でも、それは先のことだろう」。ヴェルータが唯一の乗り越えた人物かもしれない。不可触民階級に生まれた彼がアムーに触れた瞬間である。不可触民は上位の階級にさわることを禁じられている。子供時代に「彼は手のひらにおもちゃを乗せて差し出した（そうするように教えられていた）。おもちゃを取る時にアムーが彼にさわらなくてすむように」。長じた彼は、足蹴にされ殺されるが、それは彼の敗北を意味しない。この事件は、殺した側――警察――の旧態依然とした偽善を浮き彫りにするのである。彼らもまた、乗り越えられない人々であり、彼らの目には真の正義が映らない。

私たちが「進行している」と思っている時間の流れ、歴史に従えば、ヴェルータとアムーには悲しすぎる結末が待っている。しかし、物語はここで終わらない。物語の中で時間は行き来し、大胆に組み替えが行われる。物語の流れの中にあっては、物語が閉じようとする時に、二人が、社会通念が設定した境界を越えるのである。

彼が暗い川から出て、石段を昇って来た時、彼らが立っているこの世界は彼のものだということが彼女にはわかった。彼がこの世界に属していること、そしてこの世界が彼に属していることが。水、泥、木々、魚、星。彼はこの世界でいとも簡単に動き回った。彼を見つめていると、彼の美しさの質がわかるのだった。

読者はアムーの目を通してヴェルータの神性を知る。アムーの気づく彼の強さ、しなやかな優美さ、そして彼が少年期から大人になるまで抱えて来た「唯一の荷物」である微笑み、いずれもその属性を強化する。語りの視点がヴェルータに移ると、そこにいるのは、胸を高鳴らせ、また一方で、来るべき破滅におののく人間の男なのだが、アムーのほうは最も危険なところであるはずの彼の腕の中で安らぎを感じ、微笑むのである。

それは「禁断の愛」であった。しかし、何をもって禁断というのか。多くは人が設定した社会通念上の境界を越えるという行動である。「禁断」を規定する社会の有形無形のルールは、人生を破壊する圧倒的な力を持っている。そして同時に、馬鹿げてさえいる。「正」が疑わしい時の「矯正」ほど危ういものはない。人間は不安定を恐れるがゆえに絶対の正を求めはするが、正の絶対視こそ危険であることを歴史が語り、人間も知っているはずである。幻想を抱き、動いている世界観にはすでにほころびが生じている。

ヴェルータとアムーが愛し合うことができたのは十四日間だけであった。このとき、彼らの世界を支配したのは、「小さきものたち」——真の意味で健全な、必然の小さきものたちである。彼らは小さな虫や魚の動きが彼らの世界のすべてであるかのように注目し、笑い合う。その中でも、クモのチャップ・タンブーランに彼らは自らの未来「愛、狂気、希望、限りない喜び」を重ね、彼が生き延びているかを毎晩確かめるのだった。暗雲、脅威、安らぎ、希望を同時に含みつつ、私たちの感性に訴えかけ、主義や理論が色あせる無垢な世界が表出される。

植民地主義に関係する視点からは、示唆に富むものが見えて来るのは事実である。私たちが何気なく手にし、多くの場合無批判にその価値を認める製品のタグにこんな説明がある。「この製品はイタリアのデザイナーと提携し日本で企画され、イタリアの生地を使い、中国で縫製されました。」これすらも、世界の動勢の縮図や私たちの価値観の依るところを示すとともに、植民地主義の末裔、あるいは亜種の遍在を示唆することになる。『小さきものたちの神』は、このような視点抜きには語れない。しかし、作品の伝えるところをつかもうとするなら、この視点だけでは不足が生じる。確かな境界への疑念や正解への疑念に満ちた姿勢は、このような視点からだけ生まれるものではないからである。『小さきものたちの神』には、イタリアのデザイナー、中国で縫製作業をする人々、そして日本の買い物客の足下にいるかもしれない小さな虫を意識させることで、私たちを同じ地平に運ぶ、あるいは、連れ戻す所作が含まれるように思う。

最終章は結末への挑戦であり、作品を締めくくるアムーの言葉「明日ね」が残響を伴うことは、多くの批評家が指摘している。この痛ましい小説の最後に美しい時間が置かれたことに、読者の受け取る意味があろう。時間の移動、いや、思惟上の位相の移動とでもいうべきだろうか。心を空にして向き合うこともまた、作品は求めるように思う。乗り越えることが幻視に過ぎないのであるならば、苦痛の中で人を生かしていくのは、直線的でもなく、明確でもない、束の間の、しかし、恐らくそれ故に、普遍的に回帰可能な「境界の揺らぎの中にある何か」であることを最終章は自ら語るのではなかろうか。時間軸の上で失われたものも思惟の中では失われない。他の介在を許さず向き合えるものとなる。描かれた情景の美しさは、様々な生の中にある読者の胸に間違いなく届く。読者にもたらされる美しさの感覚は、不安定だが幻覚ではない。物語が閉じられる時に、読者の視線が導かれる場所こそが作品の真の結末となるのである。

多くの思想家や文学者が「曖昧」「不明」、つまり、見えにくいものの存在が私たちにとっていかに影響力のあるものであったかを検討し、その重要性を説いている。しかし、明確性の追究、いわば、「線引き」しようとする性質は、人間の根源的なものであって、抜け切ることがないように思えてならない。無論、必ずしも負の要素というわけではない。しかし、この性質が今日の人類発展の原動力になったのも事実なら、排斥や差別として露出するものの奥深い原点にあったこともまた否めない。「帝国」は我が身のうちにもあることを自覚しつつ、薄暗いところで揺らいでいるものへの視線を持つことで、作品の中で響く言葉が、それぞれの読者にとって意味を成してくるように思える。

安定を求め、人はあがくが、社会にも個にも、恒久的な不変の安定などありはしない。不安定こそ常態であることを認めるとすれば、拠り所も失われるのだろうか。私たちは恐ろしい不安定の中にいる。しかし、安定に生じた亀裂にこそ、創造や変革の芽生えの余地があるのかもしれない。本作品は、社会や個を苦しめる多重の憑依を描き告発しつつも、一方で、依拠すべき真実は、移ろうことを前提とした束の間の一瞬にあることを告げるようにも思うのである。

この作品に留まらず、痛みや悲しみから立ち直れずに生き続ける人間は、民族、地域、時代を問わず存在するだろう。必要なのは、乗り越えさせるためのいたずらな圧迫ではない。それぞれの束の間の回帰による解放を考える視点があってもいい。克服の絶対的基準などないこと、また、克服したという境界など当てにはならぬことを私たちはもう知っている。作品からは、同じゴール、同じ正義の存在を信じ突き進むことへの警鐘も響く。克服を最終目標として置くのは勝者の論理である。しかし、注意すべきは、ここで提示されるのは、敗者、あるいは被支配層の論理でもないということである。乗り越えずに生きることも常態の一つ、普通の生の一つととらえる世界観、そして最終章で、すべてが平等に存在する地平が示されることに意義がある。

物語の最終章は、正否を問う議論が及ばぬところ、虫たちや子供たち――小さきものたち――の神が休らう場所へと視線を導くことで、人そして虫さえも等しく居並ぶ地平を浮かび上がらせ、そこへ私たちを運ぶ。大地でも天でもないところ、不安定ではあるが、それが確かに存在することをこの作品は示したのではないか。そこでは、時空の境界も人間の作る境界も意味を成さない。とりついて離れない過去や不安定な未来を追い払うのではなく（それは不可能なのだから）、過去や未来を内に抱きつつ「今」に命を尽くす二人を描き、創世神話をも想い起こさせながら、作品は幕を降ろすのである。

『アラバマ物語』

ハーパー・リーによる小説『アラバマ物語』（一九六〇）の舞台は一九三〇年代のアメリカ南部アラバマ州の町メイコームである。原題は、『マネシツグミを殺すのは』であり、「悪さはせず精一杯歌を聞かせてくれるだけなのだから、マネシツグミを殺すのは罪」という登場人物の言葉から取られている。

作品の語り手であるスカウトの父アティカス・フィンチが、黒人の青年トム・ロビンスンの弁護を請け負ったとき、物語が大きく展開する。トムは白人女性をレイプしたかどで起訴されていた。事件の起こった場面は描写されないのだが、これが冤罪であることはアティカスによって明らかにされる。アティカスの弁護に加え、「被害者」メイエラの属するユーウェル家と黒人の人々とを比較できる立場にいる読者にとっては、作品で描かれる黒人の人々の暮らしぶり、法廷での態度が支えとなり、メイエラが誘惑しトムが拒絶したというトムの主張が真実であり、ユーウェル父娘の主張がでっち上げであることを確認することができる。トムは、撃ってはいけない善良で罪のない鳥、マネシツグミに重ねられる。これが真実である。しかし、この真実がいとも簡単にねじ曲げられ、トムが悪しき鳥となる世界が存在する。メイコームの町の人々にとっては当然の、しかし実はきわめて不合理な根拠しかない白人優位の神話を掲げる夢想世界である。不都合な真実は覆い隠され、南部のカースト制度が守られ、「繭の中の蚕のように」共同体の人々の安寧が保証される夢の世界である。

ここで言う南部カースト制度とは、中流以上の白人（町の人々）―貧しい白人（森の人々）―黒人という階層をなした社会である。元は黒人小屋であった家に住み生活保護を受けるユーウェル一家は貧しい白人と黒人の人々の境界にいる。ユーウェル家は、教育、就労の面で森の人々の下位に位置し、上位の人々から蔑まれ、その娘メイエラは黒人青年トムにさえ哀れみの感情を起こさせる。しかし、この感情はユーウェル家にとっては屈辱以外の何者でもなく、黒人青年からの憐憫など、白人優位が揺らぐことはないという夢の世界ではあってはならないことであった。彼らは何も持たないが、「白さ」だけは持っていたのである。生活の様子、父親ボブ・ユーウェルの稚拙な仕返し、どれを取っても品性の点で黒人の人々のほうが明らかに優っているが、どんなに優れていてもそれは異次元にあるものなのだ。ごみため同然のユーウェル家の前を抜けると、清潔でいい匂いのする黒人の人々の集落があるという地理的設定がそれを物語っている。ユーウェル家は階層の底辺にいるが、そこは同時に境界であり、超えれば異次元の世界なのである。

おとなしく異次元にいる限り、マネシツグミは撃たれることはない。しかし、「メイエラ・ユーウェルが口を開け悲鳴を上げた瞬間に、トム・ロビンスンは死んだも同然だったのだ」。トムは撃たれる運命にあった。

彼の主張は、夢想世界の絶対神話――白人は善、南部女性は清廉――への挑戦だったからである。神話への脅威となった時点で「良き鳥」という彼の属性は危ういものとなる。夢想世界では、トムは白人女性の純潔を汚した掛け値なしの悪しき鳥でなければならない。トムの主張を認めることは、守らなければならない夢想世界の崩壊を意味したのである。

夢想世界にいる人々はトムの弁護をするアティカスに圧力をかける。町の人々は弁護をやめるよう説得しようとし、また暴徒が留置所にいるトムを襲おうとする。アティカスは彼らを跳ね返す。真実を覆うべく押し寄せてきた夢想世界をここでは押し戻したのである。しかし、夢想世界が勝利する時が来た。トムの無実の証明に加え、娘へのボブ・ユーウェルの虐待もアティカスによって暴露され、ユーウェルの人物像という背景も相まって、冤罪が明々白々であったはずの裁判で、トムに有罪の評決が下るのである。

黒人とは一線を画す地位が保証されたとはいえ、ボブ・ユーウェルが極悪非道の輩であることに変わりはなかった。娘を虐待し、無実の青年トムを死に追いやった裁判の後、わずか一週間定職に就くのみで、酒をあおるだけの元の生活に戻り、真実を暴いたアティカスを逆恨みし、その子どもたちを襲ったのである。子どもたちを救ったアーサー・ラドリーの手にかかり、ユーウェルは命を落とすが、ナイフの上に倒れたことにされ人々から忘れ去られる。黒人青年という犠牲者は出したが、町の人々が気付きながら見て見ぬふりをしていた真の悪者ユーウェルは倒れ、勧善懲悪がここに完成したのである。

法廷で陪審員となったのは、自分の名前さえ書くことがままならない森の人々であり、トムを襲おうとした暴徒と同じ階級の人々である。陪審員の中に町の人々は一人もいない。「無実の人を有罪にするという不正をした人種差別主義者は森の人々」と表向きは繕うことができる。この裁判において、読者はトムの罪ではなく、法律にも社会の規範にも触れない、それ故もっと深刻な町の人々の罪を知ることになる。町の人々は、日頃はユーウェルや森の人々を蔑み、黒人を庇護するという態度でありながら、この裁判では、ユーウェルの罪を知りつつ黒人青年の有罪判決を認めてユーウェルや森の人々の側に立つ。黒人青年を排除することで白人優位の社会を守り、白人貧困層に不正の責任を負わせたことで、町の人々は自らの正義を保ったのである。

町の人々の姿勢は、当時のアメリカ南部社会において決して特異なものではなかった。ホベットらは、アメリカの偏狭さと不当さの責任は貧民層にあるとする「ホワイト・トラッシュ・シナリオ」の存在を指摘し、教育を受けず影響力のない白人貧困層は、彼らに付けられた負のステレオタイプに反論する力を持たないとしている。レイによれば、十二指腸虫症、裸足、泥は、白人貧困層の典型的イメージであるが、トムのいる留置所を襲った暴徒の一人カニンガムの息子ウォルターに付けられた特徴に見事に合致する。これは作中の町の人々ではなく、作者によって付与されたステレオタイプである。ウォルターの上を行くのがユーウェル家の子バリスである。それでもウォルターは洗濯されつぎのあたった服を着ているが、バリスは、スカウトが「見たこともないような不潔な」子どもで、学校は年に一日出席するのみであった。子どもの違いによって端的に表され、ユーウェル家は白人貧困層の中でも最下層に位置することがわかる。ユーウェル家は、三代に渡って生活保護を受けている。子どもたちには教育が与えられない。つまり、社会の底辺から這い上がるのは絶望的だということである。物語で設定された時代は一九三〇年代で大恐慌の時期に当たるが、貧困層は大恐慌になっても違いがわからないというほどの常態化した困窮ぶりであった。一九三三年にアラバマの十の郡で行われたフリントの調査によれば、物納小作人（シェアクロッパー）のうち四十パーセントが地主に対し一年を越える債務があり、破産か債務超過に陥った年は労働年数の八十パーセントという高さであった。彼らの三分の一は全く読み書きができず、三分の一は読み書きができても文書での指示を読みこなす能力はなかった。

アティカスは、ユーウェルの娘メイエラを「酷い貧困と無知の犠牲者」と呼ぶ。しかし、直後に白人女性が黒人男性を誘惑したという社会の掟破り、そしてそれを隠すための偽証を糾弾する。アティカスも、貧困が教育のなさやモラルの低下を招くという構図が見える、この家族の悲劇の深みに目を落としてはいない。ましてや町の人々の意識にとまることはない。夢に遊ぶ人にはどうでもよいこと、深刻な問題は外界にはじき飛ばせばよい。夢の世界にそぐわぬ者は異端なのだ。なぜなら、ロックリーが指摘するように、「生活と行いに関し、あるスタンダードに恥じない行動をする」という白人の正のステレオタイプを白人貧困層は損なう存在であるのだから。ロックリーは南北戦争前のジョージアの状況についてこのように述べたのであるが、一九三〇年代のメイコームの町に依然として残る階級社会と人々の意識の頑強さを確認することができる。

作品の中でマネシツグミが実際に現れるのは、フィンチ家の隣家ラドリー家の木の上である。この家には、スカウト、兄ジェム、友達ディルを魅了する怪物「ブー」がいた。彼は、子どもたちの興味の対象となり、その姿を見ることや外に出そうとすることが子どもたちのもっぱらの遊びとなるのだが、その正体をつかむことができない異界の主として登場する。実際には、禁治産者の扱いを受け、少年の頃に幽閉され今は自ら家に閉じこもるアーサー・ラドリーであり、周囲によって人生を破壊されたもう一羽の無垢なマネシツグミのイメージで描かれている。

しかし、ブーの役割は、善良なマネシツグミのもう一つの例を提示するだけではない。読者は、全編を通じて、外側から兄や友達とラドリー家の中を窺うスカウトの視点を共有するのだが、作品の最終章に至って、ブーの側からの視点が開かれるのである。『アラバマ物語』は出版後まもなく映画化され、これも名作とされているが、原作が映画より決定的に優れているのは、まさにこの点である。新たな視点の開示のしかたもすばらしい。ラドリー家のポーチに立ち、スカウトの視点がブーのそれと初めて重なり、スカウトは季節を追ってブーが見たであろう光景を思い描く。そして、別の視点の開示は、父アティカスが敗れた不当な裁判とユーウェルの理不尽な復讐につながる次の言葉で締めくくられる。「夏、ブーは子どもたちの心が引き裂かれるのを見た。再び秋がめぐり、子どもたちが彼を必要としたのだ」。

読者の眼前にブーの視界が、風景がそこにあるかのように広がるのである。映画によらずとも充分に視覚的な作品である。映画では、原作を引用した「人の立場に立って体験しなければその人のことはわからないとアティカスは言っていた。ラドリー家のポーチに立つだけで十分だった」というナレーションとともにラドリー家のポーチに立つスカウトの映像にとどまる。しかし、作者が求めるのは、眺めていたブーに思いを馳せることだけなのだろうか。着目すべきなのは、作者がスカウトとは別の視角を読者の眼前に展開してみせたことなのである。

ブーの側からすれば、子どもたちのいる外の世界は様々な事件の起こる舞台である。ブーのいる薄暗い部屋からは、明るい外界の事件がよく見える。子どもたちをユーウェルから救うために表舞台に出てくる作品最後のエピソードに至るまで常に傍観者であったブーは、渦中にいないがゆえに町の人々の論理に基づく「社会の平和、秩序」が夢想であることを暴露できる視点の提供者と考えることができる。常にそこにいつつも対象に対し一定の距離を保っているという点においても、ブーは鳥の属性を持っているのだが、その距離感を念頭に置くならば、作中世界の外側にいる読者の視界は、ブーのほうにより近いことになる。私たちの立ち位置は、スカウトとの視点の共有による舞台の上から、ブーとの視点の共有によって観客席へと移動する。そして移動の概念が入ってくると、私たちの移動はそこでは終わらず、さらに外側にいて劇場の窓越しに中を見ている自らの立ち位置にも気がつくのである。

対象から後退すれば視界は広がる。この立ち位置からさらに『アラバマ物語』を検討してみよう。別の視点の開示が契機となり、私たちは、スカウトに寄り添う視点から解放され、もう一羽のマネシツグミのより広い視界を獲得し、作品を見直す力を得たのだから。

『アラバマ物語』の出版年は一九六〇年、そして、作中の時代設定は一九三〇年代である。作品の出版された時代と作中の時代設定が異なるのは、珍しいことではない。しかし、アメリカの六〇年代の読者が三〇年代の人種問題に絡む作品を読むということは、読者の現実世界からの時間的な隔たりという以上の内容を含んでいる。人種問題という点では、読者は歴史の転換期にいる。一九六〇年には座り込み運動が起き、直前の五〇年代は、一九五四年ブラウン対トピーカ教育委員会訴訟事件、五五年エメット・ティルリンチ事件、その四ヶ月後にバス・ボイコット運動、そして五七年リトル・ロック・セントラル高校事件と、時代が大きく動き始め公民権運動へと集結して行った時期である。作品のテーマの一つである人種問題に絡む歴史の転換期を通過したことで、作品は歴史的展望を持ち、単なる回想録では済まされないものとなった。

五〇年代を経験し、六〇年代のアメリカに身を置いていれば、黒人でなくとも、怒りに裏打ちされ出口を求めて高まって行った黒人の人々の熱い思いや力を感じ取ることができたはずである。この時期にいる読者にとっては、黒人が弱い存在であった頃の南部の町が作品の舞台だとはいえ、トムの無力さや絶望、また判決に対する黒人の人々の従順な反応など作品の描き方は物足りないのではなかろうか。三〇年代であっても、水面下で沸々とわいていたはずのエネルギー、国全体に広がっていった公民権運動につながる秘めたる力、何もないところから立ち上がる、声を上げるといった黒人の真髄とも言える部分が書き込まれないのはもったいない。リーは一九五七年に前身の作品「アティカス」を改訂し現在の『アラバマ物語』とする作業を行っていたことを考えると、この時代にいた作者の強みが充分に生かされていないのは惜しまれる。

『アラバマ物語』において、一人の黒人青年の命を奪うことに集約した社会の罪の層の厚さはどうだろう。ユーウェル父娘、暴徒にして陪審員となった森の人々、自らの手を汚すことなく、夢想世界の社会正義を守った町の人々、トムが絶望して逃走したとき銃弾を一発撃てば足りたものを十七発も撃ち込んで彼を死に至らしめた監視員――贖罪を必要とする人はすべての階級にいる充実ぶりである。ラトウォックは、メルヴィルの『白鯨』や罪のないアホウドリが命を落とすコウルリッジの「老水夫行」を例にあげ、動物の命を奪う行いは、自然に対する思い上がりや浅慮、すなわち、神に背く行為を表象するとしているが、この系譜に『アラバマ物語』のマネシツグミを置いてみると、その小さな社会に巣食う罪の重さと普遍性が自ずと浮かび上がる。読者は、アメリカ南部の病巣、そして階級社会の恥部を見たのである。

結び――「社会正義」が招く差別

ブラック・ライブズ・マター運動の発端となった事件は、黒人男性の言動を信用しなかった警官によって引き起こされたと言えるだろう。一警官が一黒人男性の首を歩道の縁に押し付けて制御しようとした瞬間に、至るところで築かれてきた異なる民族どうしの信頼関係にも亀裂が生じたであろう。そしてまた、私たちは、市民を守るはずの正義など、当てにならないことを再び、いや繰り返し思い知ることになった。ものを築くためには、多くの時間と労力、気力を要するが、砕け散るときは一瞬である。

それは、本稿で見た階層の存在が差別を複雑に入り組んだ、ややもすると回復困難な構造にし、表層にある友好関係が揺らげば、深層は脆く、非常に不安定であることの証かもしれない。『小さきものたちの神』では、同じ民族内でも階級制度や風習の残存によって起こる差別とリンチが取り上げられ、その影響が新たな苦痛を生む様が描かれた。『アラバマ物語』と黒人女性作家ハーストンの事例では、異なる民族間の軋轢であるが、差別する側の階層の存在が、差別を顕在化、また、複雑化していることが見えた。

奴隷制、ハーレム・ルネッサンス、公民権運動を経て、黒人の人々の活躍の機会はその多様性とともに増しているが、苦難の歴史と努力に裏打ちされているはずの現代など、まやかしに過ぎなかったのかとも思わされる。ブラック・ライブズ・マター運動の発端となった事件は、安定した真の意味の友好関係を築く困難さが露呈した姿ともいえるだろう。

しかし、すぐに生じた抗議運動や支援の動きを見れば、途方に暮れて立ち止まった人々ばかりではないこともわかる。本稿で扱った階層を含め、複雑で混沌とした現況にあって、困難を知りつつ前進する人々を目の当たりにする機会ともなった。そんな人々の中に希望の光を見出し、つないでいくことしかできないのかもしれない。現代に至っても、信頼の危うさを胸に刻みつつ、何かを見出すことを求めて不安定の中に生きる――人間のあり様を考える契機ともなったのである。

◉本稿は「ゾラ・ニール・ハーストン――連邦作家計画をめぐって」(『エスニシティと物語り――複眼的文学論』所収、金星堂、二〇一九年)、「『小さきものたちの神』再考」(『亡霊のアメリカ文学――豊穣なる空間』所収、国文社、二〇一二年)、「アメリカを見る鳥、映す鳥」(『バード・イメージ――鳥のアメリカ文学』所収、金星堂、二〇一〇年)からの抜粋に加筆、修正を施し、再構成したものである。

ジョージ・フロイドの死をめぐって思うこと

N・Y・ナシリ
イートンヴィル保存協会専務理事

数週間前、イートンヴィルの町があるフロリダ州第十区選出の下院議員ヴァル・デミングスは、あるケーブルテレビのニュース番組に出演した。アメリカの治安維持について議論するためである。番組司会者の質問に対する彼女の答えには重みがあった。彼女は以前、署長としてフロリダ州オーランド警察を率いていたからである。私の心に最も残ったのは、警察と対話を始める必要があるという彼女のコメントだった。改革を要する機関の人々と、注意深く組み立てられた意味のある対話に取り組む必要があることを認識しなければならないというのである。

私は一九六〇年代に成長した世代である。一九六八年、マーチン・ルーサー・キング牧師が暗殺されたときは、イサカ大学の二年生だった。イサカ大学はコーネル大学が見える丘にある。コーネルの武装した黒人学生が学生会館を占拠したときのことを、今でもよく覚えている。実は、私は一九七〇年秋に最初の職を得たのだが、それは、アフリカ研究センター図書館の司書であった。コーネル大学に黒人研究学科を創設せよという要求があり、その抗議の直接の結果として、できた職だったのである。五十年が過ぎた今、私はある団体の主たる役員である。その団体は、私の故郷を破壊しかねない法律の制定に反応して設立されたものである。一九八七年十一月、イートンヴィルの町が百周年記念を祝った丁度九十日後に、人口二五〇〇人の小さな町の中心部を貫く二車線の道路を五車線にすることを、オレンジ郡が決定した。発展の動勢に詳しい人々は、それを、共同体を破滅に導く高速道路計画とみなした。イートンヴィルは、アメリカに現存する最古のアフリカ系アメリカ人の地方自治体であり、町で一番の有名人、文学の天才ゾラ・ニール・ハーストンによって、世界中に知られている愛すべき町である。もちろん私たちはその道路計画に反対しなければならなかった。同時に、団体名にあるように、「イートンヴィルの町を保存する」必須のステップを踏むために、非常に積極的に動く必要があったのである。

こうして、ジョージ・フロイドの死について思いを巡らせながら、意味ある変化を期待するのであれば、長期の多角的な方策が必要であることを思い出した。私たちの国では、「抗議」は民主政にとって不可欠のものである。大義のための闘いのプロセスで、欠かせない圧点として働くのである。ジョージ・フロイドが殺されて、長い間くすぶっていた「抗議」に火がついた。私にとって、考えなければならないのは、警察を取り巻くこの構造的な問題に対応するため、いかに動くかということである（より広範囲には、刑事裁判制度も改革を要することを認識してはいるが、今回は警察に限定して考えている）。また、この問題は、アフリカ系アメリカ人の不安、そして、あまりにも多くの死をもたらす原因ともなっている。

明らかに、警察との入念に組み立てられた戦略的な対話は、人種が原因となっている構造的、組織的なこの国の問題に対処する努力において、鍵となる要素なのである。この領域で経験を積んだ人々に期待している。デミングス議員、全米黒人法執行機関のメンバー、何年もこの問題の研究に専念してきた研究者、「黒人として生きる」上ではお決まりの、アフリカ系アメリカ人に向けられた「あけすけな」侮蔑と危害に対して発言してくれる地域の活動家、こういった人々である。私たちの願いは、彼らを案内役として私たちの社会が国の法のもとにある共同体の中で前向きな世代交代を遂げるのを見ることに他ならない。

（二〇二〇年九月二十二日　翻訳◉西垣内磨留美）

加藤恒彦

第二の公民権運動としての「ブラック・ライブズ・マター」運動

——黒人の二極分解を乗り越え、真の平等を求めて

「Brack Lives Matter」のロゴ
Black Lives Matter organization ⓒ

はじめに

アメリカのミネアポリスの白人警官が武器を持たない黒人男性ジョージ・フロイドを犯罪の容疑で拘束し、膝で首を圧迫し死に至らせた事件を警察による組織的人種差別によるものと批判し、「黒人の命も大事なのだ」と主張する『ブラック・ライブズ・マター』運動が、黒人のみならず多くの白人を巻き込みつつ、アメリカにとどまらずカナダやヨーロッパ全域にまで広がる大運動となっている。しかも、この運動の先頭に立っているのは三人の、まだ三〇代の若い黒人女性であり、エル・ジー・ビー・ティであることを堂々と明らかにしている人々でもある。

本論は、本質を第二の公民権運動と捉え、主に、二冊の本を手掛かりにその意味を明らかにすることを課題とする。一冊目はアメリカの黒人学者で、ハーバード大学のウイリアム・ジュリアス・ウィルソン教授（一九三五年—）の『薄れつつある人種の問題』（一九七八年）である。二冊目は『ブラック・ライブズ・マター』運動の三人の指導者の一人、パトリス・カーン・カラーズの自伝的な著作『彼らが我々をテロリストと呼ぶ時』（二〇一七年）である。

実はこの二冊は補完的な関係にある。ウィルソン教授は、黒人の動向を二極化という概念において捉える。すなわち公民権運動はその歴史的成果として雇用・教育の分野における人種差別を禁じ、アファーマティブ・アクションと合わせ、一定の教育水準を達成していた黒人の中産階級のアメリカの主流社会への参入を可能にし、その地位を大いに改善したのであるが、教育水準の低かった黒人の下層階級には恩恵をおよぼさなかった。さらに、その後のアメリカ経済の幾つかの構造的変化はすべて下層の黒人層に不利に働き、失業、貧困、麻薬の蔓延、母子家庭のおそるべき増大、そして黒人男性の大量収監をもたらしてきたことを客観的に明らかにしたのである。そのような公民権運動以降の黒人の動向についての社会学的研究から私自身、多くを学んだのであるが、私見によればウィルソン教授は、黒人中産階級のめざましい進出に目を奪われるあまり、アメリカにおける人種主義が今や「麻薬戦争」の名の下、黒人の弱者への過剰な警察の取り締まりや刑務所における黒人への理不尽な暴行等として顕在化していることを見逃しているのである。それを教えてくれるのが、自ら下層黒人社会に生まれ自らと家族の体験を通じ、警察のなかに根深く巣くう黒人への組織的人種主義の矢面に立ち、それと闘ってきたパトリスの体験に基づく著作なのである。その意味でこの闘いは第二の公民権運動としての意味合いを持っていると考えるのである。

奴隷制度からジム・クロウ制度へ

パトリスは「黒人はアメリカ史において唯一人間以下の存在だと法的に規定された存在である」と述べ、黒人への人種差別の根源を奴隷制に求めている。そこで、奴隷制に発するアメリカ黒人の歴史を簡単に振り返っておきたい。

アメリカ諸州で奴隷制が合法化されて行く一七世紀後半から奴隷解放宣言が出された一八六三年までの約二〇〇年に渡る時代、黒人は法的に人間以下の存在と規定され、イギリス人の奴隷貿易によりアフリカから奴隷船で大西洋を渡り北米大陸に運ばれ、競売場で牛馬同然に売買され、アメリカ南部諸州のプランテーションで綿花、タバコ、藍等の生産労働に強制的に就かされていた。折しもイギリスに発した産業革命による綿花への需要の急速な増加のなか、アメリカ南部諸州に莫大な富をもたらした。しかし南北戦争が勃発し、その最中の一八六三年には奴隷解放宣言がリンカーンにより発布され、解放された黒人の北軍への参入にも助けられ、一八六五年に南北戦争が終結する。そして南部は北軍の占領下におかれ、その下で憲法修正第一四条、一五条により黒人は白人と対等の人権と投票権を得、それまで読むことを法的に禁じられていた黒人に学校教育が解放され、黒人大衆が熱狂的にそれを歓迎する。しかし北軍が南部から撤退した一八七六年以降、反動の時代が始まる。

解放されたとは言え、土地を持つことができなかった黒人は、小作人として白人地主の下で搾取され、隷属的地位に置かれた。そして憲法修正条項によって保証された人権と投票権は、それらを行使しようとすると白人優位主義を奉じる反黒人団体のテロの対象となり、事実上、空文化し、そして南部全体にジム・クロウ制度と呼ばれる人種隔離制度が法制化され、白人に劣るとされた黒人は学校、バスや電車などの公的運輸機関、ホテル、レストラン、公衆便所など社会生活のあらゆる場所で白人から分離され、黒人に対する職業差別が当然のこととされたのである。一九〇一年の最高裁の「分離はすれども平等」を唱えたプラッシー判決は、そのような分離と差別の体制を国家の最高の司法機関が合法化するものであった。そして、それに真っ向から対決したのが、それから約半世紀後、一九五五年に始まる公民権運動であった。だが公民権運動を全国的に指導した「全米黒人地位向上協会」は早くも一九〇五年に設立の為の準備会が開かれ、しかもそれは当初から黒人と白人の連帯に基づく組織であり、黒人による高等教育の享受を始め、白人と黒人の完全な人種的平等に基づくアメリカの主流社会への人種統合を目標としていた。

だが、そのような思想はすでに、南北戦争以前の北部に白人を中心とした奴隷制廃止運動という形で存在した。そして奴隷制廃止運動を歴史的基礎に、一八六五年にはオハイオ州では黒人の為の私立大学ウイルバーフォース大学が創設されていた。ちなみにウイルバーフォースとは、イギリスの奴隷貿易廃止運動の指導者の名前に由来する。そして解放後、南部を中心に黒人州立大学が次々と創設されていたのである。ジュビリー・シンガーズでヨーロッパにも名声をとどろかせたテネシー州のフィスク大学もその一つであった。つまりジム・クロウ制度が定着してゆく一方で、他方では黒人のなかには意欲と能力に溢れ、高等教育を受け、ビジネスや教育、医療、そして黒人解放の闘いに生かそうとする後の黒人中産階級を形成する人々が多数生まれていたのである。

そして公民権運動は基本的に黒人のなかの、そのような教育のある中産階級層を基盤に、白人と対等の資格や能力を持っているにもかかわらず、黒人であるというだけでそれを阻む人種の壁を打ち壊し、アメリカの主流の社会に参加できる権利を目指すものであった。しかしそれは、解放後、文字も読めない小作人として土地と白人地主に縛られている限り望むべくもなかった。では、黒人たちにそのチャンスを与えたのは何であったのか？

黒人中産階級の形成—黒人の北部移住と一九三〇年代のニューディール時代の労働運動

それは第一次大戦の下で、北部の産業地帯で労働力の深刻な不足が発生し、南部の大量の黒人農業従事者に目をつけた北部の資本家たちが、彼らを北部の都市に呼び込んだことである。この黒人の南部からの民族大移動は、ニューヨークのハーレムを始めとする北部の大都市に隔離された黒人居住区を生み出し、そして、そのニーズに答えるべく黒人系大学を卒業し、専門的な職業につく人々—牧師、会計士、新聞記者、ジャズのミュージシャン、詩人、小説家、画家等も加わり、ハーレム・ルネサンスと呼ばれる黒人文化が初めて開花する時代を創りだし、ニューヨークのリベラルな白人を魅了したのである。

だが、北部の工業地帯に職を求めてやってきた黒人労働者たちを待ち受けていたのは、「アメリカ労働総同盟」等の全国的に組織された産業別労働組合に組織された白人労働者たちの反発と人種の壁であった。

そのような状況に変化が訪れたのがアメリカが大恐慌に襲われた一九三〇年代であった。一九三三年に大統領に選ばれた民主党のフランクリン・ルーズベルト大統領は、社会主義国のソビエトの影響の下、左傾化する労働運動に対抗すべく打ち出したニューディール政策において、それまで資本家から目の敵にされた労働組合運動を合法化し社会保障政策を打ち出すとともに、積極的に雇用を生み出す公共事業を国家財政を動員して起こする施策を打ち出した。そうしたなかで共産党系の全国的労働組合「産業組織会議」が、「アメリカ労働総同盟」とは対照的に、黒人労働者を組合に迎え入れる動きを強力に推し進める。それに加え、第二次大戦下、防衛産業や政府機関への労働者の雇用における人種差別を禁止した大統領令も合いまって、多数の黒人がその分野で雇用される。そして戦後の引き続く好況のお陰で黒人労働者は良好な雇用状況を経験した。そうした動きの結果、労働経験のある黒人中産階級層が生まれたのである。そして、白人との連帯の下に、黒人の法的平等を求める「全米黒人地位向上協会」の運動を経済的に支えたのも、そのような黒人中産階級層であった。

第二次大戦後、アメリカの黒人にとって新たな状況が開けてくる。それは、ソビエト体制との冷戦が始まり、アメリカが自由主義国家の旗手として立ち現われ、国連を舞台に新たに独立を達成しつつあったアフリカ、アジア、中東、等の国々をどちらの体制に引き付けるのかという体制間の優位を競う時代が開始されるのである。しかしアメリカは、自由と民主主義の旗手としての自らを第三世界の人々にアピールする上で致命的な欠陥を抱えていた。それは南部を中心にした黒人差別制度の存在であった。そうしたなかで「全米黒人地位向上委員会」は、「南部の公立学校における白人と黒人の分離教育は憲法違反である」という訴訟を起こし、一九五四年の最高裁ブラウン判決において勝訴し、「分離はすれども平等」と言う半世紀前のプラッシー最高裁判決を覆したのである。そして、それに勇気を得た黒人たちは立ち上がった。ブラウン判決の翌年、一九五五年に南部アラバマ州のモンゴメリーにおけるキング牧師に指導された非暴力的抵抗の理念に基づくバス・ボイコット運動が始まり、一年に渡る闘争の結果、最高裁で勝利し、それをきっかけに南部全域において人種隔離政策の廃止と白人と黒人の法的平等を求める草の根の運動が広まり、一九六四年の公民権法、一九六五年の投票権法、さらには一九六〇年代末のアファーマティブ・アクション・プログラムに結実して行く。

公民権法とアファーマティブ・アクションの積極的意義と限界

公民権法の積極的な意味は、雇用や教育における人種や性別に基づく差別を禁止し、違反すれば罰せられる行政措置を付与した点にあった。それまでよくあった学歴や資格や能力、意欲を十分に持っていても面接で黒人だとわかると落とされると言った事態を防止することができるようになったのである。

では何故、アファーマティブ・アクションが必要であったのか？　それは二〇〇年近く続いた奴隷制の下で読み書きさえ禁止され、その後の一〇〇年近く差別されてきた黒人が歴史的に負ってきた負の遺産を考慮した時、歴史的に優遇されてきた白人と同等の競争条件で競わせること自体が不合理だと判断されたからである。その結果、雇用、とりわけ、連邦政府、地方自治体などの公的機関、一般企業等における採用や高等教育への入学許可に際し、基礎的資格や要件を満たす応募者について、一定の採用枠をあらかじめ定め採用することを可能にする一種の優遇措置が打ち出されたのである。

そしてこの制度の導入によって連邦政府・州政府等の自治体、大学、一般企業等へ進出する黒人たちが着実に増えてきたのである。しかしこの制度は、黒人枠を設けることにより有資格の一定の白人が排除されるという問題を引き起こし、白人の間では「逆差別」であるという批判を呼び起こし、黒人全体の地位向上とともに廃止される経過措置的性格も認められていたものである。

公民権法とアファーマティブ・アクションを組み合わせたこの施策が、安定して一定の収入が保証され、子供の教育にも熱心な黒人の中産階級層の家庭に育った黒人の子供たちの将来に有利に働いたことは明白である。

だがその反面、収入が低く、かつ不安定な貧しい家庭、とりわけ母子家庭に育ち学校に馴染めずドロップアウトした生徒の場合は、このような制度の恩恵にはあずかれない。これがポスト公民権運動の時代に黒人社会の二極化が進行した理由である。

黒人の二極化を促進させたアメリカ社会・経済上の諸変化

他方、それに追い打ちをかけるような一連の社会・経済的変化が生じてきたのである。第一は、自動車や電話の普及に伴い、土地が安く、生産、卸売り、小売り、宅地等の開発に適した郊外の広大な地域に産業が移動し、それまでの都市の電車で通えた多層階の工場がもはや時代遅れとなり、車がないと行けない郊外の広い土地に建てられた一階建てのアセンブリーライン方式の工場に取って代わられて行くのである。

従って一九五九年から一九六七年の間の雇用の伸びの七九％は、一〇の大都市の郊外で生じているのである。また、モール等の小売りや卸売りの分野での成長も殆ど郊外で起きている。このような時代の到来は、車を持たないブルー・カラーの職を探す黒人の機会が奪われることを意味した。そして、そのような産業集積地の都市部から郊外への移動は、新しく発展しつつある産業分野に特に顕著であった。

他方、この時期、アメリカ経済は生産、建設、鉱業、農業から、運輸、通信、政府、教育、ガス、電気、水道、金融、保険等に重点を移しつつあった。そのような、モノづくり産業からサービス産業への産業構造の転換は、ホワイト・カラーの職への需要の高まりとブルー・カラーの職への需要の低下をもたらし、それは教育の無い黒人層には不利に働いた。他方、黒人の中産階級は、アファーマティブ・アクションに助けられ、ホワイト・カラーの職種への進出において遙かに有利な立場に置かれた。

それとともに起きたのが、ホワイト・カラーの職を得た黒人中産階級層の新たに郊外に開発されつつあった住宅地への移動である。こうして北部の都会の隔離された黒人社会から、地域の若者にとってのロール・モデル（見本）とでもいうべき人々が居なくなってゆく。こうして教育のある中産階級層と下層の黒人が共に住んでいた六〇年代までの都市の黒人社会の様相が様変わりし、そこから黒人中産階級層が去って行き、高卒、あるいは高校を中退した下層・貧困層の黒人が取り残されるという状況が生まれる。

ウィルソン教授はさらに、『真に不利な立場に置かれた人々』（一九八四年）で、都市のインナー・シティにおける黒人の失業・貧困や麻薬の蔓延を温床とする黒人による犯罪の異常なまでの集中という問題にフォーカスを当てる。例えば一九八四年のアメリカにおいて、黒人の人口に占める割合は九人に一人に過ぎないが、殺人で逮捕される二人に一人は黒人であり、殺人事件の犠牲者の四一％も黒人であると言う。そして殺人事件の頻度はそれが起きる地域の経済的状況に左右され、深刻な犯罪の発生率が最も高いのが黒人の貧困地域なのである。

二〇〇九年の『単に、人種が原因ではない』でウィルソン教授は、八〇年代から二一世紀の最初の一〇年間の間に起きたアメリカ経済の構造的変化として二点あげている。一つは、生産工場におけるロボットの導入等の新しい技術の普及であり、それに伴って不要となった非熟練工が職を失うという事態である。もう一つは、経済のグローバリゼイションの波により、アメリカの非熟練工がより低賃金で働く中国、インド、バングラディシュ等の労働者と競争を強いられるようになったことであると言う。そして、インナー・シティにおける黒人が通う学校が、科学や数学において郊外のより教育予算が充実し、優れた科学や数学の教師を雇える学校にはるかに遅れを取り、生徒の読み書きや算数の能力が遅れているという事態をもたらしているという実態を指摘している。

さらに、八〇年代のレーガン政権の下での貧困層や失業者への連邦政府と地方自治体の予算の大幅削減により、そうした人々がより厳しい状況に置かれることになり、若い黒人層の刑務所に入る比率の増大をもたらしたと指摘している。

このようにしてウイルソン教授は、公民権運動以降の時代に進行したアメリカ経済の諸変化のなかで、教育水準の高かった黒人中産階級が公民権運動の成果を有効に生かし、アメリカの主流社会に参入することができた反面、教育水準の低かった黒人の下層階級はその変化に対応することができず、失業と貧困と母子家庭の増大に見舞われ、麻薬と犯罪の世界に傾斜して行くと描いている。

だがウイルソン教授は、黒人の中産階級の成功を強調する反面、トランプ大統領の出現によってそれまで大手を振って活動できなかった白人至上主義団体の活動の活発化等に見られるように、アメリカ社会に巣くう根深い人種主義が、「麻薬戦争」の名の下、黒人の弱者に集約的に向けられている今日の状況に鈍感であったのかも知れない。そのことを教えてくれるのが、パトリス・カーン・カーラー（一九八六年―）の自伝的著作『彼らが我々をテロリストと呼ぶ時』（二〇一七年）である。

『彼らが我々をテロリストと呼ぶ時』

――「ブラック・ライブズ・マター運動」はどのようにして起きたのか――

従って次に、ウィルソン教授の視点からは見えなかった、黒人の弱者に容赦なく向けられるアメリカ社会に根深く巣くう人種主義の実態と、それに対する黒人たちの反撃がどのように組織化されて来たのかを見て行きたい。

パトリスは一九八六年、ロサンゼルス北部地区に位置するヴァン・ナイズというメキシコ系住民の多い町に生まれ、二人の兄弟と妹と共に育つ。彼らを主に育てたのは母親であった。父親のオールトンは、機械工であったが工場が閉鎖され職を失い、パトリスが六歳になる頃には家を出て再び家族と住むことは無かったからである。後に知るのだが、実はパトリスの本当の父親はガブリエルというニューオーリンズ出身の黒人男性であり、パトリスにとってはオールトンもガブリエルも共に愛する父親であった。事実上母子家庭のパトリスの家では、母親が子供たちに食べさせるために二つか三つの仕事を掛け持ちし、朝早くから夜遅くまで十六時間働いていた。そうしたなかで長男のポールは、オールトンが家を去った後は母親に代わって子供たちの世話をしたのである。

そして三人の子供たちは助け合いながら育ったという。特にパトリスと仲が良かったのは次兄のモンテであった。二人は夜遅くのテレビ番組で裕福な白人の住む世界を描いた『ビバリーヒルズ』を見ていた。だが、彼らが住んでいるヴァン・ナイズでは、朝から晩まで警察のパトカーが住民の黒人をターゲットに見回りを続けているのである。そしてある日、パトリスが九歳でモンテがまだ一四歳にもならない頃、パトカーが彼女らの住んでいるアパートの近くに止まり、家の傍の路地をふさいだのだ。公園や球戯場等、子供たちが元気を発散させるための施設等皆無のこの地域で、その路地は、兄弟たちが友達と遊べる唯一の場所だった。彼らは何も悪いことなどせずただ喋っていただけなのだ。その日、そこに警官がやって来て彼らを壁に向かって立たせ、シャツを上げさせ、ポケットの中を見せさせ、体や性器まで乱暴にタッチし（麻薬を持っていないか）調べるのである。そして、それをパトリスは家の門越しに凍り付いたようになって見ていたのだ。だが二人の兄弟はどちらも、その屈辱感に満ちた出来事について一言も語らなかった。どうしようもないことだ、と受け止めていたのだ。レイプされた女性が何も語らないのと同じように、とパトリスは述べている。そしてこの事件があった後、モンテは定期的に逮捕されるようになる。

小学生の時、飛び抜けて成績優秀でありダンスが得意だったパトリスは、中学生になるとヴァン・ナイズのすぐ近くの裕福な白人が暮らすシャーマン・オークスにあるミリカン公立中学のダンス学科に受け入れられる。そして、友達になった白人の女子生徒の兄が麻薬の売人をしていることを知る。だが、その白人の兄は警察に逮捕されたことなどなく、逮捕されるとさえ思っていないと彼女に語り、一層、驚いたと言う。そして、パトリスは、黒人だけが警察の取り締まりのターゲットにされていることを自分に納得させようとしたが、どうしてもそれが出来なかったと言う。

ミリカン中学に通い始めた最初の夏、パトリスは、初めて夏の算数と理科の補習授業に出なくてはいけなくなりショックを受ける。補修を受けなくてはならなかったのは、ミリカン中学の生徒では彼女だけで、その授業に出ていたのはヴァン・ナイズの生徒ばかりだった。そしてここでは、教室に入る時には、銃を持っていないかどうかを確かめるための金属探知機を通らないといけないのだ。パトリスは補習のクラスに参加せねばならない屈辱を受け入れられないまま、ミリカン中学の生徒たちがやっていたこと、つまりマリファナを吸ったのである。ミリカンでは生徒がハイになって授業に出ることは日常茶飯事だったのだ。でもそこには警察などいなかった。だが、ヴァン・ナイズの学校での、この夏の補習授業では事情が違った。トイレで吸っているときに二人の女子生徒に見られたのだ。二日後、警察が教室にやって来て彼女をクラス全員の前で手錠をはめ、生活指導の先生の所に連れて行かれ、身体検査され、仕事中の母親に電話させられたのだ。仕事から帰って来た母親は何も言わなかった。ともかく子供たちが安全に家に戻って来さえすればよかったのだ。

パトリスが小学三年生になる前に、すでに一家の住むアパートはフル装備の警察官の捜索を受けていた。目当てはパトリスの叔父で、麻薬の売人をしていた男だった。叔父は彼らと一緒に住んでいたわけではなく、その日、どこにいるのかも彼らは知らなかった。だがこの叔父は、パトリスを頭の良い子だとほめながら抱き上げてくれる等可愛がってくれていたのだ。だがその日、警官たちは荒々しく彼らの家に乗り込んできて子供たちを犯罪容疑者のように扱い、子供部屋の化粧台の引き出しまで荒らしていったのだった。

小学四年生の時、担任のゴールドバーグ先生は彼女に、『黄金のキャディラック』と言う公民権運動の時代を描いた子供向きの小説を読むようにと与えていた。それは北部のオハイオ州からミッシシッピー州に住む親せきを豪華なキャディラックに乗って黒人の父親と娘が訪れる旅を描いたものであるが、南部の田舎を通るその途中で金持ちの黒人を妬む白人たちの激しい憎悪に直面する物語であった。二人が殺されるかも知れないという恐怖を彼女は手に取るように実感できたのである。それは上に述べた警官による彼女の家への捜索の最中に感じた恐怖体験があったからである。彼女は先生に「もっと他の本はありませんか?」と尋ね、先生は「勿論」と応じ、彼女は自由と正義の為の闘いについての子供の本をむさぼるように読んだのだった。そして彼女は、授業でそうした本について講義させて下さいと自分から申出、先生から十五分間もらい講義をし、質問を受けたのだった。そのことについてパトリスは、この国における黒人たちの歴史を仲間に知って欲しかった。どこから私たちはやってきたのか?　そして、私たちが、日常のなかで感じる恐怖とそれがどうつながっているのかを知って欲しかったのだと述べている。つまり、自分たち黒人に今起きている事態を、黒人を抑圧・差別してきたアメリカの歴史のなかで客観的に捉える視点がすでに小学四年生の時に芽生え、それを周りの黒人生徒たちと共有しようという志向性が生まれていたのである。

パトリスが、白人の場合には見逃され黒人の場合には徹底的に取り締まる警察の人種主義を体験するのは、自分の愛する兄のモンテが定期的に収監され、次第に精神に変調をきたして行く体験を通じてであった。モンテには実は、精神疾患の一種である統合失調症の持病があり、正しい投薬を受けないと情緒不安定となり、ささいなことで興奮し、正常に考えたり喋ったりすることもできなくなるのだが、刑務所でそういう発作がでる度、看守から虐待され症状がさらに悪化すると言ったことを繰り返していたのである。

パトリスは高校に通う年になり、社会正義を理念として掲げるクリーブランド高校に通うことになるが、この時期から彼女は黒人地域社会の活動家となり、運動を通じ世の中を変えて行く生き方を身に着けて行く。

そのきっかけを与えてくれたのは、高校の美術史の教師で黒人の独身女性のドナ・ヒル先生であった。彼女は、高校卒業後も彼女らを自分の家に住まわせ家賃も食費も要求せず、「兄弟・姉妹友愛キャンプ」に誘った。そこで彼らは一週間に渡り、社会に存在する様々形態の抑圧について学んだだけでなく、様々な人種や民族、性的特性を持った若い人々が人々を相互に隔てる偏見を直視し、乗り越え、愛し合う関係を生み出す方法を学んだのである。そしてパトリスは、そこで「戦略センター」を創始したエリック・マンと出会い、彼の教えを乞うのである。彼は年長の白人で大胆な反人種主義者であった。彼は父親のオールトン同様、ジェネラル・モーターズのアッセンブリーラインで働いていた労働者であった。パトリスはこの「戦略センター」を住み家と定め、それから一〇年間に渡りそこで学んだ。

二〇〇六年、モンテが再び逮捕され裁判にかけられる。しかし統合失調症の発作の為に情緒不安定となり、まともにしゃべることもできず狂人のように振舞うモンテを人間扱いしない法廷にパトリスは激怒し、母親は気が狂ったように嘆く。官選弁護士によるとモンテは今回で三度目の逮捕となり、これが有罪となると終身刑になると言う。これまでの二度の逮捕は全て病気の発作が出ている時のものであった。彼は大声で叫び大騒ぎはするものの、人を傷つけたことは一度もなかったのだ。にもかかわらず今回有罪となれば一生刑務所で人生を終えねばならないと官選弁護士は言い、「これはモンテが望んでいることだ」と言ってはばからない。

モンテは別の囚人から凄腕の弁護士が居るという情報を得、パトリスは会って見る。そしてその弁護士を雇うにはまず、一万ドル用意しないといけないことを知る。フェイスブックやツイッターもまだ存在しない時代だ。だが兎に角お金を集めなくてはならない。パトリスは、公民権運動の時代の黒人学生が行ったランチカウンターでのシットインを想起し、社会正義を掲げるクリーブランド高校で若くてもリーダーシップをとることができることを学び、「戦略センター」で組織化する方法を学び、そして実際に、授業に遅れる度に二五〇ドルの罰金を科する彼らの学区の制度への反対運動を組織し撤回させていた。

彼らは、全国の友人にメールを出しカンパを訴えた。そして六千ドルを集めた。そして母親は、未婚のまま子供を産んだ彼女を勘当した中産階級の両親に、残りの四千ドルをすったもんだのあげく、送ってもらうことができた。こうして約束の一万ドルを揃えて弁護士と会ったのだ。

その弁護士は、一回の逮捕歴を取り消し、終身刑だけは取り消すことができるかも知れないと言う。パトリスは人権を守ることより、よりよい取引をすることしか考えていないことにがっかりする。だがその弁護士は、自分の言葉には忠実だった。モンテの裁判は獄中での再逮捕を取り消され、八年の刑期の八五％を務めることで決着した。だが精神の病気を持った受刑者への治療やそうした病気を持った受刑者への対応については、何も語られなかった。しかし彼らはその結果に感謝した。そして向こう六年間、パトリスは刑務所に面会に通い続け、モンテは獄中で適切な治療を受けることができ、モンテの精神を正常に保つことができたのであった。

刑期を終え出獄の日が迫ると、パトリスはモンテをどう迎えるのかを検討するチームを結成し、あらかじめ出所の時に着る服装まで送っていた。そして家族全員がモンテを迎えたのだ。そしてモンテには社会正義の組織の関係の掃除人の仕事が用意してあった。だがしばらくして、モンテはその仕事に向いていないとして解雇される。モンテは意気消沈し家に引きこもるようになる。

やがてオールトンと妹のジャスミンはラスベガスに移住するが、モンテはラスベガスにはなじめず、恋人のシンシアがいるヴァン・ナイズに戻ってくるが、また薬を飲まなくなり発作がでて、シンシアの家の家具を破壊し、再び家族が駆け付けることになる。家族はモンテを病院に入院させようとするが、モンテは断固拒否し、周りを驚かせる。しかし皆の必至の説得の結果、再びモンテは病院に入院することになる。

ある日パトリスは、全米に張り巡らされた情報網からのあるメールに着目する。それは南カリフォルニアの人権団体からのもので、ロサンゼルスの保安官が管理する郡拘置所で、過去二〇年の間、看守による囚人に対し行われてきた暴行についての報告書であった。

それによると、睾丸を蹴られたり、同時に幾人かの保安官代理に襲われ蹴られた者、看守の単なる慰みの為に電気ショック銃で痛めつけられたり、懐中電灯やその他の道具を使って骨折の被害を受けた例が驚くほどあり、パトリスはそれに衝撃を受けたのだ。さらにある報告によると、保安官代理の警官たちが車いすに乗った囚人を車いすから引っ張り出し、その脇腹、背中、首筋を足やひざで蹴り、顔にペッパー・スプレイを吹きかけたのである。無抵抗の囚人へのそのような暴力行為の描写が、その後も延々と続き、男性の看守だけでなく女性の看守もそのような行為に加担し、医療従事者たちや最高責任者の保安官もそのことを黙認していたと言う。

パトリスはこの証言集を読みながら、刑務所に居たモンテがどのような目に会っていたのかを知る。そして刑務所から戻って来たモンテが家のトイレの水を飲んだことを思い出し、それも刑務所で強制されていたことに起因すると思い至り、それ以外にどのような目に会ったのだろうかと思ったのである。

そして、二〇一一年のある日パトリスは、テレビを見ていて突然大声を上げて泣き始める。驚いた周りの人々には答えず母親を電話で呼び出し、モンテにつないでもらい、「ロサンゼルス郡刑務所が囚人への虐待の罪で告訴されたよ」と叫んだのだ。しばらく黙っていたモンテは「やっと！」と言ったという。

そしてパトリスは、この事件を世の中に訴えるべく地域の芸術の展覧会等に使用される場所をすぐさま確保し、獄中で囚人たちが受けた酷い扱いについての証言を読めるようにし、別の部屋ではパフォーマー達が独房のなかで、それぞれに異なった状況を演じるのである。また観客は、母親が消息不明となったモンテの行方を知る為に電話を果てしなくかける必死の音声を録音したテープを聞くのである。そのあげくやっと刑務所の精神科医に辿り着くのだが、その女医は母親に「何度もしつこく電話するなんで失礼な人ね。一体、どうしたの?」と逆にたしなめたのだ。

囚人が刑務所の中でどのような扱いを受けているのかをリアルに知らせるこのショーは二年に渡りアメリカの各所で上演されたのだが、それが人々の支持を受け、やがて彼らは、二〇一二年には運動を持続させる為の連合組織、「保安官による暴行ストップ連合」を設立。その組織の成長に伴い、名を「今こそ、尊厳と力を」に変更し、運動を継続した結果、二〇一六年には最初の「ロサンゼルス郡保安局市民監視委員会」を設立したのである。

ブラック・ライブズ・マター運動の始まり

二〇一三年七月一三日。この日は、一年半前に起きた、白人男性による一七歳の黒人少年トレイボーン・マーティン殺害事件の判決が出る日だった。この事件は二〇一二年に、パトリスがまだ「戦略センター」に居るときに知った事件だった。フェイスブックを読んでいて彼女は、白人の男が、フードを被りただ歩いていただけの黒人の少年を殺害し、しかも告訴されないという記事を読み激怒し、友人たちと意見を交わしたのである。そして、ニューヨークでも大きな抗議集会が開かれ、そこには公民権運動で有名なアル・シャープトン牧師も参加した。フロリダでは「夢の守り手」という団体が州庁舎に非暴力・直接抗議行動を行い、公民権運動を今の時代に引き継ぐ姿勢を見せた。そしてソーシャル・メディアを用い、全国の活動家にそれぞれの場所で抗議行動を起こすように訴えた。その結果全国的に抗議の声が高まり、その白人は逮捕され、かつその白人がまともな精神状況にはなく暴力を働くことで知られ、その為に警察が呼ばれることがあり、にもかかわらず実際にトレイボーンを殺害するまでテロリストとは呼ばれず、全国的なデータベースに載せられることもなかったことが判明する。そしてこの日は、この事件の判決が出る日だったのだ。

しかしこの日パトリスは、北カリフォルニア州のスーザンヴィルという町の刑務所に、窃盗罪で一〇年の刑を言い渡されてはいるものの、誰を傷つけたわけでもないリッチーという青年に会いにやってきていたのだ。トレイボーンを殺害した男は果たしてどのような刑を受けることになるのだろうかと、彼女は考えていた。

リッチーは、パトリスたちがクリーブランド高校で生徒のカウンセラーとして働いていた時に、絶えず問題を引き起こす少年たちのグループの一人だったが、彼らは、停学といったそれまでの処罰的なやり方ではなく、この少年たちを取り巻いている人種的、階級的差別、同性愛への差別等、彼らの成長や夢の実現を阻む様々な要因や、それに負けない生き方について話し合ったのである。そうしたなかでリッチーは、知的で芸術的な才能にも恵まれている傑出した存在だった。十八歳に成る頃にはリッチーは大きく成長し、フェミニズムを信奉し、彼の思想を認めようとしない伝統的キリスト教徒の実家の両親を離れパトリスたちの家に暫く居候した後、家を借り、ロサンゼルス連合学区から生徒のカウンセラーとして雇用されたのだ。全てがうまく行っているように思われた。が、それは束の間のことだった。しばらくして学区は、彼の仕事を減らし、しかも、別の仕事を探しにくい形で雇用を継続したのだ。こうしてリッチーは家賃の支払いに迫られ、あげくの果てに窃盗をし逮捕され一〇年の刑を言い渡されたのだ。

宿泊しているモーテルに帰り、コンピュータに向かいフェイスブックを見てパトリスは、トレイボーンを殺害した犯人が告訴されたあらゆる罪で無罪放免されたことを知る。パトリスは唖然とし、しばらく身動きさえできなくなる。そして、どうしてこんな馬鹿なことが起きるのを防げなかったのか、と自分たちの無力をなげき泣き始める。しかし泣いていてはいけないと思う。こんなことにも負けない強い黒人になることが必要なのだと、思いながらも涙が止まらない。泣きつくした後、怒りがこみあがって来る。

するとと友人のアリシアが、フェイスブックに投稿したのだ。

「この知らせを聞いて、もう驚かない等と言うのは止めよう。そんなことを言うこと自体恥だ。どれほど黒人の命がおろそかにされるのかについて私は、驚き続ける。黒人の命も大事なのだ」。

そして彼女は、「黒人の命も大事なのだ」とハッシュタグを付けて返信した。そして二人で議論した。何かここから発展させることが出来ると感じていたからだ。アリシアは、友人のオーパル・トメティに連絡を取った。彼女は、ニューヨークのブルックリンを拠点に「正義に基づく移民の為の黒人同盟」を献身的に組織してきた人だ。彼女は広報の達人で、「黒人の命も大事なのだ」という言葉を堂々と言えるような形で、最初のホームページを作成したのだ。というのは彼らと近しい人々の間にも、このスローガンが分離主義的で、自分たちを孤立させてしまうのではと心配する人が沢山いたからである。そして、彼らは、「黒人の命も大事なのだ」という基本概念を公にする決意をした。そして数日後、運動を組織化すると発表した。

トレイボーンを殺害した男が無罪放免された後、彼らはフェイスブックを使い連絡を取り合いながら全米各地で独自の抗議運動を進めて行く。オーパルはニューヨークのタイムズスクエアで一〇〇〇人のシットインを成功させ、ロサンゼルスではカリフォルニア大学の女子学生を中心に、これまでで最大規模の行進を計画した。そして聖エルモ村を集合地点に定め、地元の有名なジャーナリストでラジオのホストのチムレンガ氏の協力を得、人々に集まるよう訴えてもらったのだ。そしてチムレンガは、カリフォルニア大学のブラック・スタディーズの学生を連れてきたのだ。そうした人たちと共同し、行進の核となる組織委員会を結成した。これが「ブラック・ライブズ・マター・ロサンゼルス支部」の成長の始まりであった。

二〇一四年八月のミズリー州ファーガソンにおけるマイケル・ブラウン殺害事件

その日、ミズリー州ファーガソンで一八歳のマイケル・ブラウンはダレン・ウィルソンという警官に追われ、射殺された。彼は、高校を卒業し大学入学を控える前途ある青年であった。ウィルソンは自分の命の危険を覚えたと証言している。しかしマイケル・ブラウンは武器を持っていなかった。しかも解剖の結果、判明したのは、彼は頭を二度撃たれていたのだ。パトリスにとってマイケル・ブラウンは、自分の兄のモンテでもあり得たのだ。そしてファーガソンの住民にとって、この事件は孤立したものではなく、二万一千人のファーガソンの貧しい黒人住民を長年襲ってきた警察による理不尽な取り締まりの一環なのだ。誌はその実態を長文の記事によって明らかにした。警察は、些細なことで黒人を捕まえては召喚状を乱発し、その度に罰金を取り、その罰金が市の財政を潤していたのだ。それに抗議をしても逮捕されるので、抗うことはできないのだ。貧しい黒人の為に声を上げるものなどどこにもいなかったからだ。

パトリス達は、地元のファーガソンの活動家達と連絡を取った上で全米の活動家達に、公民権運動時代のフリーダム・ライドにちなみ、アメリカの各地からバスで二週間後のレイバーデイに地元に集結するよう呼びかける。

パトリス達は、クラウドライズで寄付を募り五万ドル集め、バス代や人々が現地に集合してからの食費に充てることにした。そしてファーガソの人々と絶えず連絡を取り合い、一週間前に彼らはファーガソンを訪れた。そこは敵に占領された地域のような有様で、警官や州兵が動員され戦車が街角に配置されていた。

車中で彼らは、地元の人気のラジオ局の放送に耳を傾けていて、マイケル・ブラウンがこの地域の一員として愛されていたことを知る。町では地元の人々がマイケル・ブラウンTシャツを着て、小さな抗議行動を行っていて、壁には「我々はマイケル・ブラウンを愛している」と書いた落書きがある。

そして、地元の活動家が迎えに来ていて、彼らを地元の黒人系大学に連れて行く。地元の指導者のチェラーズがその大学の学長との会談を用意していたのだ。そして学長は、レイバーデイの間、校舎を使用してよいと言ってくれたのだ。

その後、地元の活動家や「夢の守り手」や「黒人青年プロジェクト一〇〇」のメンバーと挨拶を交わし、すぐに打ち解ける。二日後、彼らはロサンゼルスに戻り、フリーダム・ライダーズの組織化の仕事を完了させたのだ。しかし決行の二日前になり大学の学長と連絡が取れなくなり、大学が使用できなくなったことが判明する。するとその直後に、地元の教会の牧師から電話が入り、その牧師の教会を貸してくれるという。パトリスは自分たちがレズビアンやトランスの集団であることを明らかにし、それでもいいのかと念を押す。するとその牧師はためらうことなく、みなさんを歓迎しますと言ってくれたのだった。

そして総勢六〇〇人の活動家、弁護士、政策専門家、若者組織者、ヒーリングの医師等からなる人々がレイバーデイの前日、教会に集合し、ファーガソンに向かう準備をしたのだ。

ファーガソンでの抗議活動は二十四時間休みなく行われた。朝の一〇時前には黒人のジャーナリストたちも揃って、彼らと肩を並べ、戦車と機関銃に立ち向かったのだ。彼らは催涙ガスに備えるべく、パレスチナ人から、水では無くてミルクで目を濡らしておく方法を学んでいた。土曜日の夕方、デモ隊の一部は警察署に向かい、非武装のままそこを占拠し正義が下されることを要求した。マイケル・ブラウンを殺害した警官は未だ逮捕されていなかったのだ。そして数か月後、逮捕されないことを知ることになる。

そこに集った女性たちには皆、彼らをこの抗議行動に駆り立てた黒人女性として、レズビアンやトランスとしての人生上の理由を抱えていた。そして、人々はそれぞれの体験を次々と語り始めたのだ。

そしてある地点で、いかに女性がマスメディアの報道のなかで無視されてきたかを語り始めた。公民権運動においてもそうであった。だがファーガソンにおいて、抗議に立ち上がった人々の八〇パーセントは女性であった。彼女らはしばしば子供を抱え、「警察の暴行に終わりを」、「警察への恐怖無しに子供を育てる権利があるのだ」と訴えた。

そしてこの後、次第に、彼らの姿は主流のメディアにも取り上げられるようになる。黒人女性誌『エッセンス』の編集者で本書の共著者でもあるアッシャー・バンデーレが、二〇一四年の暮れに、世の中の人が知らないことについて話してと言ったのだ。そしてそれから二か月後、表紙にブラック・ライブズ・マターとしか書かれていないものを出版し、パトリス、アリシア、オーパルの語ったものを載せたのだった。

まとめ

こうして、公民権運動の歴史的な成果として黒人の中産階級は、アメリカの主流社会へ大きく進出したのであるが、他方、下層の黒人社会はアメリカの産業構造の高度化やグローバル化の波に大きな打撃を受け、さらに、麻薬戦争の名目の下、警察による組織的・構造的差別政策に基づく取り締まりと刑務所における看守による暴行の被害者となっていたのである。「ブラック・ライブズ・マター」運動は、公民権運動の伝統や、それと共に発展したフェミニズムの運動を基盤に、取り残された黒人社会の中から黒人の人権を主張する運動として発展してきたのである。これをトランプ的な「法と秩序」に基づき弾圧するのか、それとも、黒人への差別の壁に大きな風穴を開けた公民権運動のさらなる展開となり、世界を真にリードできるアメリカを創り上げる方向に向かうのか、大いなる関心を持って見守りたい。

受け継がれる尊厳
——ダグラスからキング、そしてオバマへ

田中千晶

Martin Luther King, Jr.
The United States Library of Congress's Prints and Photographs division under the digital ID cph.3c26559 ©

はじめに

「ブラック・ライブズ・マター」という言葉には、人間としての尊厳を奪われてきた黒人の強い怒りが込められている。本稿では、奴隷制時代から公民権運動の時代を経て現在に至るまでに出版された黒人の自伝の中で、この「尊厳」という語がどのように用いられているかを考察していく。中心としてとりあげるのは、奴隷として生まれ、二〇歳の時に北部に逃亡したあと奴隷解放運動家として活躍したフレデリック・ダグラス、公民権運動の指導者マーティン・ルーサー・キング・ジュニア、そしてアメリカ前大統領バラク・オバマの自伝である。この三冊に、ダグラスと同様に北部に逃亡して奴隷解放運動家となった女性の奴隷ハリエット・ジェイコブズの自伝、二十世紀前半に書かれた自伝及び自伝的小説、さらにマルコムXの自伝を加えて、それぞれの具体的な引用を入れながら、バトンのように受け継がれる「尊厳」を追い、そこからわれわれは今何をすべきなのかというメッセージを読み解いていきたい。

『ダグラス自伝』における「尊厳」

『数奇なる奴隷の半生――フレデリック・ダグラス自伝』（一八四五。『ダグラス自伝』と略記）を記したフレデリック・ダグラス（一八一八―一八九五）は、奴隷が読み書きを学ぶことを禁止されていた時代に、女主人のオールド夫人からアルファベットを教わった。ダグラスによれば、オールド夫人は結婚前は織工として働いており、当時七歳だったダグラスに出会う前は奴隷と接することがなかったために、「人間性を失わせる奴隷制の影響」をその時はまだ受けていなかった。アルファベットを知ったことは、ダグラスにとって、読み書き能力を習得するきっかけとなっただけでなく、ヒュー・オールド氏が夫人を叱責する次のような言葉をそばで聞く機会へとつながっている。

君が黒ん坊に少し親切にするだけで、その黒ん坊はつけあがるんだ。黒ん坊は、主人に従うこと、言われたとおりにすることだけを知っていればいいんだ。文字を学べば、この世で一番の黒ん坊だって駄目になる。もし君がこの黒ん坊（「この黒ん坊」というのは私のことだ）に文字の読み方を教えたら、こいつをここに置くことはできなくなる。永遠に奴隷には適さなくなるんだ。すぐに、手に負えない、主人にとって価値がない奴隷になってしまうぞ。

オールド氏のこの言葉は、奴隷を無知のままにしておき、牛や馬と同様の扱いを当たり前と思わせて苛酷な労働に従事させるという、奴隷制における白人による支配の構造を明らかにしている。この言葉を聞いたダグラスは、読み書き能力を身につければ奴隷の状態から抜け出す道が開かれるかもしれないという、その後の生き方に大きな影響を与える気づきを得ている。

しかし、この気づきがダグラスをオールド氏の予言どおりの奴隷にしてしまったことが、この自伝では描かれている。読み書き能力を習得したにもかかわらず隷属状態に置かれ、「恐ろしい穴に対して目を開かされただけで、そこから出る梯子は見えない」という現実に深く絶望したダグラスは、次の主人となったトーマス・オールド氏に、「手に負えない」反抗的な奴隷とみなされる。そのためにダグラスは、そのような奴隷をおとなしくさせるので有名なコウヴィ氏に預けられ、数か月後には自ら「獣に変えられてしまった人間」と称するほど従順になってしまう。屋外奴隷として朝早くから夜遅くまで、時には真夜中まで働かされ、週に一度は鞭打たれる生活が、ダグラスの知力を鈍らせ、本を読む気力も失わせていた。

『ダグラス自伝』の「尊厳」を考察する上で重要な点は、このあとダグラスがコウヴィ氏に闘いを挑んだことである。ある日、コウヴィ氏がいつものようにダグラスを鞭打とうとして馬小屋に入ってきた時、ダグラスは、「どこからその力が湧いてきたのかはわからない――私は闘おうと決めたのだ」と記述されている力を感じた。ダグラスはコウヴィ氏の喉をつかんで恐怖に震えさせ、そのあとの二時間に及ぶ闘いが終わった時点で、コウヴィ氏だけが血を流していた。この闘いのあとはコウヴィ氏から二度と鞭打たれることがなかったダグラスは、勝利の喜びを次のように記している。

コウヴィ氏とのこの闘いは、私の奴隷としての人生の転換点となった。この闘いによって、消えかけていた自由を求める思いにもう一度火がつき、人間であると再び実感した。この闘いによって失っていた自信を取り戻した私は、自由を手に入れると再び心に決めた。この勝利の喜びを味わうことができたのだから、このあと何が待ち構えていようと、たとえそれが死であろうとかまわなかった。奴隷制という忌まわしい力を自らの力ではねのけた者だけが、私の味わった深く満ち足りた思いを理解することができるのだ。

自らを獣と称していたダグラスは、主人に闘いを挑んで勝利したあと、このように自分が「人間である」という思いを新たにしている。そして、見逃すことができないのは、彼がこの主人との闘いを奴隷制との闘いとも位置づけていることである。一人で奴隷制に立ち向って勝利したという自信が、その後の彼に北部への逃亡を実現させる力を与えたと言えるだろう。

この『ダグラス自伝』では、尊厳という語が一度だけ用いられている。それは、北部に逃亡した日にニューベッドフォードの波止場に出かけたダグラスが、鞭で打たれることも悪態をつくこともなく荷物の積み下ろしをしている人々を見かけた次の場面である。

> 誰もが自分の仕事を理解しているように見え、真面目に、しかも真剣にはつらつと仕事に取り組んでいた。その様子を見ていると、自分が行っていることに深い関心を抱いているだけでなく、人間としての尊厳があると実感していることが伝わってきた。それは私がこれまで見たこともない光景だった。

ダグラスがここで北部の労働者の尊厳に言及していることは、その前日まで奴隷として暮らしていた南部の描写にはまったく使わなかったこの語の重要性を、彼が理解していたことを示している。そして彼は、コウヴィ氏と闘ったあとの説明に用いた「人間であると〔再び〕実感」したという表現の「人間である」を「人間としての尊厳がある」に変えて、ここで使っている。すなわち、ダグラスは、主人と二時間に及ぶ命を賭けた格闘をしてようやく人間であると認識した自分と、当然のように人間としての尊厳をもって働いている北部の労働者をここではっきりと対比させ、その上で「これまで見たこともない」という言葉を加えて、南部の奴隷が働いていた光景と目の前の光景との違いをより明確にしている。したがって、『ダグラス自伝』において一度だけ用いられている尊厳という語は、南部の奴隷が、自分には尊厳があると知る機会もないまま、尊厳を奪われた状況で働かされていたことを強調する役割を果たしている。

『ダグラス自伝』の十六年後に出版された、ハリエット・ジェイコブズ（一八一三—一八九七）の『ハリエット・ジェイコブズ自伝——女・奴隷制・アメリカ』（一八六一）は、当時公にされることのなかった女性の奴隷に対する白人の主人の性的迫害を、北部の女性に知らせるために書かれた。ジェイコブズ自身も、主人の性的迫害から逃れるために、約七年間も祖母の家の物置にある屋根裏に隠れている。この自伝でも、尊厳という語は、「白人の尊厳」が傷つけられたという描写において二度用いられているだけである。すなわち、ジェイコブズは、この語を白人だけに用いて、自分たちは傷つけられることをいやがっている彼らが、奴隷、特に南部にいる女性の奴隷の尊厳をどれほど踏みにじっているかを伝えている。

それに対して、ブッカー・T・ワシントン（一八五九—一九一五）の自伝『奴隷より身を起こして』（一九〇一）では、ワシントンが尊厳を見出せと黒人に呼びかけたと書かれている。ワシントンは、奴隷として生まれ、奴隷解放後は塩焼炉や炭鉱で働き、数々の苦労を重ねてハンプトン師範学校を卒業して、タスキーギ学院の初代校長となった。彼は、アトランタ博覧会の開会式で演説し、「今いるところにバケツを下ろしなさい」という比喩を用いて、白人との友好関係を維持しながら農業、工業、商業、家政を学ぶことが大切だと黒人に訴えた。ワシントンは、それに続く「いかなる人種も、詩を書くことと同じぐらい畑を耕すことに尊厳を見出すことを学んで初めて繁栄する」という言葉を記述する際に、イタリックを用いて尊厳という語を強調している。ダグラスが北部の労働者だけに、ジェイコブズが白人だけに用いていた尊厳という語を、農業に携わることに尊厳をもつという限定的な意味ではあるものの、ワシントンがアトランタに集まった黒人を含む聴衆に対して強調して使っていることは、奴隷制時代の南部との大きな違いを示している。

一方で、一九四〇年代に書かれた自伝や自伝的小説には、厳しい人種差別に苦悩する日々が色濃く映し出されている。ハーレム・ルネサンスの中心的存在で、文化人類学者でもあったゾラ・ニール・ハーストン（一八九一―一九六〇）の自伝『路上の砂塵』（一九四二）では、独立宣言を揶揄していると思われる「不可侵の権利は神聖なものだった」という言葉の前に、「人間には尊厳があった」という形でこの語が一度用いられているだけで、黒人の尊厳についての言及はない。ハーストンは、皮肉を込めて、白人と黒人がともに高潔な世界を築くのは「四〇〇〇年以上先」だと述べている。また、抗議作家リチャード・ライト（一九〇八―一九六〇）の自伝的小説『ブラック・ボーイ』（一九四五）には、尊厳という語は出てこない。この自伝的小説で描かれているのは、貧困に苦しみ、白人に恐怖と憎悪を抱き、「捕まれば刑務所行きだ。だけど俺の人生はもうすでに囚人みたいなものじゃないか。実際のところ、失うものなんて何もない」と自暴自棄になる主人公である。しかし、そのような主人公が、H・L・メンケンに触発されて本を読みあさり、「人間としての価値」に気づくことも『ブラック・ボーイ』には記されている。

『キング自伝』における「尊厳」

公民権運動の時代になってようやく黒人の尊厳が手の届くものになったことを示すのが、マーティン・ルーサー・キング・ジュニア（一九二九―一九六八）の『マーティン・ルーサー・キング・ジュニア自伝』（一九九八。『キング自伝』と略記）である。クレイボーン・カーソンがキングの死後にキング夫人の協力を得て著作や手紙をまとめたこの自伝には、尊厳という語が四十四回用いられている。もちろん、一九二九年にジョージア州アトランタで生まれたキングもまた、幼い頃から肌の色による差別を受けてきた。六歳の時には、仲の良かった白人の友達とは同じ学校に通うことができず、その友達の父親から一緒に遊ぶことを禁じられた。また、黒人は公園に入ることができなかっただけでなく、ハンバーガーやコーヒーを買うことができるランチカウンターは少なく、数年遅れの映画を上映している劇場が一つか二つあっただけだったこともこの自伝には記述されている。

中でもキングが「人生において私が最も怒った出来事」と述べているのが、十四歳の時にジョージア州の弁論大会に参加して優勝した帰路のバスの中での経験である。あとから白人が乗車してきた時、白人の運転手はキングと付き添いの教師に席を譲るように命じた。二人がそのまま座っていると、運転手は彼らを罵倒した。教師に諭されて仕方なく席を譲ったキングは、残りの一四〇キロメートル以上の道のりを立ったままバスに揺られたその夜のことは「私の記憶から消えることはない」と記している。キングが白人の運転手の指示にすぐには従わなかったのは、面と向かって白人に反抗する黒人が少なかった時代に、理不尽な出来事に対して抗議をした父親の影響も受けている。全米黒人地位向上協会のアトランタ支部長も務めた彼の父親は、靴屋で後ろの席に移るように白人の店員から言われると怒って店を出ており、「ボーイ」という黒人男性に対する軽蔑的呼びかけに使う語で警官に呼び止められると、自分は少年ではないと言い返している。

この最も怒った出来事の十二年後に、キングはモンゴメリー改善協会の会長に選ばれて、バスにおける人種隔離に抗議するバス・ボイコット運動の指導者としての命を賭けた闘いを始めている。彼は、その二ヶ月後に、指導者を逮捕して運動を混乱させる目的で尾行していた警官に、制限速度を八キロメートル超過したという理由でパトカーに押し込まれた。パトカーが刑務所のあるダウンタウンとは逆の方向に進んでいることに気づいたキングは、どこかに投げ捨てられるか、犯罪グループのところに連れて行かれて事件に巻き込まれたかのように処理されると覚悟している。モンゴメリー市刑務所という表示を見たキングが、「刑務所に入ることは安全な避難所に行くようなものだった」と安堵の胸をなでおろしたことは、当時も黒人が警官にどれだけ恐怖を抱いていたかを示している。その後も、一日四〇回に達したこともある脅迫電話や脅迫状、教会の爆破、自宅へのダイナマイト投下、精神錯乱状態の黒人女性に刺されたナイフが大動脈に達した事件などが続くが、キングは怯むことなく闘い続けた。

このような公民権運動の指導者としてのキングの姿勢の中でも、次の二つは、ＢＬＭ運動を推し進めるための示唆に富んでいる。一つは、キングが、バス・ボイコット運動を開始する時点で、「闘志にあふれ」ながらも「度を過ごさない」という矛盾する二つのバランスを保つことの重要性を深く理解していたことである。それまでに蓄積していた怒りを爆発させた人々が暴力的な行動に走る可能性があった一方で、この運動を短期間で終わらせようという意見も出ていた。キングは、バス・ボイコット運動の初日の夜に行われた集会で、確固たる信念のもとに勇気を振り絞って闘いつつも、激高することなく穏やかに団結しようと呼びかけた演説を、「私の人生でもっとも重要な運命を決した演説」だったと述べている。このボイコットが一年以上続き、人種隔離法が違憲だという最高裁の判決が下される形で勝利することができたのは、指導者であるキングが巧みにこの二つのバランスを保ち続けたからでもあるだろう。

キングがこの矛盾する二つを伝えるために巧みに用いているのが、尊厳という語である。なぜなら、奪われた尊厳を取り戻すために闘志に満ちて闘おうという呼びかけは、その尊厳にふさわしい行動をとることも人々に求めるからだ。キングは、人種隔離法が違憲だという判決のあとにモンゴメリーに出現した「新しい黒人」についての記述でも、次のように尊厳という語を二度使っている。

新しい黒人は、思考を停止させて服従し、感覚を鈍らせて現状に満足するのはきっぱりと止めた上で、尊厳と使命があると新たに実感してその姿を現した。モンゴメリーの新しい黒人は、一人の人間であることと自尊心を新たに実感していた。彼らは、いかなる犠牲を払っても自由と人間としての尊厳を勝ち取るという決意を新たにしていた。

この引用における「思考を停止させて服従し、感覚を鈍らせて現状に満足する」という描写は、自らを獣と称したダグラスを思い起こさせる。そしてキングは、「人間であると再び実感」したという、コウヴィ氏と闘ったあとのダグラスと同様の表現を用いて、バス・ボイコット運動を闘って勝利した人々が「尊厳と使命があると新たに実感」したと述べている。モンゴメリーの人々は、ダグラスの時代から百年以上を経て、暴動に走ることなく、計画通りに協力し合ったボイコットを一年間続けて、奪われていた尊厳を取り戻した。尊厳をもつ者にふさわしいこのような闘いをして尊厳を手に入れた彼らの士気の高さがここで明らかにされている。

さらにキングは、一九六三年八月二十八日のワシントン大行進の演説でも、尊厳という語を二度用いている。一つ目の「われわれは高い水準の尊厳と規律を保って永遠に闘い続けなければならない」という言葉は、闘志に燃えながらも統制のとれた行動をとろうという呼びかけであり、二つ目の「われわれの子供たちが『白人専用』と書かれた看板によって人格を貶められ、尊厳を奪われるようなことがなくなるまで決して満足することができない」という言葉は、次世代の尊厳にも目を向けさせている。一つ目が公民権運動に参加しているすべての人への呼びかけであるのに対して、二つ目の「われわれ」は、白人以外、すなわち黒人を含むすべての有色人種を指している。したがって、キングはこの二つ目の文によって、黒人にも尊厳があると、奴隷解放宣言から百年後に、目の前の聴衆やテレビを通して演説を聴いている世界中の人々に宣言した上で、その尊厳をさらに次世代へと伝えるために闘い続けようと訴えている。

ＢＬＭ運動を推し進めるための示唆に富むもう一つのキングの姿勢は、「度を過ごさない」ために、非暴力という方針をはっきりと打ち出して、それを貫いたことである。バーミングハム闘争時の警察署長ブル・コナーとの対峙は、この非暴力のもつ力を顕著に示している。一九六三年五月四日の新聞には、警察犬に襲われたり、警棒をふりかざした警官にのしかかられたり、消火用ホースで吹き飛ばされたりしている人々の写真が掲載され、バーミングハムの警察の暴力に批判が集中した。このあと、キングが「バーミングハムでの最も信じがたい出来事の一つ」と述べていることが起こっている。刑務所の近くで祈りを捧げるための行進をしていた数百人の黒人が、黒人地区と白人地区との境界にさしかかった時に、コナーは彼らに引き返すように命じた。行進を指揮していたビラプス牧師が丁寧に断わると、コナーは部下たちにホースの栓を開けるように指示した。しかし、部下たちは次のように水を浴びせかけることを躊躇したのである。

行進する黒人たちの多くは、膝をつき、コナーの警察犬や警棒や消火用ホースに己の体と魂の力だけで対抗する準備ができていた。黒人たちは恐れることも身動きをすることもなく、じっと見つめ返した。そしてゆっくりと立ち上がり、前に進み始めた。コナーの部下たちは、まるで催眠術にかかったかのように、手にしたホースをだらりとさせたまま後ろに下がった。数百人の黒人は、遮られることなくその前を通り過ぎて、予定通りに祈りの会を行った。私はこの時初めて、非暴力のもつ誇りと力を感じた。

この場面において、コナーの部下は、暴力に対して怯むことなく行進する人々の力強く誇り高い姿に圧倒されている。この出来事は、キングがガンジーから学んだ、相手に恥ずかしいと感じさせて相手の心を変えるという非暴力の力を顕著に示している。

キングが、牧師の父親をもち、高等教育を受けて自らも牧師となり、公民権運動の指導者に選ばれた人物として、尊厳という語を繰り返し用いたのに対して、同じ時代にネイション・オブ・イスラムのスポークスマンとして活躍し、キングの三年前に暗殺されたマルコムX（一九二五―一九六五）の『マルコムX自伝』（一九六五）には、尊厳という語は四回しか用いられていない。『ルーツ』の著者アレックス・ヘイリーがマルコムXと対話を重ねながらまとめたこの自伝には、賭博や麻薬の密売だけでなく自らも麻薬中毒になり、二〇歳の時に強盗をして懲役一〇年の刑を宣告されるという、「アメリカ社会のどん底」でのマルコムXの生活が描かれている。この時期のことをマルコムXは、「私は死んでいた――精神的に死んでいた」と振り返っている。

キングはマルコムXを、個人的には尊敬していると述べているものの、「この国における黒人の損なわれた生活への憎悪と暴力の産物」ととらえている。マルコムX自身も、自分の周りの人々は、自分たちが劣っているという気持ちを祖先から受け継ぎ、生涯を通して黒人であることを恥じ続けると記述している。すなわち、少年期や青年期のマルコムXが受け継いだのは、「黒人であることを恥じる」というバトンだった。彼は、十五歳の時に白人の髪の毛に憧れて縮れ毛をアルカリ溶液で伸ばすコンクをしたことを、「自らを貶める」行為だったと思い起こしている。このような生活を送ってきたマルコムXにとって、ワシントン大行進は「遠足」、「茶番劇」、「一日の『融合』ピクニック」であり、キングのスピーチを聞いている人々は「悪夢を見ていた。そして今もその悪夢を見続けている」にすぎなかった。

一方で、アメリカ社会のどん底にいたマルコムXの自伝には、『キング自伝』には書かれていない、黒人であることを恥じる気持ちや憎悪を脱して尊厳へと向かう道筋が示されている。その一つが「学び」である。

中学二年生の時に学校に行かなくなったマルコムXは、賭博や麻薬に溺れて忘れてしまっていた言葉を服役中に学び直している。辞書をAから順に書き写して音読を繰り返すという方法から始めて読み書き能力を習得し、そのあとは三、四時間眠るだけでずっと読書をしていた日々を振り返って、彼は「読書が自分の人生の進路を永遠に変えてしまったことを、まさに刑務所で知った。今日そのことを考えてみると、読む力を身につけたことで、私の中に長く眠っていた生きることへ渇望が呼び起こされたのだ」と述べている。この引用における「生きることへの渇望」という表現は、コウヴィ氏と闘ったあとに人間であると実感したダグラスと結びつく。ダグラスは闘いに勝利することで自分が人間であると認識したが、学ぶという手段によっても人間として生きるための力が与えられることを、マルコムXの自伝は示している。

もう一つの道筋は、白人との相互理解である。「アメリカで最も怒りをあらわにしている黒人」と呼ばれたマルコムXは、ネイション・オブ・イスラムのスポークスマンとして、激しい憎悪を込めて白人を非難した。しかし、ネイション・オブ・イスラムを退団したあとの彼は、メッカへの旅を通して他の国の親切で愛情深い白人と出会い、すべての白人を白い悪魔として憎悪していた自分が間違っていたと認めている。この自伝に出てくる四回の「尊厳」のうちの三回は退団後に用いられており、その一つが「白人と黒人はお互いに誠実であれば、アメリカの魂そのものの救済への道を示すことができるかもしれない。人権と人間の尊厳が完全な形で黒人に広がれば、そのアメリカの魂は救われるのだ」という言葉である。このようにマルコムXは、人種隔離が行われていた社会で親しく言葉を交わす機会もなく憎悪だけを感じていた白人に、一人の人間として向き合った結果として、憎悪と劣等感というバトンを尊厳というバトンに持ち替えている。

『オバマ自伝』における「尊厳」

それでは、アメリカ前大統領バラク・オバマ（一九六一―）の『マイ・ドリーム――バラク・オバマ自伝』（一九九五。『オバマ自伝』と略記）では尊厳という語がどのように用いられているのだろうか。注目すべき点は、二〇〇四年版の冒頭に置かれた「二〇〇四年版前書き」の第一ページにこの語が出てくることである。ここでオバマは、初版の売れ行きはそれほど良くなかったが書評は穏やかで好意的であったことに対して、「私の尊厳がほとんど損なわれずに切り抜けることができて嬉しい」と述べている。すなわち、オバマにとっての「尊厳」は、それまで見たこともないものでも、白人だけに用いられるものでも、言及すらされないほど遠くにあるものでも、奪われたために取り戻すものでもなく、すでに保持しているもの、損なわれることを恐れるものなのである。しかし、このような認識は、コロンビア大学を卒業し、ハーバード・ロースクールで学び、シカゴ大学で講師をしたあと政界に進出して、二〇〇四年の時点ではイリノイ州上院議員の有力候補だったオバマの華やかな経歴にもとづいてもいるだろう。同じ時代を生きていても尊厳とは程遠い生活を送っている数多くの黒人がいることを念頭に置きつつ、『オバマ自伝』における「尊厳」を考察していきたい。

この二〇〇四年版の前書きを除くと、この自伝では尊厳という語は二度しか用いられていない。一つ目はオバマがオキシデンタル・カレッジ在学中に、南アフリカへの経済制裁に参加しない企業に抗議する集会でスピーチをした時の言葉であり、もう一つはオーガナイザーとしてシカゴで働いていた時に目にした、黒人教会のパンフレットの中の言葉である。オバマ自身については、「誇り」という語がよく用いられており、シカゴでオーガナイザーとして活動するようになってからは「自尊心」という語も使われている。

キングとは比較にならないほど尊厳という語が少ないのは、この自伝の焦点が二〇代から三〇代にかけてのオバマの自分探しに当てられていることもあるだろう。一九六一年にハワイで生まれて、公民権法成立後に青春時代を送ったオバマにとっても、黒人として生きることは「侮辱」を受けながらそれに耐えることでもあったとこの自伝には書かれている。黒ん坊《クーン》と呼ばれたり、肌の色がつくから掲示板のトーナメント表にさわるなとテニスのプロ選手に言われたり、白人である祖父母のアパートのエレベーターに乗り合わせた白人の年配の女性から、後をつけていると疑われたりしたことが、侮辱の例としてあげられている。それに加えて、オバマの場合は、ケニアから留学生としてハワイに来た父親と白人の母親との結婚によって生まれ、三歳の時に両親が離婚したために、自分を心から愛してくれている祖父母と母親が、自分に侮辱を与える人々と同じ肌の色をしているという葛藤を抱えて孤独な日々を過ごしていた。自分の居場所も、何をすべきかもわからなかったオバマには、人間の尊厳に思いを馳せる余裕はなかったと言える。

このように、自らの苦悩を家族にも打ち明けられずにいたオバマが、ハワイで高校生活を送っていた時に拠り所にしようとしたのが、『黒人のたましい』(一九〇三)の著者デュボイスや、ラングストン・ヒューズ、リチャード・ライト、ラルフ・エリスン、ジェイムズ・ボールドウィンなどの詩人や小説家だった。しかし、オバマが彼らの著作に見出したのは、「皮肉を用いても、知性を用いてもはねのけることができないように思われる、自らへの蔑み」であり、デュボイスがアフリカに行ったことや、ボールドウィンがヨーロッパに行ったことは、オバマの目には「真後ろに強い敵意を持った悪魔がいる生活に疲れ切り、うんざりして逃げ出した」と映った。すなわち、高校生のオバマも、マルコムXと同様に、最初に受け取ったのは「自らへの蔑み」というバトンだった。

　それでは、オバマはどのようにしてこのバトンを尊厳というバトンに持ち替えたのだろうか。その答えを探す手がかりとなるのが、オバマが用いている「声を聞く」という言葉である。彼が最初に聞いたのは、物心がついてからは一度しか会っておらず、その後は手紙のやり取りだけでつながっていた父親の声である。父親はオバマが二十一才の時に交通事故で亡くなるが、父親の声はそれ以降もオバマに次のように呼びかけた。「[父親の声は]汚れがなく、私を鼓舞したり、叱責したり、許可を与えたり与えなかったりした。バリー、おまえはもっと頑張れるぞ。おまえの民族の苦闘を助けてやるんだ。黒い肌の男よ！　目を覚ませ」。オバマは、父親のイメージに「キング、マルコムX、デュボイス、マンデラの性質」を詰め込んだと説明している。父親の「苦闘を助けてやるんだ」、「目を覚ませ」という声は、この四人の声と重なって、黒い肌に誇りを持って自らの役割を果たせとオバマを励ました。

　さらに、オバマは「エピローグ」では次のような声も聞いている。

> われわれは以下の事実が自明であると信じる。あの言葉からは、ジェファーソンやリンカーンだけでなく、ダグラスやディレーニーの魂の声が聞こえてくる。あの言葉に命を吹き込もうとしたキング、マルコム、そして行進に参加した無名の人々の苦闘の声がする。

この引用には独立宣言の一文のみが記載されており、この文に続く「すべての人間は生まれながらにして平等であり、創造主によって生命、自由及び幸福の追求を含む不可侵の権利を与えられている」という文は記述されていない。ハーバード・ロースクールを卒業したばかりのオバマは、すべての人間に与えられているはずのこの不可侵の権利を黒人にも求める闘いのルーツを、ダグラスに見出している。その上で、オバマは、ダグラスと共に週刊新聞『北極星』を発刊・編集したマーティン・R・ディレーニー、そしてキング、マルコムXに加えて、抗議のための行進をした人々の声も聞いている。また、この引用のあとには、オーガナイザーとして活動したシカゴの貧民街に住む黒人だけでなく、強制収容された日系人、低賃金で働くロシア系ユダヤ人、黄麈地帯の農民、国境を越えようとしている移民のような、苦悩した、あるいは今も苦悩している人々の声も彼の耳に届いている。『オバマ自伝』の「人種と継承の物語」という副題が示すように、自分の居場所を探して苦悩していたオバマが、自らのルーツを確認し、尊厳を奪われた人々の痛みを知り、尊厳を求めて闘ってきた人々からバトンを受け継ぐ物語もこの自伝には描かれている。

おわりに

今、われわれに求められているのは、このようにダグラスからキング、そしてオバマへと受け継がれてきた「尊厳」というバトンを、黒人の歴史におけるこの語の意味を理解した上で受け取ることである。黒人の歴史における尊厳という語の意味を知るためには、オバマのように、尊厳を求めて闘ってきた人々の声を聞かなければならない。ダグラスの声はわれわれに、現状を変えるために立ち上がって闘うことができるかと問いかけ、闘って勝利した者だけが人間であると実感することができると伝えてくれる。キングの声はわれわれに、一九五〇年代から六〇年代に命をかけて闘った人々のあとに続いて、尊厳を求める闘いを尊厳を保ちつつ進めようと呼びかける。さらに、キングの声は、非暴力の重要性も明らかにする。暴力に対して非暴力を貫き、相手に恥ずかしいと感じさせて相手の心を変えるという、キングが率いた公民権運動の姿勢は、われわれの進むべき道を示している。今回も、二〇一六年にアメリカン・フットボールのコリン・キャパニック選手が始めたと言われている、片膝を立てるという非暴力の行動が、抗議をする人々だけではなく、阻止する警官の側にも広がっていると伝えられている。今回のＢＬＭ運動の大きなうねりを社会の変革につなげるために、われわれは、闘志にあふれつつも統制のとれた闘いを続けてきた人々の声に耳をすませ、尊厳というバトンを受け継ぎ、非暴力によって闘い続けて、次世代の人々にそのバトンを届けなければならない。

世界と私の間に
――リチャード・ライトの自己表現への渇望

永尾悟

Richard Wright
Prints and Photographs Division, Van Vechten Collection, reproduction number van.5a52815. ©

はじめに

リチャード・ライトが駆け出しの作家だった頃に発表した詩「世界と私の間に」（一九三五年）は、アメリカ南部の人種的暴力の記憶が黒人の自己認識に与える影響を描いている。ある晴れた日の朝、森の中を歩いていた「私」は、草の上の「物体」につまずく。足元には「折れた小枝」と「焼け焦げた葉脈」、「黒い血で固まったズボン」と灰の上に横たわる骨があり、かすかに漂うガソリンの匂いに気づく。見世物になって燃え果てた男性の痕跡から「私の心が恐怖という凍った壁に囲まれる」のを感じ、その骨と灰が次第に「私」の身体の一部となり、転がった頭蓋骨の眼窩から朝日を仰ぎ見る感覚にとらわれる。リンチの犠牲者と視点を共有した「私」は、「その場の煤けた細部が世界と私の間にぐっと押し入ってきた」と語るように、「世界」へのまなざしが人種的暴力と死への恐怖によって阻まれることを実感するである。

人種と自己認識の問題は、この詩の約十年後に出版されるはずだったライトの自伝的小説『アメリカの飢え』の結末でも描かれる。語り手リチャード・ライトは、南部各地で転居を繰り返した後にシカゴに渡り、共産主義運動に対する傾倒と幻滅を経て作家として身を立てる決意を固める。そこで、「私は、私と外の世界との間に言葉という架け橋をかけよう」と考える。「言葉」が自己と世界の隔たりを繋ぐ「架け橋」になることは、アフリカ系アメリカ人の苦難を「私」という視点から語ることで乗り越えようとする作家としての試みを暗示している。

二部構成の『アメリカの飢え』は、出版社と読書愛好団体ブック・オブ・ザ・マンス・クラブの意向を受けて、南部時代を描いた第一部「南部の夜」のみが『ブラック・ボーイ』として一九四五年に出版された。シカゴ時代に関する第二部「恐怖と栄光」は、ライトの死後二十年以上を経て一九七七年に『アメリカの飢え』として日の目を見ることになる。『ブラック・ボーイ』の結末で、語り手リチャードは、「人生の様々な可能性をぼんやりと覗き見るようになったのは、偶然読んだ小説や文芸批評のおかげだった」と語り、その例としてドライサー、メンケン、アンダーソンの本を挙げる。つまり、人種の制約を越えて本格的な作家修行へと語り手を導くのは、主流白人作家たちの本なのである。

この自伝的作品は、南部黒人が奴隷制度時代から続く搾取と抑圧を逃れて北部に移住するという歴史化された人種の共通経験を描いている。ライト個人の経験を黒人の文化的アイデンティティの表現へと昇華しながらも、この作品が中心的に描くのは、一人の黒人少年が作家を志して精神的成長を遂げる物語である。『ブラック・ボーイ』で無学な少年リチャードが新しい言葉に触れ、読書を重ねて「世界」への認識の手がかりにすることは、『アメリカの飢え』で執筆で身を立てようとする青年期の物語への布石になっている。この自伝的物語は、作家としての立ち位置をめぐるライトの自己言及であり、さらに言えば、当時の黒人作家が人種にまつわる自己表現をする上での制約的状況を映し出している。

そこで本稿では、『ブラック・ボーイ』／『アメリカの飢え』の語り手が、言語の習得を経て人種的経験を意味づけする過程をたどり、黒人作家ライトの書くことへの自意識がいかに浮かび上がるのかを考えていく。その際、構想から出版までの事実関係を確認し、草稿を含む執筆過程で施された改稿の意味を探りたい。

人種を語るライトの自伝的意識

『ブラック・ボーイ』／『アメリカの飢え』は、ノンフィクションに近い自伝だと言われがちだが、構想から出版までの経緯を見ると、自己表現をめぐるライトの深い葛藤があったようである。代表作『アメリカの息子』（一九四〇年）の出版前後、ライトは、これまで間接的に作品に組み込んできた個人的な経験を一つの作品にまとめる決意をした。それから一年後にはタイプ用紙で六六九枚分もの草稿を書き、「黒い告白」というタイトルをつけた。草稿では、自らの実体験の描写とその意味を自問する内省的な文章の組み合わせが繰り返され、実在する人物名もほぼそのままである。特筆すべきなのは、メンフィスを旅立って列車でシカゴに到着するまでの場面が同じパラグラフの中で描写されている点である。語り手は、列車から見える「田畑」が「よく手入れされた農園」になり、「北上するにつれて景色から文明の変化が実際にわかるのだ」と考えながら、オハイオ川を渡ってイリノイ州に到着する。この場面を見ると、南部と北部のつながりの中で自己像を提示する意図をライトが当初から持っていたことがわかる。

自伝の出版をライトが固く決意したのは、一九四三年四月にテネシー州ナッシュビルのフィスク大学で自らの生い立ちについて講演をしたときのことである。当時住んでいたニューヨークから南部への帰郷を果たしたライトは、黒人専用車両での移動を強いられ、学生や教職員が発言を規制されるこの黒人大学の雰囲気を感じ取り、南部時代に経験した人種的苦境を再認識する。白人と黒人の聴衆を前に生い立ちを語るライトは、静けさの中で「興奮しつつも半ば抑制した、張り詰めた笑い」が起こるのを感じ、「黒人が公的に発言すべきではないこと、白人によって禁じられてきたことを口にしている」のだと自覚する。聴衆の複雑な反応によって、「声なき黒人少年たちに私の言葉を貸し与えたい」という思いを抱き、当時取り組んでいた小説を中断して「黒い告白」を全面的に書き直し、講演から八か月後には「アメリカの飢え」というタイトルの原稿を書き上げる。その原稿は、南部で生まれた黒人少年リチャードが人種的抑圧の経験の中で文学への情熱を募らせていく第一部、そして、移住した恐慌期のシカゴで作家として身を立てようとする状況が描かれる第二部で構成されていた。つまり、全体を通して集合的な人種経験を自伝的な声によって表象する前提を保ちながらも、作家としての自己に焦点を当てた個人的な側面を併せ持つ物語となったのである。

ライトが意識した人種と自己との関係は、ジェイムズ・ボールドウィンが「代表／表象《リプリゼンテーション》の責務」と表現したように、黒人作家は人種全体を代表して表現すべきだという共通認識によるものである。とりわけアフリカ系アメリカ人が専業作家になることが難しかったこの時代、『アンクル・トムの子供たち』（一九三八年）と『アメリカの息子』を大手出版社から上梓していたライトは、広く認知された数少ない黒人作家の一人であった。このことは、ラングストン・ヒューズが一九三九年の講演において、「黒人が作家の職に就くことは困難だ。アメリカの雑誌社、新聞社、出版社の門戸は、我々に対してきつく閉ざされているのだ」と語りながらも、その例外としてライトの名前を挙げていることからも明らかである。また、『アメリカの息子』は黒人作家の作品として初めてブック・オブ・ザ・マンス・クラブの選定図書になって商業的に成功したように、白人主流の出版業界はライトに対しては「きつく閉ざされて」はおらず、政府からも経済的支援を受けていた彼は、他の黒人作家よりもはるかに制度的な恩恵を受けていた。

黒人作家の「代表／表象の責務《リプリゼンテーション》」を引き受けようとしたライトは、「自分はまさしく平均的な黒人だ」と考えていた。確かに『ブラック・ボーイ』の多くの逸話は、南部の黒人少年が経験する貧困や人種的抑圧を描いており、『アメリカの飢え』は、南部から移住した黒人が北部で直面する困惑や苦難を表現している。その一方で語り手は、人種という呪縛から抜け出せば「私が何者であるか、何になりうるかを知る」可能性を信じ、未知なる「真実の私」を探求すべく作家の道を志す。語る「私」の葛藤を通して、黒人であることと個人であることの二重意識が激しくせめぎ合う様子が浮かび上がる。語り手は、周囲の黒人と白人の両方から「黒人らしい」言動を求められるが、黒人らしさが場所や状況といった関係性の中で常に変化することを理解して抵抗する。語り手が内面化する差異の流動性は、批評家ステュアート・ホールが定義する文化的アイデンティティの概念に手がかりを見出すことができる。ホールは、「共通の歴史と先祖を持つ人々が内包する集合的な『唯一の真実の自己』」という第一の定義に対して、第二の定義は、文化的アイデンティティが「場所、時間、歴史、文化を超越して既存するものではない」として、複数の差異の中から「つくられる同一性や縫合の不安定な地点」だと主張する。この第二の定義による文化的アイデンティティとは「『あるもの』というだけではなく『なるもの』だ」とホールは言うように、ライトの自伝的作品は、黒人としてのアイデンティティを固定化された起源に求めるのではなく、「黒人少年《ブラック・ボーイ》」に「なる」ことに対する語り手の自意識を映し出すのである。

黒人のアイデンティティの構築性にまつわるこの自意識は、作品出版までの複雑な経緯とも重なる。フィスク大学での講演から約八か月後に完成した原稿は、南部時代を描いた「南部の夜」とシカゴ時代の「恐怖と栄光」の二部構成になっており、南北の境界をまたぐ黒人男性の物語には明らかな一貫性があるとライトは自負していた。一九四三年一二月に編集者宛に原稿とともに送付した手紙には、「この原稿に大きく手を加えることは今後ないと思う……全体としてこのままにしておくべきだ」と述べており、翌年四月二五日付のゲラ刷りはライトの意志通り二部構成になっていた。しかし、一九四五年に出版されたのは、第一部の「南部の夜」に結末を書き足した作品であり、却下された第二部の「恐怖と栄光」の原稿はある雑誌社が買い取ったが、実際に雑誌に掲載されたのは、語り手の共産主義活動に関する部分をまとめたものであった。『ブラック・ボーイ』というタイトルは、作品の分断を知らされたライトが新たに考案したものだが、「黒人少年《ブラック・ボーイ》」に「なる」過程は、当時の黒人作家が作品の編集と出版を通して対峙せざるを得なかった現実だとも言える。

リチャードが北部行きの電車に乗る場面で終わる『ブラック・ボーイ』は、南部の人種的抑圧を逃れて北部に自由の希望を見出すという図式の物語に見える。しかし、人種の問題を南部特有のものとして単純化することは、「恐怖と栄光」の冒頭部でリチャードが初めて目にしたシカゴの景色が「僕のすべての幻想を嘲笑った」という印象とは明らかに矛盾する。総菜屋の雑用係の仕事に就いたばかりの彼が「白人と黒人の分離という事実」に直面し、「アメリカにおける黒人の精神」は「不毛地帯に押し込められている」と考えるように、南部からの地理的な移動が自由を約束するわけではない。さらに、白人の抑圧的なふるまいは、メンフィスでは「足蹴り」のような身体的苦痛によって容易に認識されるが、シカゴでは疑心暗鬼で彼らの真意を探るような「不確かなもの」だと理解する。このように、「恐怖と栄光」が国家的文脈における黒人の周縁性をとらえようとするのであれば、これを「南部の夜」から切り離すことはライトの執筆意図からの逸脱を意味する。

第二部を切り離した背景について、『ブラック・ボーイ』を選定図書にしたブック・オブ・ザ・マンス・クラブからの働きかけがあった可能性が考えられる。一九二六年に設立されたこの読書愛好団体は、三〇年代以降になるとペーパーバック版の普及によって会員数を増やし、四〇年代にはその数が五〇万人に達するほどになり、白人中産階級の会員を対象とした書籍の売り上げにおいて出版社以上に強い影響力を持っていた。一九四五年二月二八日に刊行された『ブラック・ボーイ』は、同年三月の選定図書としてグレンウェイ・ウェスコットの『アテネのアパート』とともに三ドルでセット販売されたように、幅広い読者層に向けた販売促進が展開された。刊行から半年間の売り上げ五〇万部のうち六割以上が同クラブの会員によるものだった点を踏まえれば、作品の大幅な変更を受け入れることはライトにとって合理的な判断だった。『アメリカの息子』が選定図書になった際にも、性描写の削除や白人女性の描き方を修正するというクラブの要求に応じていたのである。

「恐怖と栄光」を作品から切り離したのは、クラブの選定委員ドロシー・キャンフィールド・フィッシャーからの提案だったようである。彼女はライトに対して「アメリカの理想を信じるすべての人々を勇気づけるような」希望ある言葉を結末に追加することが「私たち」の提案だとして、「不正という監獄の中からでさえ、人種的抑圧というあのバスティーユ監獄の格子窓を通して、リチャード・ライトがアメリカの国旗を一目見たということにできないでしょうか」と伝える。この比喩的表現が示すように、フィッシャーは、南部は「不正」と「人種的抑圧」の「監獄」であり、北部こそが「アメリカの国旗」が象徴する自由と平等の「理想」

が叶う場所だと見なし、人種にまつわる南北の対比を明確にすることがクラブの意向であったと推測できる。こうした背景を踏まえれば、フィッシャーが『アメリカの飢え』のタイトル変更を求めたのは、国家に批判的なイメージを与える語句は、語り手が自由を求めて南部を離れる場面で終わる作品には合わないという判断に基づいていたと考えられる。

ブック・オブ・ザ・マンス・クラブの役割について、ある批評家は、教養ある裕福な読者たちとは異なる境遇の登場人物に対して、彼らの同情や共感を引き出す「感情教育」であったと指摘する。選定委員が想定する読者の「感情」という曖昧な基準は、『ブラック・ボーイ』の出版に大きな影響を与えた。これによって、おおむね好意的だった出版当時の書評の中で、W・E・B・デュボイスなどの黒人知識人による書評は、作品が黒人存在を南部の地域的特殊性と結びつけていることへの批判を展開した。デュボイスは、ライトが「大農園で生まれ、アーカンソー州エレインやメンフィスのスラム街で過ごしたことで全体を理解したと思っている」と揶揄し、ライトが語る南部での生い立ちが黒人特有の経験だという誤解を招くと主張した。さらに、ライトが「芸術家としての役割を忘れている」とデュボイスは批判するが、もし二部構成の自伝的作品を通して「黒人少年《ブラック・ボーイ》」に「なる」自意識を地域性を越えてとらえる当初の目的が果たせていれば、作品への評価は変わっていただろう。

言語の習得から「リチャード・ライト」の誕生へ

加筆された『ブラック・ボーイ』の結末において、北部行きの電車に乗る語り手は、白人支配の南部に対する「反抗」について思いめぐらす。「人生は感情的に拒絶をする世界に私を陥れたが、私は自由な選択によって反抗することを受け入れたわけではない」として、制限と抑圧に満ちた環境の中で可能な主体的ふるまいが「反抗」であった。さらに、「私の環境が私を支えたり糧を与えたりしなかったとき、私は本にしがみついた」と語り、読書という言語行為を通して絶望的な日常を生き抜こうとしたと回顧する。「反抗」という自己表現が「自由な選択」ではない点について、批評家ヒューストン・A・ベイカー・ジュニアは、アレン・ロックが『新しいニグロ』で指摘したような「強いられた」言説の「変形」によって黒人たちが構築した「人種的あるいは表現上の戦略」と同質のものだと述べる。ベイカーは、奴隷として所有された状態からの解放が、「言語の占有権移転」によって表象されることがアメリカ黒人特有の表現形式だと指摘する。白人たちの言葉によって思考の領域が支配されるのではなく、その言葉を自らの経験を位置づける新たな意味体系の中で変形させることで人種的独自性をつくり出すのである。『ブラック・ボーイ』／『アメリカの飢え』の語り手を通してライトが実践するのは、ベイカーが定義する「言語の占有権移転」による人種にまつわる自己表現の獲得である。この自伝的作品がたどる物語は、語り手が代表する黒人少年としての成長であると同時に、彼が人生の重要な契機に新たな言葉を習得し、彼の混沌とした経験に意味的な秩序を与える言葉に変形していく過程である。そして、人種認識と言語の相関性に対して成長とともにより意識的になる語り手は、「黒人の人生は無意識な苦しみが秩序なく広がる土地のようなもので、自分たちの人生の意味を知り、自分たちの物語を語ることができる黒人はわずかしかいない」と実感する。

言語にまつわる通過儀礼として、無垢なリチャードが意味を知らずに言葉を覚え、本能的な自己表現の喜びを禁じられる逸話がある。メンフィスに移り住んだ六歳の彼は、食べ物を買う小銭を乞うために近所の酒場付近をうろつき、泥酔した大人たちを恐怖と好奇心をもって観察する。その様子に気づいた客の一人が、彼に無理やり酒を飲ませ、淫らな言葉を言われた通りに繰り返したら小銭をやると言う。酒に酔って「不可解な言葉」を発したときの大人たちの興奮した様子が忘れられず、母親から制止されるまで何度も酒場に足を運ぶようになる。このように、幼いリチャードは、言葉が人々に与える影響を漠然と認識し、新しい言葉を貪欲に吸収する。

小学校に通い始めたリチャードは、校庭で年長の児童から複数の卑語を教えられ、新しく覚えた語句を披露したい衝動に駆られる。この中には酒場で知った言葉も含まれていたため、教室の中では発言すべきではないと理解するが、衝動を抑えきれずに自宅や近所の家の窓に石鹸で落書きをする。語り手が石鹸の卑語を「ひらめき《インスピレーショナル》の殴り書き」と呼ぶことは、禁じられた言葉であっても表現する衝動を肯定的にとらえる姿勢の表れであり、一貫した自己表現への理想を求める作家としての未来を暗示している。しかし、石鹸の文字を消すよう命じた母親の叱責によって「以後こうした言葉は決して書かずに心の中にしまっておく」と誓うように、内発的な創造性が社会的には許されないと理解するのである。

幼少期の経験を通して自己表現の禁忌を知る語り手は、成長するにつれて言葉への渇望を強めながら黒人共同体の中で孤立していく。このきっかけとなる出来事として、彼が初めて物語の世界を知る場面が描かれる。父親が家出した後、祖母の家に身を寄せた彼は、下宿人の女性教師から読み聞かせてもらった「青ひげと七人の妻」の物語に衝撃を受ける。小説が「悪魔の仕業」だと考える祖母によって結末の直前で止められるが、リチャードには虚構の物語が「本当の人生を味わう」ことを可能にし、「持てるすべての感情が引き出された最初の経験」となる。想像力は「禁じられた魅惑的な土地への入り口」として日常的現実とは別の世界の可能性を示し、黒人少年を取り巻く南部の社会環境への疑念を生み出す。この疑念は、十五歳になったリチャードが初めて短編小説を書いたことでより強固なものとなる。感情に任せて三日間で書いた「地獄の半エーカーのブードゥー魔術師」は地元の黒人紙に掲載されるが、同級生は黒人少年の彼が物語を書く理由を理解しない。リチャードは、物語を書くことで「彼らに近づけるはずだったが、これまで以上に完全に彼らから切り離された」と感じる。そして、周囲との距離感の背景にあるのは、学校が黒人の文学について教えず、彼らの夢や野心を「抑圧するよう仕組まれた南部の教育制度全体」だという認識に至るのである。

学校教育に組み込まれた人種秩序への反抗を表明する儀式として、卒業式での演説の逸話が描かれる。ジム・ヒル公立学校の卒業生代表に選ばれた語り手は、校長が白人の出席者に配慮して書いた原稿をそのまま読むよう命じられる。校長を白人に「買収されている」と蔑むリチャードは、自分が書いた原稿を読む意志を貫くが、校長の原稿を読む代表として級友のグリッグスが選ばれる。そして校長と衝突した彼は、他の生徒や家族から激しく非難されて孤立する。このように、「強いられた言語」を従順に読み上げて制度内で「黒人少年《ブラック・ボーイ》」に「なる」ことを受け入れるグリッグスに対して、語り手は「一人で考える」ことで自ら選んだ言語表現を貫く。しかし、実際のライトのふるまいは語り手とは部分的に異なる。一九二五年にスミス・ロバートソン中学校の卒業式で代表に選ばれたライトが、校長が準備した原稿を読むことを拒否し、別の生徒がそれを読んだ点は作品と一致するが、自分の原稿の中で人種隔離政策を批判する箇所は校長の指示に従って削除した。作品出版にまつわる彼の判断と同じように、十七歳を目前にしたライトは、「黒人少年《ブラック・ボーイ》」を取り巻く環境を受け入れて書くことを選んだ。つまり、実現しなかった言葉による抵抗を分身としての語り手が果たすのである。

語り手が作家を志すのは、北部に渡る資金を稼ぐためにメンフィスに移り住んでからである。地元紙でH・L・メンケンの南部観を酷評する記事を目にした彼は、一流雑誌の編集長であるメンケンが黒人と同じように非難されていることに同情を感じる。そして、アイルランド系の同僚の図書館カードを使ってメンケンの『序文集』を借りる。本に登場する発音の仕方もわからない名前の作家たちを目にして、語り手は「新しい何かを感じて、世界の見方を変えるようなものに触発されたい」衝動にかられ、メンケンのように「私も言葉を武器として使えるだろうか」と自問する。この衝動をきっかけに読書に夢中になった彼は、シンクレア・ルイスの『本町通り』の登場人物が抱える「閉鎖的な人生の限界」に共感し、セオドア・ドライサーが描く女性登場人物によって「母の苦しみの感覚」を追体験する。リチャードにとって「母の苦しみ」は、貧困や飢えや「無意味な痛みと終わらない苦しみ」の「象徴」として彼の心を支配してきた。こうした「苦しみ」を経て人生への深い理解が生まれることを、メンケンの本で知ったアメリカ作家の小説から学ぶのである。

語り手の特殊な小説のとらえ方について、ベイカーは、「彼自身の凝縮された感情に燃料を与えるために小説を『燃やして』いる」と表現している。つまり小説は、「真の価値」や「文学的技法」といった芸術的判断の対象とはならず、黒人の人生の諸相を言語的に表現するための手段になっていると論じる。この議論を踏まえて注目したいのは、語り手に「感情や物の見方」を示すアメリカ小説は、自然主義からモダニズム期にかけての主流白人作家によるものだという点である。メンフィスで物を書くための「より良い言葉の感覚」を模索する語り手は、メンケンの本で知った白人作家の小説を読んで、「視点をつかんだと感じたらすぐにその作者を捨てていく」のだと考える。そして、シカゴで本格的な作家修行を始めた彼は、「自分が読んだ小説に匹敵するレベルの表現」を求めてガートルード・スタインの『三人の女』のモダニスト特有の文体を試みる。そして、「言葉を習得し、それらを消去し、新しく作り直して意味あるものに変えて」「読者が新しい世界に浸る感情のクライマックス」に引き込むような文章を書くことが「私が生きる唯一の目的」だと考える。ベイカーが定義する黒人特有の表現手段と重なる。語り手は、自らの環境と思考を形成する「強いられた」「習得」した既存の文学的言語を「作り直して」新たな意味を付与することは、「言語の占有権移転」という白人中心の言語を書き換えることで、南部黒人として生まれ育った経験を新たな意味体系の中で表現しようとする。南部黒人としての自己は人種主義の制約の中で構築されるが、この構築性に抵抗する語り手の文学的自己は、こうした制約を超越する想像力の源泉となる。

語り手による「言語の専有権移転」は、ライトが作家の地位を確立していく中で実践を続けてきたことである。初期の評論「ニグロ文学のための青写真」（一九三七年）では、黒人の口承文化とともに主流白人作家たちの文学が「黒人作家の遺産を形成するのだ」と述べて、黒人作家が人種の伝統的表現を守りつつも超越的な視点を持つことでアメリカ作家として認知される可能性を主張した。これを裏付けるように、同時期に取り組んでいた『ひでぇぜ今日は』では、ダズンズという黒人の伝統的な言葉遊びと意識の流れの手法が共存している。そして、『アメリカの息子』にはシュールレアリズムの影響を受けた描写が多く見られる一方、主人公ビガー・トーマスの人物像は、一九三〇年代の犯罪ミステリーなどのパルプ小説の影響が色濃く見られる。ライト作品の実験性は同時代の文学的潮流との接点を模索する意図が読み取れるが、彼に求められたのは、初期の代表的短編「ビッグ・ボーイ故郷を去る」（一九三六年）に見られるような黒人特有の表現に富む会話と写実的描写による作品だった。このことは、「ビッグ・ボーイ」の成功によって長編小説の執筆を依頼したノートン社が、ライトが書き下ろした『ひでぇぜ、今日は』に対して「あなたらしい平易さと文体と写実性を保った」作品が望ましいとして出版を断った事実からもわかる。『ブラック・ボーイ』が『アメリカの飢え』から切り離された点についても、主人公の北部への旅立ちの場面で終わる「ビッグ・ボーイ」的な物語展開を「南部出身の黒人作家らしい」とする編集者側の見方が前提にあったのである。ライトが彼らに譲歩したのは、数少ない黒人の専業作家として「代表／表象《リプリゼンテーション》の責務」を果たすための現実に即した判断だった。日常生活と作家活動の両面において構築される人種的自己に対して、ライトは、自らの過去を一貫性のある言語経験の物語として再構築しながら、作家としてこれからあるべき姿を作品の中で描き出そうとしたのである。

未来に向けて書き換えられるリチャード・ライト像

『アメリカの飢え』の結末では、共産主義活動に幻滅したリチャードが、一九三六年のメーデーの喧騒から離れ、閉ざされたアパートの一室で机に向かう場面が描かれる。これまでの人生で「私がつかんだのは言葉、そして、この国が人間らしい生活について何も手本を示してくれなかったという漠然とした認識だけだ」と考える彼は、「私と外の世界との間に言葉という架け橋をかけ」、「私たちの心に表現しがたい人間らしい感覚を生かし続けたい」と決意する。「私たち」のために書く「私」とは、「代表／表象《リプリゼンテーション》の責務」への意志を暗示しているが、語り手の机上にある「一枚の白紙」からもわかるように、「何を書くのか」については手探りのままである。この時点で三つの短編を書き終えていた語り手は、職業作家リチャード・ライトとしての一歩を踏み出していた。しかし、これらの短編は彼が「探し求めていた経験の質をとらえていなかった」と実感するように、『ブラック・ボーイ』／『アメリカの飢え』の全体が、作家としての自己が見出されるための未完の過程である。このことは、『ブラック・ボーイ』出版の翌年にライトが自由な表現を求めてパリに渡り、実存主義哲学やネグリチュード運動に影響を受けつつ『アウトサイダー』（一九五三年）などの作品を生み出す未来を予言している。

これまで述べたように、『ブラック・ボーイ』／『アメリカの飢え』は、語り手リチャードが人種的経験を言語化する自己を位置づけようとする葛藤をたどりながら、ライトの書くことへの自意識を反映した作品である。執筆の主な動機は「声なき黒人少年たちに私の言葉を貸し与えたい」という思いだったが、その方向性は「代表／表象《リプリゼンテーション》の責務」を負う作家としての表現方法や立ち位置を探ることへと移行した。これによって、「黒人少年《ブラック・ボーイ》」に「なること」の集合的経験を自伝的テクストの中で表現しながら、再編成された過去にこれから見出されるべきリチャード・ライト像を投影しようとした。しかし、主流白人作家の言語体系を書き換えることで意味を付与される黒人像は、ブック・オブ・ザ・マンス・クラブから白人中心の読者層に向けて修正を求められ、作品出版を優先したライトはこの要求を受け入れた。しかし、編集される黒人像／作家像と対峙しながらも人種の制約を越えた表現方法を探求するライトの姿勢は、語り手の言語にまつわる葛藤の中に刻印されている。さらには、「声なき黒人少年たち」に「貸し与え」ようとするライトの「声」は、人種化された自己を言語的に構築される自意識によって相対化することで、人種を「一つの経験」として集合的にとらえる視点を越える可能性を持つのである。

◉本稿は金星堂の『アメリカン・モダニズムと大衆文学』に二〇一九年に掲載されたものを加筆修正したものである。

ジミーよ、今生きていたら何を思う？

——ジェイムズ・ボールドウィンの『白人へのブルース』

清水菜穂

Civil Rights March on Washington, D.C.
James Baldwin with actors Marlon Brando and Charlton Heston, 1963.08.28
NARA - ARC Identifier: 542051 ㊄

はじめに

「一九九一年のときと同じじゃないか」。こう思ったのは私だけではないだろう。二十九年前のロサンゼルスで起きたアフリカ系の若者に対する白人警官四人による殴打事件。あのときも近隣の住民が撮影したビデオ映像がテレビで放映され、全米に、そして日本でも知られることになった。翌年、加害者の白人警官が裁判で無罪を言い渡されると大暴動が起きたが、今回も同じような暴動が起き、あのときと同じ様相を呈していると感じた人も多いだろう。

さて今回の一連の事件。時あたかも二〇二〇年一一月三日の大統領選挙を前にして共和党と民主党の本格的な選挙戦真っ只中。二つの事件に対する両党候補者の対応は正反対である。被害者に寄り添うコメントを発表した民主党候補バイデン元副大統領と、暴徒による略奪や暴力だけを非難する共和党候補のトランプ現職大統領。目に見える映像は同じではあっても、そのとらえ方は見る者の思想や立場、出自などによって全く異なるのだ。

「あのときと同じじゃないか」。いや、そんなことはない。二十九年前の被害者は重傷を負ったものの死には至らなかった。でも、今回は違う。首を絞められたジョージ・フロイドさんも銃で撃たれたジェイコブ・ブレイクさんもたった一つしかない命を奪われてしまったのだ。状況はますます悪くなっているのか。一方、「ブラック・ライブズ・マター」はインターネットのおかげで全米どころか世界中に瞬く間のうちに広がり、抗議の声は以前とは比べられないほど大きい。では、アメリカの人種問題をめぐる状況に希望を持つことはできるのだろうか。

こうした事件やその後の状況を新聞やテレビ、インターネット等で目にしたり耳にしたりするたびに私は二十九年前と同じことを思う。「ジェイムズ（ジミー）・ボールドウィンが今生きていたら、何を思い、何と言うだろうか。ジミーよ、あなたが活躍した一九六〇年代と二十一世紀の今との違いに驚くだろうか、それとも何も変わっていないと嘆き、悲しみ、そして憤るだろうか」と。

ジェイムズ・ボールドウィンの「目撃証人」

ジェイムズ・ボールドウィン（一九二四―八七）という作家を日本で知る人は今やけっして多くはないだろう。まずはどういう人物なのか紹介させていただこう。

その前に、用語についてもお断りしておきたい。現在「黒人」という用語は差別的表現として避け、「アフリカン・アメリカン」が用いられるべきではあるが、ボールドウィンが生きた時代、そして彼自身の意識では「黒人」という日本語表現のほうが適切であると思われるため、本稿では文脈に応じて両方の呼称を使い分けることにしたい。

黒人作家ジェイムズ・ボールドウィンは、アメリカの人種差別の根底にはセクシュアリティとの複雑の関係が存在していることを、『山に登りて告げよ』（一九五三）や『もう一つの国』（一九六二）などの長編小説、短編「サニーのブルース」（一九五三）や「その男に会いに行く」（一九六五）、あるいはエッセイ『アメリカの息子の覚書』（一九五五）や『次は火だ』（一九六三）のような多くの作品で鋭く表現した。また、キング牧師がリーダーの一人である黒人公民権運動がもっとも盛んだった一九六〇年代には、執筆活動のみならず雄弁で洞察力あふれる演説を各地で盛んに行い、運動のスポークスマンとして雑誌『タイム』の表紙を飾ったこともある（扉頁写真は、一九六三年のワシントン大行進にハリウッドの白人や黒人の映画俳優たちとともに参加したときのもの。中央にいるのがボールドウィンである）。その一方で、彼は小説『ジョヴァンニの部屋』（一九五六）などによって早くから同性愛者であることを認め、黒人コミュニティ内部から非難と侮蔑の対象とされたことも事実である。七〇年代以降のボールドウィンについては、文学的な力が衰えたなどとかなり低く評価される時期が続いたものの、ゲイ文学に光があてられるようになった九〇年代以降再評価されるようになった。二〇一八年には小説『ビール・ストリートに口あらば』（一九七四）が映画化されてもいる（邦題『ビール・ストリートの恋人たち』）。

日本においては一九六〇年代から七〇年代にかけて、代表的な作品の多くが翻訳され読者の共感を得た。しかし現在では、当時ほどには読まれることもなく、おそらくボールドウィンの名を知る一般読者はかなり少ないのではないかと思われる。

ボールドウィンは終生黒人作家としての自らの役割を追求した。たとえばエッセイで「黒人であることは、他のあらゆることを書く以前の入り口」であり、作家の役割とは社会を支配する「目に見えない掟と根強く浸透している社会通念が何であるかを見つけ出すこと」だと述べている。そして六〇年代公民権運動に直接関与したのち、彼は次第に作家の役割を「目撃証人」という言葉で表現するようになる。七〇年代のインタビューに答えて、「目撃証人」の役割を「考える余裕はないけれど、それなしでは生きてゆくこともできないがゆえに、人があえて自分では考えようとはしない複雑さを強調すること」だとし、また八〇年代には、「目撃証人」とは「アメリカが個人に対して何をしているのか、そしてアメリカ自身に対してどんなことをしているのかを明らかにする」のだと述べている。もう少し言葉を足して説明するならば、ボールドウィンは自らの作家としての役割を、アメリカ社会で起きた出来事を目撃し、それを社会と個人、国家と個人の関係、というより、国家や社会の責任としてとらえ、その出来事の意味を言語化して文学作品にすることだととらえていたということだろう。

ところで、意識するしないにかかわらず、目撃し、記憶し、出来事の意味とその責任を考え、それらを言語によって表現するとき、その言語化された内容は「目撃証人」による取捨選択が行われ、その選択のありようは様々である。つまり、目撃した出来事そのものと、「目撃証人」の記憶として残されるものとは同じではないし、記憶と言語化され表現される内容もまた同じものではありえない。大統領選挙の二人の候補者の例でわかるように、「リアル」と思われている現代の映像でさえ見る者によってとらえ方が異なるのだから、証言、すなわち言語による表現が人それぞれに異なるのは当然なのである。それでは、インターネットや容易に配信される動画がない時代、「目撃証人」として用いることのできる手段が「言語化」による表現のみだった作家ボールドウィンは、アメリカでの出来事や事件をどのように目撃し、どのようにその意味をとらえ、どのように言語化し、文学として表現していったのだろうか。つまり「目撃証人」として彼は作品の中でどのように「目撃したことを証言」しているのだろうか。そして高度な技術によって発達したツールを持つ現代のわれわれは、そうした「証言」から何か得られるものがあるのだろうか。ここでは、アメリカの人種差別に真正面から向き合った作家ボールドウィンの「目撃証人」についてのこうした問いについて、戯曲『白人へのブルース』(一九六四)を手がかりに探っていきたい。そして今回の一連の事件に対して、現代に生きる日本人として、いや、人間としてどう向き合い何をすべきかを考える一助としたい。

『白人へのブルース』

(1) 作品紹介

『白人へのブルース』は公民権運動の嵐が全米に吹き荒れていた一九六四年に出版された戯曲である。邦題の「白人」は原題では「ミスター・チャーリー」という英語だが、これは黒人の俗語で、白人に対する軽蔑的な意味合いが込められた呼び名である。「お旦那様(方)」のようなニュアンスといってよいだろうか。ちなみに白人女性は「ミス・アン」と呼ばれる。したがってこの題名を見れば、人種問題をテーマにしていることは容易に想像できるだろう。

今回この作品を取り上げる第一の理由は、ボールドウィンが作品の覚書の中でこの戯曲を「現実と光明の力を証言する試み」だと位置づけており、「目撃証人」という作家の役割が明確な形で表現されていると考えられるからである。第二の理由として、この作品が公民権運動の嵐が吹き荒れるアメリカ南部を舞台にし、実在する運動指導者キング牧師を彷彿とさせる人物が登場するため、当時のアメリカ社会とボールドウィン自身の体験がまさに反映されていると思われることがあげられる。さらに第三の理由は、この戯曲が南部で実際に起こった黒人殺人事件を題材にした裁判劇であり、法廷での多数の「目撃証人」たちを通して、「証言」という行為のありようと意味を考察できると考えられる点である。

それでは簡単にあらすじをご紹介しよう。『白人へのブルース』は、しばらく北部でミュージシャンを生業にしたのち故郷の南部にもどってきた黒人青年リチャードが、白人商店主ライルに銃で殺されるという事件を扱った戯曲である。ホテルのメイドをしていたリチャードの母は、白人の客に殺されたのだが、それは白人たちによって事故死として処理された。リチャードが故郷を離れたのは、事故死とされたことに異議を唱えなかった牧師である父親メリディアンに絶望したからである。リチャードは北部で麻薬を覚えて一時挫折するが、今では立ち直って故郷に戻ってきた。南部の一見平和で穏やかな町にも、今やメリディアン牧師をリーダーとする非暴力抵抗主義運動が徐々に広がっている。このような時期に北部の自由な空気に慣れたリチャードの存在は、人種対立をめぐる動きを誘発しそうな荒々しい雰囲気を町全体に投げかける。彼の帰郷を良く思わない白人商店主ライルは、リチャードが自分と妻に対して侮蔑的態度をとるのに腹をたて、口論の末に彼を銃で撃ち殺してしまう。メリディアン牧師の友人で、黒人に友好的な白人の新聞社主パーネルの奔走で、ライルはリチャード殺しの犯人として裁判にかけられるが、陪審員は無罪の判決をくだす。

(2) 舞台設定としての「対立」

次に芝居の舞台設定について説明しよう。中央で二つに分けられた舞台の境界線は、第一幕冒頭では、リチャードがライルに銃で撃たれて転げ落ちてゆく「割れ目」となり、またその後は白人社会と黒人社会を隔てる役割も果たしている。また殺人事件の容疑者ライルを裁く第三幕の法廷の場面では、法廷内の黒人席と白人席を分ける通路にもなる。このような舞台中央を二つに分ける設定は、この戯曲のテーマが人種の「対立」であることを示しているのは言うまでもない。

しかしながら、作品の枠組みである「対立」は、単に人種間の「対立」だけを表現しているのではない。中央を貫く境界線は実は言葉をめぐる「対立」を浮かび上がらせる装置にもなっている。あとで詳しく述べるが、法廷では、殺人を犯した白人の罪は語られず、それどころか被害者の黒人が銃を日常的に保持していたという黒人の罪だけが語られる。このように本来の犯罪の内容と白人検察側の主張が「対立」しているのは言うまでもないが、黒人の証人が「言葉で直接語る証言」と「沈黙のうちによみがえる回想」もまた「対立」している。黒人の証人たちが証言台へと向かうとき照明は一変し、リチャードの死にまつわる彼らそれぞれの回想が浮かび上がる。彼らが言葉で語る「証言」と沈黙の「回想」とが相反することにより、舞台設定上明らかな人種の「対立」というテーマは、言語をめぐる「対立」として異なる姿を現してくるのである。

言語をめぐる「対立」が示すのは、一つの「事実」をめぐる二つの異なる「現実」である。このことを端的に表すのは、「銃」をめぐる黒人と白人の「証言」の違いである。前述したように、白人の検察側や証人は被害者のリチャードが常日頃「銃」を所持していたことを立証し、彼の邪悪性を示す証拠、すなわち加害者ライルの正当性を主張しようとする。一方、黒人の証人たちは、リチャードは「銃」など持っていなかったと述べる。しかし、リチャードは生前、祖母に「銃」を持っていることをとがめられると、「銃」で身を守り、必要な時に使用することは、男として理解していることのすべてなのだと答えている。つまり「銃」とは、黒人の男性として人間であるための誇りを意味する。なんのいわれもなく白人によって殺されてしまう状況では、「銃」を身に着けていることを見せるだけで、彼は白人から非人間的な扱いを受けずに済むと考えていたのである。したがってリチャードが「銃」を持っていたのは「事実」なのだ。しかし、その「銃」が人を殺すための武器だというのは、実際に「銃」で殺人を行ってきた白人側の「現実」であり、黒人の証人たちそれぞれの「回想」の中で示されるリチャードや彼ら自身の「現実」では、「銃」を持つことは人間としての権利や尊厳を守るための手段であり、長く禁じられてきた権利や尊厳を求める彼らに共通する闘争の象徴なのである。リチャードは「銃」を持っていなかったという黒人たちの「証言」は、殺人の武器である「銃」は持っていなかったことを意味しているのである。

しかしながら、黒人の証人たちはこうしたリチャードの「銃」の意味を実際に言葉で証言することはない。彼らは「回想」の中で想起することしかできない。なぜなら白人による不当な扱いを口にすれば、リチャードと同じ運命が待っていることを彼らは知っているからだ。何のいわれもなく白人に殺されたリチャードの「現実」を、彼らもまた今なお生き続けているからである。そもそもこの裁判は、リチャード殺人の容疑者ライルの罪を問うものであるはずなのに、ライルが凶器として用いた「銃」の所在はおろか、彼の罪さえ法廷で語られることはない。反対に「銃」を所持していた被害者リチャードの邪悪さ、つまり彼の罪だけが一方的に問題とされる。このとき検察官は巧みに「銃」の解釈をずらし、被害者リチャードの罪へと裁判の争点をそらしているのだ。黒人が言葉で語ることが許されるのは、このような仕組まれた場においてしかない。

だからこそ彼らは、単にリチャードは「銃」を持っていなかったとしか証言しない。黒人の「現実」はけっして言葉で語られることなどないのである。

(3) 黒人の生の没言語性

以上見てきたように、黒人の「現実」が言葉で「証言」されず、沈黙の「回想」の中でよみがえるしかないことを示す『白人へのブルース』は、まさに黒人の生の没言語性ともいうべきものを提示している。没言語性とは、テクストや舞台の中で言語化されないもの、できないものを、その行間や役者の沈黙から読み取るしかないことを意味する。イギリスの文芸批評家テリー・イーグルトンは「作品が語っていないこと、そして作品がどのようにしてそれを語らないでいるかということは、作品が表現していることと同様に重要かもしれない」と述べている。またフランスの批評家ピエール・マシュレイも次のように述べる。

書物の語ることはある種の沈黙、つまり書物が形を与える素材、あるいは形を作るときに大切な役割を担う土台に由来している。したがって書物はその書物自体だけでは十分ではなく、それがないと書物がありえないという、ある種の不在が書物にはともなっている。書物を理解することとは、この不在をも考慮に入れることが含まれているのである。

『白人へのブルース』が示す黒人の生の没言語性とは、まさにテクストや舞台における「不在」であり、ボールドウィンの「目撃証人」とは、没言語性という「不在」の読解を読者や観客に求める作品であり作家だといえるだろう。

それでは『白人へのブルース』における「不在」はどのように読み解くことができるだろうか。ここでは非暴力抵抗主義のデモの訓練の場面と、リチャードの恋人ファニータの回想の場面の二つを通して「不在」の読解を試みてみたい。

第一幕には、黒人の若者たちが白人の役を演じることで人種差別を体験するという劇中劇の場面がある。非暴力抵抗主義運動におけるデモの訓練の一つなのだが、指導するのはリチャードの父メリディアン牧師である。彼は若者たちに、白人をまねて「ニガー」という言葉を執拗に繰り返させる。「ニガー」とは黒人に対する非常に侮蔑的な呼称であり、現在このような言葉を用いたとしたら、たちまち差別主義者として非難されてしまう、そんな言葉である。メリディアンは若者たちに、その言葉が実際に発せられたように言うように指導するが、それは実際に起こったことをすべて思い出すことであり、彼らに想像の中で「ニガー」として生きることを促しているのである。この劇中劇の直前には、ライルがリチャードを撃ち殺して「割れ目」に突き落とすと、「こいつのようなニガーはみんなこのニガーのように死ぬのさ、草むらにうつ伏せになってな」と叫ぶ場面がある。テクストは連続する二つの場面での「ニガー」の繰り返しにより、「ニガー」という言葉の背後に、「ニガー」として生き、「ニガー」として殺された息子の死を想像し、その死を自ら経験すると同時にその意味を見いだそうとしているメリディアンの心のうちを示唆している。言語化されない黒人の生が一つのイメージとして立ち現れるのは、こうした「回想」の中で人々が体験を共有し、他者の痛みを自分のものとする瞬間なのだ。

こうして没言語の黒人の生という「現実」を回想によって表現する「証言」のありようを理解すると、メリディアンが「回想」の中に析出したリチャードの死のイメージのそのまた背後には、誰も何も語らないもう一つの死が浮かび上がってくる。それはリチャードの母の死である。母親の死がけっして事故死ではなく、白人によって殺されたこと、そして何よりも父がその事実を認めようとしないことが、リチャードをして故郷を捨てて北部へ行かせた理由だった。そして人種差別とは、白人が白人としての優越性を保つためのものであり、しかも黒人が白人の言いなりになっているがために起こるのだと彼が理解したのは、母の死が契機となっている。しかし、このようなリチャードの死の遠因となっている彼の母については、白人用ホテルのメイドとして働き、美しい女性であったこと、そして仕事中に白人客から故意に階段から突き落とされたにもかかわらず、公には事故死として扱かわれたこと以外、作品の中では何も語られてはいない。読者も芝居の観客も彼女の名前すら知らされない。彼女がどのような性格で、どのような人生を送ったのか、どんな感情をもって生きたのかという、彼女の生の意味は、われわれが作品の背後から引き出さねばならないのである。

リチャードの母の人生は彼の恋人ファニータの「回想」を通して浮かび上がらせることができるだろう。彼女はリチャードとの愛を「回想」する中で、彼を愛した結果、それまでに愛した他の男たちにとって自分は単に彼らの世話を焼く母親役割を果たしたにすぎなかったことに気づく。ここで暗示されているファニータとメリディアン牧師との過去の性的関係は、メリディアンが世話を焼かれる男であったことを示している。そしてわれわれは、ファニータ以外にもメリディアンの世話を焼く女性がいたことに気がつく。リチャードの母である。メリディアンが妻の死を事故によるものとされたことに何ら異議申し立てをしなかったことからも、リチャードの母もまた夫にとって真の愛を分かち合う存在ではなく、世話を焼くだけの母親のような役割でしかなかったのだと思われる。さらにリチャードの死の背後には、もう一人世話を焼くだけの女性がいることをファニータは思い出す。ライルに夫を殺された使用人のウィラ・メイである。彼女はライルの病気の父親の世話をするうちにライルと性的関係を持ち、それを知った彼女の夫はライルに殺される。ライルが自分に反抗するリチャードにウィラ・メイの夫の姿を重ね合わせたのは明らかであろう。夫の死後ウィラ・メイは狂気に陥り姿を消すが、彼女の失踪はいわば死と同然である。ファニータが自分は世話を焼くだけの女にはならないと決心するのは、沈黙の「回想」の中でリチャードの死を再び経験し、その死の背後に存在する女たちの死の意味をみいだしたからだ。そしてわれわれもまた、このようなファニータの沈黙の「回想」により、二人の女性たちの生と死に思いをはせることができるのである。語られることのない「不在」の生と死がリチャードの死の背後から幾重にも立ち現れてくる。

以上述べてきたように、ボールドウィンが自らの役割だとみなす黒人の生を「目撃し証言する」という行為は、「不在」とされる黒人の現実を沈黙の「回想」の中でよみがえらせ、「回想」の中で彼らとともに生き、一つの像として析出させることに他ならない。記憶や「回想」は没言語の黒人の「現実」の唯一確かな記録の場となる。彼らの「現実」は、読者や観客が自らの「回想」の中で彼らの苦悩を共有し共感を抱き、積極的に一つのイメージとして浮かび上がらせることによって、はじめて明らかな姿として現れてくるのだといえるだろう。ボールドウィンの「目撃証人」とはこうした読解をわれわれに求めているのである。

二つの記事──「白人の特権」

『白人へのブルース』を今あらためて読んでみると、リチャードの殺害と現代のアメリカで起きたジョージ・フロイド事件やジェイコブ・ブレイク事件では、その本質的な要因があまりにも共通していることに驚いてしまう。また現代の事件現場は殆どリアル・タイムでインターネット上に発信されたにもかかわらず、被害者や加害者についての情報はあまりにも少ない。撃たれた被害者の二人はそのとき何を思っただろうか。彼らはどんな人生の希望をもって生きてきたのだろうか。何故白人警官は被害者に銃を向けなくてはならなかったのか。死に至るまで首を絞めつけたり、丸腰の被害者の背後から七回発砲するほどの理由は何だったのか。いずれも定かではない。われわれが知りたいこと、知るべきことの多さに比べて、配信された映像はあまりにも短い。一方、文学作品は「事実」を「そのまま」ではなく、フィクションという形で表現するが、言語で語られないことにより逆説的に「不在」の生をわれわれに提示する力を持っている。「事実」を「そのまま」伝えることができると思われている現代のツールは、フィクションである文学作品には実はかなわないのではないだろうか。

こんなふうに考えていたとき、二つの新聞に掲載された記事が目に飛び込んできた。偶然にも同じ日に掲載された「ブラック・ライブズ・マター」についての記事は、どちらも白人によって書かれた「白人の特権」についてのものであり、ボールドウィンにはまったく考えられなった現代のツールの力を強く印象づけるものでもある。

「偽札で死んだ彼　助かった私」（『朝日新聞』二〇二〇年七月二七日朝刊）で、テキサス州の大学准教授マーク・マッコイさんは、フロイドさんと同じ偽札使用の容疑で逮捕された経験があるという。しかし結果は全く異なり、留置場で一晩過ごしただけで、担当の警官は親切だったし、二〇〇ドルで保釈された。偽札使用の容疑による逮捕について彼は次のようにツイートする。「私と同じような年齢で、同じように子どももいるジョージ・フロイドにとってそれは死刑宣告だった。私にとってはパーティーで時折話すようなストーリーだ。みんな、これが白人特権なんだ」。そして肌によって有利や不利になることを「認識することから、社会の変化は始まる」と述べている。自ら「白人特権」の恩恵を認めている白人だからこそ、彼の言葉には説得力がある。

日本文学研究家でカリフォルニア大学ロサンゼルス校教授のマイケル・エメリックさんも「差別動画　白人の耳もつんざく」（『河北新報』二〇二〇年七月二七日朝刊）で、やはり「白人の特権」について述べている。彼は次のような情景を「目撃」した。公園のルールに従わずに犬にリードをつけないまま散歩していた白人女性に、アフリカ系の男性が注意したところ、すぐさま彼女は携帯電話で「アフリカ系アメリカ人の男性が私の命を脅かしています」と警察に虚偽の通報をした。身の危険を感じた男性はその経過を携帯で撮影し、その動画は公開された。エメリックさんは次のように言う。

あの散歩中の白人女性は、警察に通報すれば、警察は黒人男性より自分のほうを信じるだろうと思っていた。思っていたというより確信していたのである。（中略）米国社会は、奴隷制度に始まり、様々な形で黒人が獲得した資材を白人のものにし、また黒人には与えられない特権やメリットを白人だけに与えてきた。エメリックさんは、「目撃」した女性の「白人の特権」についての心理を想像している。彼は同じ白人として、この女性の心理を共有することができるからこそ、彼女は「確信していた」と断言できるのだろう。

このような二人の白人の発言は、現代のツールである動画配信の影響力を再認識させてくれる。マッコイさんのつぶやきは六〇万回以上リツイートされ、二〇〇万以上の「いいね」を得ているそうだ。またエメリックさんは記事の結びで次のように動画の力を伝えている。「白人女性が黒人男性を警察に虚偽通報する動画が現れた翌日、フロイド氏の死の動画は誰の耳にも届く叫びになった。社会に深く根付いた差別の因果関係をこれまで深く考えてこなかった白人の耳をも、鋭く劈いたのである」。

おわりに

今ボールドウィンが生きていたら、文明の利器ともいえるインターネットでまたたくまに全世界に広がる動画の力をどのように受け止めるだろうか。一つの「事実」が受け止める者によって異なる「現実」となるのは、文学作品であろうと動画であろうと同じだろう。しかし、積極的に文字を読もうとする意志が求められる文学作品と異なり、良し悪しは別として、配信される動画はほとんど何の苦も無く人々の目に飛び込んでくる。しかも文学作品とは比較にならないほど桁違いの数と地域の人々のもとに届き、その結果、瞬間的に人々に与える衝撃もはるかに大きい。「白人特権」を意識せざるを得ない一人の白人の記事が、日本の別々の新聞に、しかも同じ日に掲載されることになったのもそうしたツールの持つ威力と無関係ではないだろう。あとは動画の視聴者たちがその動画の中の「沈黙」をどれほど読み取り、どれほどその「不在」に思いをはせ、どれほど自らの問題として共感を寄せるかである。「目撃証人」は、現代のとてつもないほど多数の視聴者=読者が果たすべき重要な役割をも提示しているのだ。

＊　＊　＊

ジミーよ、『白人へのブルース』が出版されてからすでに五〇年以上たったけれど、人種差別の状況は何も変わっていないどころか、ますます悪化しているように思われるかもしれない。差別の根は本当に深い。でも、科学技術が生み出したツールのおかげで、あなたの時代とは比べものにならないほど多くの人が世界中で差別反対の声をあげていることは確かだ。ジミーよ、彼らの多くはあなたの「目撃証人」が求めたように、配信される動画の中の語られる=映し出されることのない「現実」をともに生き、悲しみ、嘆き、憤りながら、その「不在」にきっと思いをはせるはずだと信じてほしい。そして、この日本の地からも大きな異議申し立ての声をあげることを信じてほしい。

●本稿は「証言者としての作家―James Baldwinの歴史意識―」(『国際文化研究』第4号所収、東北大学国際文化学会、一九九七年)の一部を大幅に加筆・修正したものである。

人種表象のセンチメンタリティに抗して

——『ダンボ』と「ピンクの象のパレード」

ハーン小路恭子

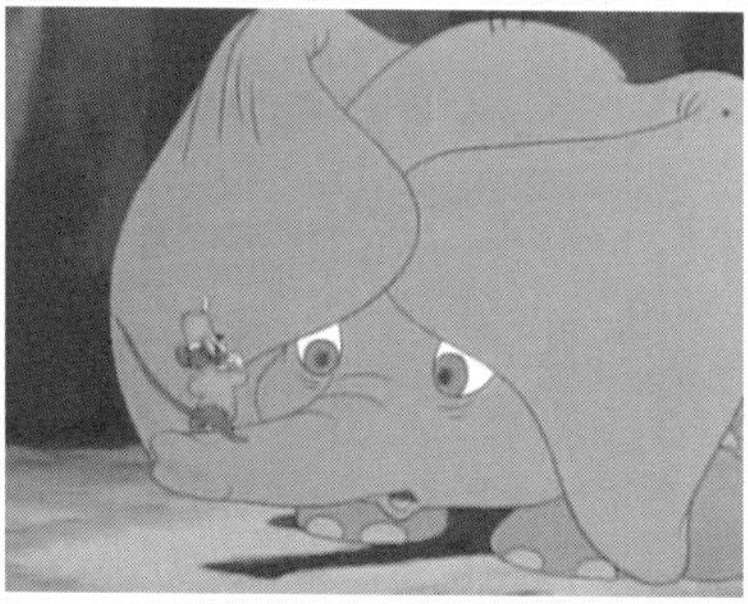

Dumbo
Screenshot from the independent trailer for the film Dumbo (Walt Disney,1941) Ⓢ

反復されるセンチメンタル・ナラティブ

アメリカ黒人文学における最も重要な作品の一つ、『見えない人間』（一九五二）の序文で、作者ラルフ・エリスンは、ちょうど作品を執筆していた頃に「トム・ショウ」（ハリエット・ビーチャー・ストウの『アンクル・トムの小屋』を、白人俳優が顔を黒塗りにして演じるミンストレル版）のポスターを見たときの衝撃を次のように語っている。

私はあんな娯楽は過去の遺物だと思っていたのだが、静かな北部の村で、それは生きて脈打っていた。氷の上を狂ったように滑りながら追っ手の猟犬から逃れようとするイライザの姿とともに——しかもそれは、第二次大戦中のことだったのだ…（中略）そうして耳を傾けるうちに、曖昧だった物事がはっきりとしてきた。奇妙な、予想もしなかった物事が。それはちょうどそのポスターが私に思い出させたような、人種的ステレオタイプの罠を与えられたとき、国家のモラルが頑迷なまでにそれをごまかすことに固執する様であり、最も痛切な悲劇的体験が、いとも簡単にブラックフェイスの笑劇へと変容する様だった。

ここでのエリスンの体験談は、一九世紀的言説としての『アンクル・トムの小屋』風のセンチメンタルな語りが、二〇世紀でも歪んだ形で生き延びていたことについての貴重な歴史的証言となっている。『アンクル・

トム』は一九世紀アメリカ文学におけるセンチメンタル・ナラティブ（感傷小説）の代表作である。黒人奴隷の主人公が経験する過酷な労働、一家離散や主人からの暴力と悲劇的な死を、誇張され感情を煽るようなスタイルで描写することにより、奴隷制の残酷さを伝え、読者、とりわけ女性読者の共感を喚起するという語りの原型を生み出した。先の引用でエリスンが語った悲劇のミンストレル的変容は、特定の「トム・ショウ」の誤った作品解釈に基づいているというよりは、ストウのテクストが元々持つ特徴に起因している。批評家ジェーン・トムキンズがかつて明らかにしたように、センチメンタル・ナラティブの基底には、読者の感情的な反応に訴えかけるためのスペクタクル性やセンセーショナリズムが存在する。だがそれはときに、物語が元々持っていた政治的意図や倫理的なメッセージとは離れたところで、独自のネガティブな影響力を持ち、メッセージの伝達そのものを阻害してしまいかねないアイロニーを孕んでいる。『アンクル・トム』をセンチメンタル・ナラティブの原テクストとしつつ二〇世紀の作品群を読み解くローレン・バーラントは、ストウ作品が暴力を通して読者にある種のトラウマを植えつける一方で、それとバランスをとるかのように喜劇的な「娯楽と息抜き」を含んでもいることを指摘している。バーラントの論考に従えば、エリスンが目撃したミンストレル的見世物は、反奴隷制を訴える言説が同時に人種的なステレオタイプを強化してしまうという、センチメンタル・ナラティブそのものに潜む構造的矛盾と、それが時代を超えて反復されていく様をまさに体現したものだと言えるだろう。

『ダンボ』における人種と階級

エリスンが『見えない人間』を書いていたのと同時期に製作された、ウォルト・ディズニー・スタジオのアニメーション映画『ダンボ』（一九四一。扉頁参照）もまた、そのような矛盾を抱えた物語の一つだ。巨大な耳を持つためにサーカス内で迫害され、母親と引き離されてしまう小象の物語は、身体的差異によって他者化され、社会から排除されることの悲劇を描くとともに、そのような他者に共感することの重要性という、極めて明快なメッセージを持つ。また後に詳述するように、アメリカ南部の人種隔離やヨーロッパ戦線におけるナチスの台頭、組合闘争に代表される階級間の不和（ディズニー・スタジオ自体、そこに巻き込まれていた）など、四〇年代当時の人種や階級をめぐる同時代的状況を色濃く反映した物語でもある。

南部の人種隔離が『ダンボ』の重要な背景であることは、作品冒頭からすでに明らかだ。物語はサーカス団の停留するフロリダ州南部をコウノトリの群れが訪れ、様々な動物の赤ん坊の入った袋を落としていく場面で幕を開ける。鳥の視点を使った俯瞰ショットにより、フロリダ州を中心とした南部の地図が示される。その後ダンボの母親ミセス・ジャンボ以外のすべての動物に赤ん坊が到着したところで、サーカス団は列車に乗り込み、各地での上演に向けてハイウェイ六一に沿って北上を始め、その道行の様子が再び鳥瞰図によって示される。この序盤での南部というロケーションの提示、そしてサーカスの移動手段としての列車の使用により、人種隔離という同時代的事象に観客の意識が向けられるのは自然な流れだろう。サーカス列車の車両が動物ごとに厳密に分けられていることもまた、鉄道が白人車両と黒人車両に分けられていた当時の南部の状況に対する示唆となっており、ダンボと母ジャンボを差別するメス象たちの発言がレイシズムと階級意識に彩られている点も注目に値する。ことあるごとに象たちは自分たちの種としてのプライドを「威厳」や「誇り高い種」という言葉で強調し、ダンボ親子を排除する。

愛くるしい象のキャラクターにふりかかる苦難、とりわけ母子の別離というモチーフの反復的描写と、人種や階級の潜在的主題を通して他者への共感と同一化を強く喚起するという手法において、『ダンボ』はセンチメンタル・ナラティブの二〇世紀における展開例であり、母と束の間再会し、必死に鼻を伸ばして触れ合おうとするダンボの姿に涙を流す観客は、そこに込められた共感のメッセージに感情的に反応しているのだ。

一方で『ダンボ』は、しばしばレイシスト映画として批判されてきた。リチャード・シッケルは「あまりにもあからさまな黒人の戯画化」と作品を批判したが、作品終盤に登場するカラスたちは確かに黒人を思わせる服装をし、音楽に長けていて、典型的な黒人英語を使用している。またサーカスのテントを立てる黒人労働者たちが顔のない状態で描かれている点も、しばしば批判の矛先となる。カラスはしかし、ネズミのティモシー（こちらはユダヤ系を想起させるキャラクターとして描かれる）とともに、作中で数少ないダンボに同情的なキャラクターとして、おおむね肯定的に描かれている。ディズニー史家レナード・マルティンの言葉を借りれば、そこにはあからさまな「アンクル・トミズムは存在しない」ということになる。またマイケル・ウィルミングトンが指摘するように、そもそも身体的な差異による差別や迫害を否定的に描く意図を持った映画の中で人種的ステレオタイプを不用意に用いることのアイロニーについて、スタジオのクリエイターたちが把握していなかったとも考えにくい。

黒人労働者の表情の欠如についても、当時彼らが置かれていた非人間的な労働環境の表現であるという説明が可能だろう。複数の研究者が作中の労働者の描写と、製作当時ディズニー・スタジオ内で問題化していた労働争議や四一年初夏に行われたストライキとの関連性を指摘しているが、ダンボが生きる世界はまさに、資本主義社会の過酷な労働環境そのものだ。サーカスはまず何よりも実社会の縮図として現れ、団員たちと動物たちはともに団長の鞭に象徴される暴力の危険に晒され、絶え間ない労働力の搾取により疲弊している。顔のない黒人の裏方たちは、そんな状況下で疎外された労働者を代表している。嵐の中でテントを建てながら彼らが歌うワークソングは、同時代の労働環境をリアルに活写すると同時に、労働者たちに自らを「読み書きのできない」「奴隷」と呼ばせることで、経済的搾取を人種関係の歴史ともリンクさせている。生まれたばかりのダンボはすでに母親とともにそのような労働の場に降り立ち、テント作りに参加することで、搾取の構造に巻き込まれていくわけだが、そこには舌津智之が指摘するような、「像と黒人をつなぐオリジナルな階級的連帯」の可能性もまた見える。

とはいえ、労働争議の只中にあるスタジオの空気を反映するかのように、作品全体には労働者を戯画化するような視点が端々に見られる。その最も極端な例が、ピエロの描写である。言葉のアクセントや語彙からプアホワイトであると想定されるピエロたちは、動物たちの芸当に比べれば余興でしかないお笑いショーを受け持つだけの、サーカス内の最下層の存在として扱われている。重要なことに彼らもまた、顔を持たない黒人たち同様、常にメイクを施した状態か、テント越しの影としてしか映画の中に登場しない。そして常に、権利ばかりを要求する無能な被雇用者としての側面が強調されている。余興の成功に気を良くして泥酔したピエロたちが「ボス」に対して賃上げ要求を口にする場面は、ほとんど先述の黒人のワークソングをパロディ化したものとなっていて、そこに製作側の組合に対する否定的認識が関わっていることには疑いがないだろう。共感と連帯への道を断つのが自ら労働者でもあるピエロであることは、四〇年代初頭のディズニー・スタジオが直面していた労使間の深い断絶の証拠となっている。

さらに、空を飛べるようになったダンボが、一躍サーカスのスターとして君臨する結末のシークエンスの処理は、作品がそれまで展開してきた差別批判や、差異を力に変えることについてのポジティブなメッセージに不穏な影を投げかける。一九四一年の同時代評で、文化批評家ジークフリート・クラカウアーは書いている。「母とともに未知のパラダイスへと飛翔するのではなく、若きダンボは富と安全を選び、かつて母ジャンボを鞭打ったサーカスの団長の元で高給取りのスターに落ち着くのだ。」より近年ではラッセル・ライシングが、序盤ではダンボを迫害した象たちが何事もなかったかのように笑顔で彼を迎え入れ、逆にダンボを助けたカラスたちが結局はその恩恵に預かることなくサーカス列車に置き去りにされることを指摘し、「『ダンボ』における恐怖や痛みへの解決は、一時的で断片的なものに過ぎない」と論じている。

飛ぶ力を身につけたダンボが一種の戦時の英雄として描かれている点にも注意が必要だろう。ピエロのショーの最中に、ダンボが地面に落ちる直前で舞い上がる場面では、ダンボの飛翔に戦闘機のような機械音が当てられており、ダンボは空爆よろしく鼻からピーナッツを噴射し、自分をいじめてきた象たちにぶつける。そしてそれに続く新聞記事のモンタージュでは、ダンボによる飛行高度記録の更新やハリウッドでの成功、ティモシーのマネージメント手腕を報じる記事が矢継ぎ早に紹介される中、象の戦闘機のポスターが挿入されている。四一年当時のヨーロッパの戦局を受けて愛国主義的なイメージがここに挿入されていること自体は、合衆国の正式な参戦後にディズニーが数々のプロパガンダ映画を製作したという事実を鑑みれば、それほど驚くには当たらない。だが物語終盤での英雄としてのダンボ像の強調は、やや唐突ではある。それは結局、差別を乗り越えて社会的に成功した存在が、プロパガンダを通して急速に大衆に消費され、その成功を助けた人種的他者の存在は完全に抹消されていくという、第二次大戦期の資本主義社会の暗澹たる全体状況を指し示しているようにも見える。

つまり『ダンボ』は、作品が全体として提示する他者の包摂という政治的メッセージに相反するある種の排他性や葛藤を内に孕んでおり、そのことが観客や批評家の異なる反応の原因となっている。そして伝達されるメッセージと応答の間にあるそのような齟齬のうちには、人種や階級に関する同時代の社会不安と、制作当時にスタジオが陥っていたイデオロギー的混乱がある。そうした主題上の混乱と、先述したセンチメンタルな語りのジャンルそのものが孕む矛盾、つまり、強力な倫理的メッセージが瞬時にスペクタクル性に搦め取られてしまうという矛盾が複雑に折り重なるのが、『ダンボ』の作品世界なのだ。サーカスという見世物の場を舞台にした物語は、他者への共感と同一化へのメッセージがいとも簡単にプロパガンダに回収される危うさにおいて、まさにその矛盾を実演している。

アニメーションとアフェクト

それでは『ダンボ』は単に人種や階級にまつわる一九世紀的な語りに内在する問題を反復しているに過ぎないかと言えば、そうではない。バーラントはセンチメンタル・ナラティブの型を踏襲しつつそれを批判的に乗り越えていく二〇世紀の物語群を「カウンター・センチメンタル・ナラティブ」と呼んだ。バーラントがそこで想定しているのは、たとえばトニ・モリスンの『ビラヴィド』（一九八七）のように、センチメンタル・ナラティブ特有の設定を用いつつ、感傷的、感情的な反応を引き出すことを拒むテクストだ。主人公セサのオハイオ川を越える逃走は、明らかに『アンクル・トムの小屋』におけるイライザの逃走を模しているが、逃走時にセサが超えた川の水が、幽霊となったビラヴィドが出現する語りの現在において、破水のようにセサの身体から溢れ出る記述の、センチメンタルな反応を遮断するインパクトに触れ、バーラントはそれを「感情なきアフェクトのパフォーマンス」と呼んだ。『ダンボ』もまた、センチメンタルな語りの内部にあってそれに抵抗するような表現を含んでいる。そしてその抵抗は、本作がアニメーションという表現形式による創作物であるということに、大いに関係している。

ディズニーの表現の本質にヴィクトリア朝的なセンチメンタル・リアリズムとモダニズムの融合を見るスティーヴン・ワッツは、三〇年代から四〇年代にかけて、多くの批評家たちがウォルトを「天才芸術家にしてモダニストの先駆者」であると考えていたことを指摘している。スラップスティックな暴力に満ちたミッキーマウス作品に体現された、サディズムを大衆に植えつける文化産業としてのディズニー映画を批判的に読むアドルノの議論から、九〇年代以降のイデオロギー批評まで、ディズニー・アニメーションは伝統的に、体制よりで保守反動的、かつ資本主義と強力な共犯関係を結ぶメディアとしてつとに批判されてきており、それは作品群の圧倒的なメインストリーム性と、ウォルト自身の反共、反組合姿勢においてある程度正当化されてもきた。だが、近年盛んとなったアフェクト理論を用いてディズニー作品を読み解くエリック・S・ジェンキンスが指摘するように、無生物に生と運動を与えるディズニー・アニメーションが人間の知覚に与えた決定的な変革を過小評価すべきではないだろう。

俳優という生身の人間がカメラの前で演じるハリウッド・シネマのライブ・アクションとも違い、存在しえないものの生を映し出し、そのリアリティを観客に確かに感じ取らせるアニメーションは、ちょうど情動／アフェクトがそうであるように、あらゆる意識に先立ち、具体的な感情へと分節化されえない、強度を持った感覚を見る者に与える。ジェンキンスが説明するように、たとえ批評家がディズニーの資本主義へゲモニーや異性愛中心主義を忌み嫌っていたとしても、アニメーションが与える生なき生との触発が、説明不可能な強度を持つ瞬間として驚異とともに経験されることに変わりはない。

一般的には『白雪姫』(一九三七)以降の長編作品において、ディズニーは初期のアバンギャルドな短編作品のモダニスト的表現を脱却し、リアリズムに向かったと言われる。四一年公開の『ダンボ』もまた、登場する動物たちが人間の言葉を話す時点ですでに超現実的であるにしろ、基本的にはハリウッド・シネマの映像表現技法の数々を取り入れ、時空間の連なりの構築を通して蓋然性のある映像世界を作り出している。そのリアリズム的手法は、センチメンタル・ナラティブが要請するキャラクターへの共感や同一化を容易にする上でも理にかなっていたはずだ。しかし『ダンボ』は同時に、後半の「ピンクの象のパレード」のシークエンスを中心として、作品全体が標榜するセンチメンタル・リアリズムから大きく逸脱する表現も含んでおり、そこにこそ、バーラントの言う「カウンター・センチメンタル」への端緒となるような、センチメンタル・ナラティブが陥るイデオロギー的隘路に対する突破口が存在しているように思われる。以下の部分では『ダンボ』におけるリアリズム的表現手法を確認した後に、それに相反するような後半部のシークエンスを詳細に分析し、異なる語りのモードが一つの作品内に混在することこそが、『ダンボ』が与える強烈なインパクトの要因になっていることを示したい。

『ダンボ』におけるセンチメンタル・リアリズム

一九三〇年代後半から四〇年代初頭にかけて、ディズニーは初期に量産してきたカートゥーン作品を離れ、長編映画製作に乗り出す。第一作『白雪姫』と『ピノキオ』(一九四〇)、そして四一年の『ダンボ』の三作は、この時期のアニメーション技術の成熟に大きく貢献している。ちなみに『ダンボ』の前年に発表された『ファンタジア』(一九四〇)は、音楽と映像のコンビネーションに集中した実験的な作風で、興行的には失敗しているが、この時期の作品の中では異彩を放っている。ただし後述するように、『ファンタジア』に見られるモダニスト性は、『ダンボ』の後半部分にも継承されている。

先に挙げた三作品に顕著なのは、複数のセル画を異なる距離に配置して撮影するマルチプレーン・カメラの使用と、細やかな背景画によりカートゥーン的な平面性を超え、三次元的な厚みと奥行きを持った画面構成、多彩なアングルからの引きと寄りのショットをバランスよく織り交ぜ、モンタージュで積み重ねていくというハリウッド・シネマの撮影・編集技術の導入、今もディズニー作品のトレードマークと言える（しばしば歌とダンスを伴った）音楽の多用、そしてキャラクターの表情と身体の動きによる細やかな感情表現である。これらの技術を複合的に組み合わせることで、キャラクターが動植物や無生物であっても、そして人間がふだん目で見ているのとは完全に異なるカメラの視点で描かれていても、スクリーンの中で生きられた経験が「現実」のものであることを観客に信じさせるような、映画表現独自のリアリズムが生まれる。さらに、ウォルト・ディズニーにとってその表現の成功の指標は、観客がそれをどう受け止めるかという点にかかっていた。しばしば批評の場で引用されるインタビューの中でディズニーは「あらゆる芸術の目的は、見る者から純粋に感情的な反応を引き出すことだ」と語っている。センチメンタル・ナラティブの書き手と類似する問題意識を持ったディズニーは、最先端の映像技術を用いて、命を持たない画面の中のキャラクターと観客の間に感情の交感を成立させることを目指していた。

『ダンボ』でも、母親と引き離された小象に対する観客の共感を引き出すために、数々の仕掛けがなされている。その名（Dumbo）が示唆するように話すことができないのか、単に赤ん坊だからなのか定かではないが、ダンボが作中で言葉を発することは一度もない。また母親のミセス・ジャンボも、息子の名前をコウノトリに告げる場面以外では、台詞が一切ない。この母子の互いに対する愛情表現は、もっぱら身体の動き、涙を流すことや身体の接触といった非言語的なコミュニケーションに依存している。台詞がなくてもその感情表現は多彩であり、とりわけ檻越しの束の間の邂逅において、母子が母を伸ばして愛撫し合い、母象が鼻で小象を抱き上げブランコのように揺らす場面は、母の子に対する愛情を切なげに歌い上げる挿入歌「私の赤ちゃん」と、象親子の動きのリズムの完璧な呼応により、豊かな情感を生み出している。

古典的なディズニー・アニメーション、とりわけミッキーマウスやドナルドダックが登場する初期の短編作品では、刺激や暴力に反応して変形し、切断され、平面化するカートゥーン的かつスラップスティックな身体表象が一般的であったが、『ダンボ』は逆に、身体を通して言語化不可能な情緒を表現することを目指す。キャラクターが動物とはいえ、観客にとってリアルに感じられる感情を有した存在として描くことができなければ、感情移入することができないからだ。実はダンボ自身はそれほど表情が豊かではない。耳のサイズもあってか頭の上半分が大きく、目鼻口は下半分に小さく収まっている。「世界一小さい象」ダンボは、自らのサイズのために基本的に白目を見せて上を見上げていることが多く、口元が耳と鼻で隠れがちなために表情が読みがたい。そのためダンボの感情を見る者に伝えるには、ボディーランゲージや涙をふんだんに交えることが必要になる。

加えて重要なのは、キャラクター同士が築く親密さのイメージの創出である。ダンボとミセス・ジャンボ、あるいはダンボとティモシーのように、親密な関係にあるキャラクター同士のやり取りを描く際は、カメラは低い位置に固定され、キャラクターたちは寄り添うように同一空間内に並置されていることが多い。先に挙げた母子の邂逅の場面のセル画の連なりを見ると、ローに固定された構図の中でダンボとミセス・ジャンボの鼻が寄り添っているのがよくわかる。この水平的なヨコの構図の反復が、キャラクターが互いを信頼し心を通わせ合う様を強調する効果を与える。ティモシーに関して言えば、ネズミである彼がダンボに比べ圧倒的に小さいことには意味があり、悲しみにくれ大地にひれ伏して涙を流すダンボの傍らに寄って慰めるショットの反復が、ダンボのよき理解者かつ助言者であり、肉親以外唯一彼と親密であるその立場を印象づけている。時折ティモシーがダンボの大粒の涙に感化されもらい泣きすることからも、両者の間に確かな心の交感がある（そしてそれは当然観客にも伝染する）ことがわかる。

反対にダンボと、彼を虐げるキャラクターとのやり取りでは、主としてダイナミックにアングルを交差させる切り返しが多用され、タテの構図が強調される。作中ではダンボの視点を媒介するものとしてローアングルが繰り返し使われているが、ウィルミングトンが指摘するように、それは観客に、「ダンボが目にしているのと同じ無慈悲な世界が不可逆的にのしかかってくる」のを見上げるかのような錯覚を与える。身体的に小さく、サーカス社会の最底辺に位置するダンボにとって、災厄は常に上からふりかかってくるものなのだ。この手法がいかんなく発揮されているのが、作品序盤の「象のピラミッド」の場面だ。

ティモシーの助力によりダンボは、八頭の象が組体操のように互いの身体に乗ったままバランスを維持するというアクロバティックなショーの目玉として登場し、折り重なった象たちの一番上に飛び上がる役を与えられる。このシークエンスでは、ダンボの視点から見上げられた象の巨大なピラミッドと、ピラミッド側から見下ろされ地上で緊張に震えるダンボの姿が交互に捉えられ、象たちの圧倒的な大きさ、高さと威圧感を強調する。そしてそのタテの構図は、サーカス内部のヒエラルキー構造そのものの表現でもある。助走を始めたダンボは自分の耳に足を取られてバランスを崩し、一番下の象が乗る大玉に突っ込んで、ピラミッドのみならずサーカスのテント全体を崩壊させてしまう。この失態の結果、ダンボは「もはや象ではない」存在として、同族たちの世界から徹底的に排除されることになる。このように、ローとハイのアングルの切返しで表現されるサディスティックな関係性を目撃することこそが、『ダンボ』とその原点であるセンチメンタル・ナラティブが提供する基本的な受容体験である。いたいけな小象に文字通り頭上から次々にふりかかる暴力と苦難を、純粋にモラルと社会正義の観点からというよりは、むしろ暴力が自己目的化したようなセンセーショナリズムにより描写されるのを目の当たりにして、観客は、対象が感じる恐怖と寄る辺なさに同一化し、否応なく感情的な反応を引き出される。

もちろんこれら一連のハイ／ローの構図の反復は、作品のクライマックスにおけるダンボの飛翔に対する伏線である。ティモシーの台詞を借りれば、ダンボはまさに「自分を地面に縛り付けていたはずの耳によって、空高く舞い上がる」のである。冒頭で述べたように、このダンボの飛翔を助けるのはカラスたちだが、彼らははじめから友好的というわけではない。樹上で眠るダンボとティモシーを発見したカラスたちは、ダンボが飛んで木の上に着地したのだとするティモシーの仮説を一笑に付し、スキャット唱法をふんだんに取り入れたジャズスタイルの楽曲、「もし象が飛べたなら」（英語では、あり得ない事柄を意味する比喩表現）を歌う。この時点ではピエロ同様、カラスたちはダンボを戯画化しているが、その嘲笑的な態度に怒ったティモシーのスピーチが流れを変える。

お前たちは恥ずかしくないのかい。大の大人が、小さな孤児をいじめて。自分が赤ん坊のうちに母親から引き離されることを考えてみな。夜が来ても、誰も布団をかぶせて寝かしつけてはくれない。温かくて優しく撫でてくれる鼻に絡まって寝ることもできないんだ。冷たくて、残酷で、心無い世界に一人ぼっちにされたらどう思う？

母子の別離を普遍的な悲劇として提示することで聞く者の共感に訴えるという、センチメンタル・ナラティブの王道とも言えるレトリックを用いたティモシーのスピーチは、嘲笑的なカラスたちの心を揺さぶり、カラスたちは涙を流し、哀れな象が飛べるよう協力することを誓うのである。ここでも実はタテ構図が採用されていて、小さなティモシーをカラスたちが見下ろす格好になっているのだが、スピーチに共感したカラスたちは泣きながら高みから降り立ち、画面はティモシーとカラスたちが並置される水平的な構造に切り替わる。このタテからヨコへの構図の変化は、涙の伝染を通したティモシーとカラスの感情の交感が起こるプロセスに呼応しており、さらに観客にも、同様の共感を促すうえでの視覚的な合図を提供していると言えるだろう。

ダンボはついに飛べるようになるが、そこには魔法のような超現実的な力が働いているのではない。カラスが言うように、必要なのは「心理学」なのだ。カラスの黒い「魔法の羽」を持っていれば空を飛べると信じたダンボは、実際に飛んでみせる。それは一種のプラセボ効果のようなものであり、象が飛ぶというあり得ない現象を、リアリズムの枠内に収めるためのトリックなのだ。サーカスに戻ったダンボはピエロのショーに再出演するが、魔法の羽を失くし、墜落しかけながらも自力で飛んでみせる。羽なしでの二度目の飛翔は、障害を力に変えること、自分の能力を信じることという、ディズニー作品に典型的なポジティブなメッセージが込められており、この飛翔の驚異的な成功により、ダンボはサーカスでの地位を確かなものにし、母親も取り戻す。

映画のラストショットでは、それまで再三使われてきたハイ／ローアングルの切り返しに代わり、長く連なるサーカス列車を横から捉える平面的で水平的な構図が用いられ、サーカスのヒエラルキー的社会図に生じた変化が強調されている。列車最後尾のＶＩＰ車両で待つミセス・ジャンボの元へダンボは舞い降り、二頭がひしと抱き合う中、「もし象が飛べたなら」が再び演奏されるが、歌っているのはカラスたちではなく、軽快なオーケストラ演奏をバックにした（おそらくは白人の）合唱団だ。ダンボの天敵であったメス象たちも、ちゃっかり画面に収まり、コーラスに参加する。一方、カラスたちは列車に置き去りにされ、「（有名になったダンボの）サインをもらっておくんだった」とぼやく。

クラカウアーは、『ダンボ』を含むこの時期のディズニー長編作品が「同時代の社会的慣習にあまりに安易に迎合している」と嘆いたが、アニメーションの魔術的ひらめきそのものよりも蓋然性やまとまりを優先するハリウッド・シネマ的なリアリズムと不可分のご都合主義は、実は結末の二ショットにおいて視覚的に示されている。サーカス列車のヨコの構図が切り替わり、残されたカラスたちを映し出したあと、カメラは切り返して、画面奥に向かって走り去っていく列車の姿を捉える。本論の第一節で述べたような不穏さをこのラストシーンが与えるとすれば、それはダンボの協力者でありながらそれに対する恩恵は受けない（サインはもらえない）カラスたちの姿を映し出すショットにおいて、ダンボと母やティモシーのショットにはあった親密さと水平さに代わり、奥行きある画面の三次元性が強調されていることと無縁ではないだろう。それは作品で多用されてきたタテの構図にも似た形で、去る者（ダンボ）と置き去りにされる者（カラスたち）の不均衡な関係と、『ダンボ』の共感世界の不安定な基礎を表現している。

「ピンクの象のパレード」

このように『ダンボ』の作品世界の基礎を作るのは、センチメンタリティとハリウッド・シネマ的な映像のリアリズムだが、作品内部には実はそれとは正反対の要素も存在する。マーク・ランガーは、『ダンボ』の制作スタッフには、ハリウッド・シネマの文法を学んだリアリスティックな西海岸のスタイルと、よりアバンギャルドでカートゥーン的で、「アニメーションの人工性を強調する」ニューヨークスタイルのアニメーターが混在していたことを指摘している。現場においては西海岸スタイルの方が主流であったことは推測されるが、ディズニーが当初経済上の苦慮から『ダンボ』を製作リストから外していたことや、制作中の一九四一年には（ストライキ問題と南米訪問のため）現場では留守がちであったことなどが影響して、『ダンボ』は結果としてその一部に確固たるニューヨークスタイルの影響がみられる見られる作品に仕上がっている。ニューヨークスタイルのアニメーターたちは、スタジオ内では間違いなく少数派でアウトサイダー的な位置づけであったにせよ、ウォルトに代わり製作指揮を任されたディック・ヒューマーをはじめとして、彼らの表現上の自由度は相対的に高かったようだ。

作品は「私の赤ちゃん」の場面に結実する西海岸スタイルと、ニューヨークスタイルの場面が交互に現れる構成になっているが、ニューヨークスタイルの中でも異彩を放っているのが「ピンクの象のパレード」のシークエンスである。この場面はダンボ親子の檻越しの再会の後、サーカスに戻ったダンボとティモシーがピエロたちの残した酒を誤って飲み、酩酊状態で見た夢ということになっている。それまでの比較的リアリスティックな語りとキャラクター造形に比したとき、この場面のサイケデリックでシュールな映像美と、カートゥーン的な二次元性は破格である。あまりにも前後の場面とスタイル上の落差が大きいためか、この象のパレードを包括的に論じる研究はこれまでほぼなされて来なかったが、あえて丁寧に読み込んでいくと、そこでは身体の可変性の諸イメージ（それは、リアリズム世界において異形の身体を持つダンボの存在とは微妙に異なっている）が、西海岸スタイルの部分とは裏返しに、共感ではなく驚異を引き出す形で展開されていることがわかる。

先に述べたようにこのシークエンスは、ダンボとティモシーが酩酊のうちに不思議なヴィジョンを共有することで始まる。ダンボが鼻で作る奇妙な形のシャボン玉が、やがては四頭のピンクの象に姿を変え、鼻のトランペットを吹き鳴らして練り歩き始める。場面全体は大きく分けて五つのセクションに分かれているが、そこに論理的な展開はほぼない。この場面で使われる曲の歌詞の一節がいみじくも表しているように、個々のセクションは意味ではなく変わりゆく象の形のつながり、重なりによって自由連想的に繰り広げられる「おかしな光景」なのだ。象の絵柄は見るからにカートゥーン風で、作中でそれまで描かれてきたミメティックな動物の動きと、厚みと陰影のある本物らしい身体性を完全に覆している。奥行きを持たないネオンカラーの平面的な象の身体は次々に変形し、画面の四隅も、重力も、次元も無視して縦横無尽に立ち回る（フレームに意識を向けることで画面の人工性を強調するのは、初期カートゥーンの典型的な手法である）。背景画がなく、象の極彩色と暗闇のコントラストによって構成される画面は、それまで作中で展開されてきた奥行きのあるリアルズムの世界から、平面を奪回する。ときに巨大化し、ときに分裂し、ときには複数の顔面の連なりによって身体を形成し、ストライプや水玉へと色や模様を違え、やがてはラクダや蛇といった別の動物に、さらには車や電車、魔法の絨毯といった物体にまで変身していく象たちは、見る者に異形の身体のおかしみと恐ろしさを同時に植えつける。再びこの場面の楽曲から引くならば、「テクニカラーの象は刺激が強すぎる」のだ。

象の姿はもちろん、フリーク的な耳のせいで排除される現実世界でのダンボの存在と関連しており、曲中にリフレインとなって被せられる否定的なメッセージ――「追い払え」――もまた、現実のダンボに浴びせられているものに等しい。しかしピンクの象たちはダンボとは違って、リアリズムの制約のない夢の世界で自由に動き回り、かつてダンボにぶつけられた「もはや象ではない」という言葉を逆手に取るように、別の何ものかに形を変え、増殖と分裂を繰り返しながら観客を圧倒していく。一連のイメージが総体として与えるのは、変性し続ける身体への純粋な驚きであり、他なるものとの境界を軸に成立している自己存在そのものへの懐疑だ。

前半のパレードは、中盤のラクダと蛇からベリーダンサー、ピラミッドの目というオリエンタリズム的諸イメージの連鎖を経由して、後半ではアイススケートのペアをはじめ、次々に現れるのっぽとちびの二頭の象のコンビに取って替わられる。スケーターワルツ風のものからラテンダンスまで、多彩な音楽に乗せて二頭の象は踊り狂い、終盤に入ると互いの鼻に電流を走らせてぶつけ合う。それは性的な合一のイメージであると同時に、ダンボと母の再会への予兆でもあるが、そこに流れる電流は、一つの身体的存在が別の存在へと流れ込む、触発のプロセスにも見える。最後には、象のペアは無限に増殖したかと思うと、猛スピードで画面内を縦横斜めに行き交う乗り物群に姿を変え、やがてそれらは衝突し、爆発に至る。爆発によってバラバラになった象たちのイメージがディゾルブし、ダンボとティモシーが樹上で目覚める場面のピンクの朝焼けとなって、場面は終わる。

ランダムな映像のつながりは、徹底して意味づけを拒み、観客はその奇想天外なイメージの連鎖を強烈な刺激として受容することはできても、それを瞬時に解釈したり、作品全体における位置づけを把握できたりはしない。観客が引き出されるのは間違いなく、ピンクの象に対する同情や共感ではないだろう。安易な感情移入を許さないそのフラットな身体性において、ピンクの象は、センチメンタルなものの只中にあってそれに抗う表現たりえている。共感の代わりに観客が受け取るのは、特定の感情へと分節化することのできない情動のうねりであり、二匹の象が互いの身体に電流を走らせるように、観客はその異形の他者の身体の強度を、自らの知覚において受容するのだ。

興味深いことに、『ダンボ』のリアリズムを批判するクラカウアーは、この場面に全く言及していない。ジェンキンスが指摘するように、クラカウアーが初期カートゥーンや『ファンタジア』のモダニスト的スタイルを同じ映画評で絶賛していることからすれば、それは奇妙に思える。ディズニー作品の表現形式に関してそれほど意識的である読み手が、アバンギャルド芸術そのもののような「ピンクの象」のシークエンスについて、何の印象も持たなかったということが、ありえるのだろうか。その沈黙は結局、「ピンクの象のパレード」が与えるインパクトの分節化不可能性そのものの証拠であるのかもしれない。批評の言語による解釈をすり抜け、作り手と受け手の間に成立するあらゆる約束事を反故にして、ピンクの象は、絶えざる増殖と爆発を通して、映像表現の限界を突破していく。そこにあるのは共感でも恐怖でもなく、その全てに先立つ、何ものかに触れたという確かな経験であり、「ピンクの象のパレード」は、わたしの身体とは何であるか、そしてわたしではない身体とは何であるかについてのラディカルな問いを投げかけているのである。その問いがすぐれて同時代的なものであったことは、作品の製作にまつわる歴史が証明しているだろう。そしてそれは、作品発表から八〇年近くを経た今でも、いや今だからこそ、問われ続けるべきことなのかもしれない。第二次世界大戦と四〇年代の人種・階級をめぐる危機を背景に、ふたつの異なる表現形式がせめぎ合うアニメーション作品として世に出た『ダンボ』は、変幻自在の象の姿を通して、他なる身体を受容することへの不安と希求と驚きを、重層的に表現している。

◉本稿は「“What an Unusual View!”──『ダンボ』におけるカウンターセンチメンタル・ナラティブとしての『ピンクの象のパレード』」（上智大学文学部英文学科紀要『英文学と英語学』五三号所収、二〇一七年）を加筆修正したものである。

アーロン・マッグルーダーの『ブーンドックス』
——黒人問題を内部から描くコミックスとアニメ

三石庸子

『ブーンドックス　ブッシュが最も恐れた小学生』
アーロン・マックローダー著、マイケル・ムーア序、町山智浩訳
幻冬舎、2004年、978-4344006652

はじめに

一〇歳の男の子ヒューイと八歳の弟ライリー、二人の祖父であるロバートの三人からなる黒人家族、フリーマン一家の日常を描いた漫画『ブーンドックス（郊外）』は、一九九九年からUPS（ユニバーサル・プレス・シンジケート）に採用され、全米一六〇の新聞で連載を開始し、二〇〇三年には全米三五〇の新聞に連載されるほどアメリカ社会で人気を得た。漫画の内容は黒人一家をめぐるエピソードであり、アメリカ人種社会を黒人の視野から見たもので、人種差別を含め黒人コミュニティの問題が関心の中心となっており、政治的でもある。「こんなマンガが、どうして新聞に載せられたんだ？」と、二〇〇三年に出版されたこの漫画の単行本（日本語訳『ブーンドックス』扉頁参照）の序文で映画監督のマイケル・ムーアが疑問を発しているが、実際、驚きに値する事実である。簡潔に説明してしまえば、このように主流社会で黒人が活躍できるようになったことはアメリカ社会が変化してきたことの証の一つであり、二〇〇九年の黒人大統領の誕生もそうした変化を示すといえるだろう。

黒人がアメリカ主流社会で活躍できるようになるまでには、黒人たちによる長い闘いの歴史があった。それらは今も続いているが、中でもアメリカ社会を大きく変えた運動として、一九五〇年代半ばから一〇年に渡って展開された公民権運動がある。これをアメリカの「革命」と評価する歴史家もいるように、一八六三年の奴隷解放宣言以後も、百年近く南部で差別を社会の慣例として容認してきた「人種分離政策（セグリゲーション、ジムクロウ）」を、多様な運動を展開して法的に撤廃させた。当時の大衆文化に注目すれば、六〇年代には「ブラック・イズ・ビューティフル」の標語のもとに黒人特有の縮れ毛を活かしたアフロヘアが流行し、その後多様な編み込みなどの黒人へアスタイルを生み出していったし、女性たちが『ライフ』（一九六九）、『プレイボーイ』（一九七一）、『ヴォーグ』（一九七四）などメジャーな雑誌の表紙を飾るようになった。アフリカ系のヴァネッサ・L・ウィリアムズがミス・アメリカに選ばれたのは、一九八三年である。映画でもシドニー・ポワチエがアカデミー主演男優賞を獲得し（一九六三）、テレビではビル・コスビーが黒人で初めて主役（一九六五）として登場した。カリブ系やアフリカ系の若者たちによって空洞化により荒廃した貧困地区、ニューヨークのサウスブロンクスで一九七〇年半ば頃に生み出されたヒップホップも、第二世代となる中産階級の黒人たちが仲立ちとなることによって主流社会に広まっていった。一九八四年にヒップホップ最初のプラチナ・アルバムを出したランDMCの三人組は、L・L・クールJと同じくクィーンズのホリスという中産階級地区の出身者である。

『ブーンドックス』のアメリカ中産階級的側面

『ブーンドックス』の作者アーロン・マッグルーダーは、一九七四年にシカゴで生まれ、その後メリーランド州コロンビアの白人が多数を占める郊外に引っ越し、私立の学校に通った。「僕は『ブーンドックス』の成功の多くは僕が白人の周りで育ったことに原因があると思います」、「これほど僕が白人のことをよく知っていなかったら、白人たちに毎日怒りに燃える黒人の子どもたちを売りつけることなどはできなかったでしょう」と二〇〇三年九・一〇月号掲載の『クライシス』(NAACP、全国黒人地位向上協会というアメリカ最大の公民権運動組織の機関誌)のインタビューで語っている。なぜなら、新聞読者は「圧倒的に中年で、圧倒的に白人」だからである。

「両親はあまり政治的ではなかった」ということだが、「一一歳か一二歳の頃に幸運にも政治意識に目覚めた」そうで、その多くは『ドゥーンズベリー』(一九七〇―)から来ているという。ギャリー・トゥルードーによる、政治風刺で名高い新聞漫画であるが、その他の影響としては、チャールズ・M・シュルツの『ピーナッツ』(一九五〇―二〇〇〇)、ジョージ・ルーカス監督の映画『スター・ウォーズ』(一九七七―)、いくつかのSF、それに何よりも「ヒップホップ文化とその感性にもっとも永続的な衝撃を受けている」という。また、日本の漫画や映画のファンでもある。ヒップホップ以外は、とくに黒人文化の影響については語られておらず、マッグルーダーはアメリカ主流社会の文化の中で育ったということができる。

実際、見かけ以上に『ブーンドックス』の世界はアメリカ中産階級的である。主人公のヒューイは、黒人をめぐる社会状況や政治に関心を持ち、哲学的な論文を書く、笑顔を見せない少年である。弟のライリーはラッパーに憧れ、ストリートで成功し、金儲けをすることを夢見ている少年で、政治には関心がない。二人は祖父に連れられて、シカゴのサウスサイドからほとんど白人ばかりの静かな郊外であるウッドクレストの町に引っ越してきた。この郊外の町を批判的に見ているが、二人は都市ゲットー(インナー・シティ)の貧しい子どもたちではなく、中産階級の生活を送っている。

兄弟は主流社会の若者と同様に、ヒップホップの世界と深く関わっている。ライリーは暴力と無法の世界に魅力を感じているが、ライリーの悪ぶった生き方に対する憧れは、貧困や悲劇とは無縁な者たちがもつ、現実離れした空想でしかなく、ギャングらしく振舞う姿は、かわいらしいといえる。ライリーの悪行は、ショッピングモールのサンタクロースに椅子を投げつけたり、他人の家にグラフィティを描いたりすることである。ヒューイに関しては、高校時代にラップを聞いて「〔政治〕運動が起こっている」と誤解したという、マッグルーダー自身の体験が反映されているといえる。「ただのサウンドトラックで運動ではなく」、「政治家ではなく、ただのラッパーだった」と気づいたそうだが、不適切な差別語を連発する黒人たちが、マスメディアで闊歩し、白人たちの横暴をなじりながらクールと賞賛されるようなヒップホップ時代の一部として位置づければ、過激な政治漫画の人気も納得がいく。パブリック・エネミーやトゥパックなど、強い政治的意識をもったラッパーたちのメッセージも、多くの白人を惹きつけていた。

『ブーンドックス』には、隣人として、NAACPの弁護士である黒人の父親、白人の母親、その娘のジャズミンというデュボア一家が登場する（NAACPの創設者の一人はW・E・B・デュボイスあるいはデュボア）。フリーマン家よりさらに白人中産階級に近いこの一家の存在によって、フリーマン家の子どもたちの黒人らしさが際立つ展開となっているが、一方で、作品全体としてはよりいっそう中産階級的世界が描かれるということができる。なお、マッグルーダーは二〇〇二年にNAACPからイメージ・アワードのチェアマン賞を受賞している。

『ブーンドックス』はマッグルーダーがアフリカン・アメリカン・スタディーズ専攻でメリーランド大学在学中の一九九六年、ある音楽サイトにデビューし、のちに大学新聞に掲載され、月刊ヒップホップ専門誌『ソース』に採用された。大学新聞は三カ月で辞め、その後九七年にＵＰＳに応募してから二年を経てやっと採用された。採用したキャシー・カーは、「『ブーンドックス』までは、新聞漫画で有色の人びとが語っているのを見ることはまれであった」が、「国の新聞に現れるものがアメリカの多様性を映し出すことは大切である」と考えたこと、また「もっと大事なことは『ブーンドックス』の絵はすばらしく、語りのアプローチがみごとで、おかしかった」と、評価の理由を語っている。

先に触れた単行本の序論で、マッグルーダーは、二〇〇一年九月一一日の同時多発テロ事件が『ブーンドックス』に大きな影響を与えたと語っている。ジョージ・Ｗ・ブッシュ政権を中心に、当時のアメリカが極端なナショナリズムへ向かった状況に危機感を覚えたからであるという。他国への軍事介入など、「合衆国政府が地球に放とうとしている大きな不正に対して、もっと大きな叫び声をあげるために、僕の小さなスペースを使おうと決意した」と述べている。その頃から反ブッシュ政権の傾向が強くなり、そのために「あまりに政治的」になりすぎたという批判が出たが、一方で「政治へのそうした厳密な集中が、この漫画および僕という個人に、この二年間に僕が得たような驚くべき成功をもたらした」と、本人がその人気の要因を推測している。このような当時の政治体制への批判が、人種を越えて人びとの共通の関心となっていたために、反体制的なマイケル・ムーア監督のドキュメンタリー映画、『華氏九一一』（二〇〇四）が二億ドルを越える興行収入を得たと同じ背景の下で、『ブーンドックス』がマイノリティの視点で、過激な批判を行ったにもかかわらず、アメリカ主流社会に受け入れられたのではないかと考えられる。

コミックス紹介

登場人物とエピソードを見てみよう。主人公のヒューイは、今は流行らないアフロヘアが特徴的で、その名前も、ヘアスタイルも、ブラックパンサー党に関係している。ブラックパンサー党は、アメリカ南部で始められた公民権運動に続いて北部の都市部で起こった、一九六〇年代半ば頃から七〇年代に盛んとなったブラックパワー運動の中核的な存在であった組織である。党の結成者の一人がヒューイ・P・ニュートンである。地道な支援活動のほかに、銃を携帯して街をパトロールしたり、警察官を「豚」と呼ぶなど過激な行動をとり、その活動家の中には二〇二〇年現在もテロリストとして多額の賞金がかかり、キューバに逃亡中であったり、監獄にいる人もいる。

政治的な話題がどのように取り上げられているか、ヒューイたちの後にこの町にブルックリンから引っ越してきた、おそらくカリブ系と思われるドレッドロックヘアの友人、シーザー（マイケル・シーザー）とヒューイの四コマから成る、二〇〇二年七月一〇日に出た会話を見てみよう。

（ヒ）「僕は銃が問題だとは思っていない。武器を持つ権利はあると思う」

（シ）「そうだね」、

（ヒ）「僕が心配なのは銃の背後にある恐ろしいイデオロギーだ。銃は所有しようと言いたい」

（シ）「たしかに」、

(ヒ)「だから世界をこんなに暴力的な所にする保守主義、帝国主義、資本家の抑圧者たちを禁止しよう」、
(ヒ)「考えてみろよ。あいつらがいなくなれば、もう銃は不要だぜ」
(シ)「そいつらが、ぼくたちのことを同じように言っていると思わないか?」

銃所持の禁止をめぐる議論を回避し、銃の所有は認めて、銃より危険な存在である、暴力社会を生み出す元凶である人間たちを禁止すべきだという発想である。アメリカを暴力的な銃社会としている人びとはだれかという認識には、革命家ヒューイの政治意識が窺われる。シーザーに盲点を指摘されるヒューイの糾弾は、それ自体は過激であるが、子どもたちの会話の中ではユーモラスに受け止めることができる。

もう一つ、マリオ(一九八〇年代に任天堂が発売したゲームのキャラクター)が画面に映ったテレビを二人が見ている、二〇〇五年二月二七日発表の一コマ漫画を取り上げてみよう。シーザーがヒューイに「マリオがサダム・フセインに似てるって気づいた?」と問いかけている。ただそれだけであるが、得体の知れない外国の絶対悪として位置づけられた人物が、子どもたちが身近に親しむキャラクターとあまり変わらないことを、子どもらしい純粋な視点から指摘したといえる。

先にも引用した二〇〇三年の『クライシス』のインタビューで、マッグルーダーは伝統的な公民権運動組織は「時代遅れ」だと語り、「黒人たちに政治の基礎を、現在アメリカで何が起きているかを教育することを、もっとうまくやる必要がある」と自分の漫画の果たす政治的な役割について意欲的に語っている。ただし、「面白くなければ、政治は意味をなくしてしまう、誰も読まないから」と漫画としての制約と存在意義とを自覚

している。さらに、「簡単ではないが、私たちは急進主義を主流化するという仕事に従事していなければならない」と述べており、明確な政治的な意図をもって、使命感をもって創作している様子が窺われる。そうした努力によって『ブーンドックス』が多くの人を惹きつけていると納得できる。

ブッシュ批判の一部として、ブッシュを支えるアフリカ系のコンドリーザ・ライス補佐官（のち国務長官）への批判は数多い。二〇〇三年一〇月一三日から数回続いたシリーズでは、シーザーが「コンドリーザに本当に愛する男が世界にいたら、たぶんあれほど世界を破壊しようとがむしゃらになってないだろうと思って」と、自分が発案した計画をヒューイに話し、二人でライス氏のボーイフレンドを大々的に募集するエピソードがあったが、この漫画は『ワシントンポスト』紙が掲載しなかった。ほかにもNワード（黒人を指す差別用語）のために非掲載になったり、掲載はしたけれどもあまりに政治的なために、漫画のコーナーから社説やリビングの紙面に移した新聞もあるなど、『ブーンドックス』は「もっとも読まれたものの一つ」であるが、「もっとも検閲された」漫画と評されている。

アニメーション版について

二〇〇四年に『ブーンドックス』はソニーピクチャーズと契約してアニメ化され、カートゥーン・ネットワークとチャンネルを共有するアダルト・スイムで最初の一五エピソード、二〇〇五年から第二シーズン、二〇一〇年から第三シーズンとしてそれぞれ一五エピソードが放映された。二〇一四年からの第四シーズンにはマッグルーダーが関わらなかったので、不評に終わり、同年に一〇エピソードで終了した。その間、二〇〇六年三月から新聞漫画としては半年休載が告げられ、のちにマッグルーダーが再開しないことを宣言した。アニメーションに専念するためであり、初めからアニメーションの制作をやりたくて、漫画を書きはじめたという裏話が、「『ブーンドックス』の知られざる真実」という二〇二〇年七月のブライアン・ブーンによるエッセイで紹介されている。第四シーズンに参加しなかったのは、マッグルーダーが新たな試みとして、ロサンジェルスのコンプトンに住む人びとの喜劇であるドラマ『ブラック・ジーザス』を始めたことによる。この番組は二〇一四年八月にアダルト・スイムで放映が開始され、翌年第二シーズン、二〇一九年には第三シーズンが九月から一一月まで放映された。

マッグルーダーの風刺が、オバマ政権になってから以前ほどもてはやされなくなったことは間違いない。二〇〇九年一月、リッチモンドのアールハム大学でのマーティン・ルーサー・キング・ジュニア記念日の演説で、マッグルーダーは、移民の子であるオバマ氏が奴隷と関わらせて語られることはおかしいと発言し、黒人から大きな反響があった。その件について一月二一日にマッグルーダーは公的な声明を発表した。「私はオバマ大統領の職務権力はもちろん、その誠実さを疑わない。その職務権力であるが、数年来大いに減ってきていると私は思う。連邦準備銀行、軍事産業複合体、この国を動かしている巨大な企業利益は、我われの新しい大統領よりも力をもっていると私は思う。私が間違っていることを希望している。…私はこの国の大多数が九・一一以来反対を押しつぶし、批評家を黙らせることに執心するようになったことを目撃している。この選挙がブラック・アメリカをこの同じファシスト的な精神状態に向かわせないことを希望しているのだが、すでにそうした状態を目にしつつあり、それは私にとって大変悲しいことである」。オバマ大統領に当然期待はあったのだろうが、社会批判を真骨頂とする反体制の旗手として、マッグルーダーはオバマの選挙運動や当選後の黒人コミュニティの熱狂などを揶揄することに、もっぱら力を入れ、当選が決まった時、ヒューイはアメリカを出てカナダへ行く計画を立てたというような内容が、「黒人大統領の誕生」というアニメ第三シーズンの最初のエピソード（二〇一〇年五月）で語られている。

同じく一三番目のエピソード、「フライドチキン・インフルエンザ」（二〇一〇年八月）に現れるオバマ大統領のスピーチの場面を紹介したい。これは無料クーポンを配って客が殺到して暴動になった事件や、鳥インフルエンザへの危惧など、アメリカで起こった実際のいくつかの社会問題を風刺した物語である。フリーマン家のテレビに映る大統領は、鳥インフルエンザウイルスのパンデミックに怯える国民に向けて、自分たち一家、「ミシェル、サーシャ、マリア、自分、そしてボウ（犬）」が全員元気で、安全で、食料もたっぷり保存して、娯楽も山ほど用意された安全な地下のシェルターに入っていると語っている。それに対してロバートは、おれたち国民の安全はどうなんだ、と叫んでいる。大統領は続けて、アメリカ国民に、残念だがこの大流行に治療法はない、だが、もっと強力な武器がある、それは「隣人への共感」だと熱く語り始める。大統領は、危機の折こそ人びとの助け合いが大事だと訴え、最後にアメリカを称えて演説を終え、ロバートは「ノー」と叫んで「俺たちは死ぬんだ」と絶望している。雄弁ではあるが、言葉に実体がないことが強調されている。自分たち一家が国民に愛されていることを疑わない親しみやすい雰囲気も含めて、秀逸な表現といえる場面である。

アニメ版でもっとも有名な作品は、二〇〇六年一月一五日に放映された第一シーズンの九番目のエピソード、「王（キング）の帰還」（日本でのタイトルは「夢の続き」）である。これは『ロード・オブ・ザ・リング』三部作の第三部となる二〇〇三年の映画のタイトルであるが、内容はマーティン・ルーサー・キング師が一九六八年四月四日にメンフィスで狙撃されたが死亡しておらず、二〇〇〇年一〇月に三二年に及ぶ長い昏睡状態から目覚める、という意表をつく設定の物語である。人びとは復活を祝い、キング・フィーバーが起こって、自伝出版や映画化の話も進む。ところが九月一一日にテロが起こり、テレビでそれについての意見を問われたキング師が、汝の敵を愛せというのがキリストの教えだと答えると、人びとの態度が一変し、大統領をはじめテレビのニュースが「キングはアメリカを憎んでいる」と報道し、売国奴扱いされるようになる。

タイトルを変えて出版された自伝のサイン会がウッドクレストで行われると、ヒューイしか現れなかった。そこにロバートが登場し、キングと再会を喜び合うという展開になり、ロバートがかつて公民権運動に参加していたという新たな事実が判明する。これはユーモラスなエピソードとなっており、ロバートは一九五五年のバスボイコットに参加していて、ローザ・パークスと同じバスに乗っていたという。ロバートも後ろの席に移動しない、と決然と反抗しているのに、バスの運転手をはじめ誰にも相手にされず、ローザ・パークス一人が注目され、英雄扱いされ、そのことをロバートは今も根にもっている、という展開になっている。

ヒューイの家に来て、日頃からヒューイが批判的に見ている享楽的なBET（ブラック・エンターテインメントTV）のチャンネルをキングが見て呆れ、「黒人たちはどうしたんだ」と嘆くという新たなエピソードへと続く。新しいIT社会にも慣れず、もう自分の出番はないと消極的なキング師を励まし、ヒューイは新しい政治団体である「黒人革命党」を結成するという行動にキング師を導く。だが、その結成パーティがただの乱痴気パーティになっている様子に、ついにキング師は怒りを爆発させてしまう。Nワードを連発させ、「私には夢があった」が、四〇年経った今は悲しむべき現実であり、黒人どもは救いようがない、BETは最悪のチャンネルだと演説し、黒人の人びとを見限り、カナダへ行ってしまう。

このようにキング師の絶望として表現された、品位もなく娯楽や喧嘩に耽溺する黒人像は、『ブーンドックス』の主要な関心事である。二〇〇一年九月一〇日の日付の入った四コマ漫画では、「フォックスの陰謀」と説明がついて、コンピュータに向かったヒューイが「なあ、シーザー、僕たちはこの一〇年間で黒人の政治的社会的指導力がほぼ完全に崩壊するのを見てきた」、「それは、黒人アメリカの自己像への唯一の大きな影響は大衆文化、すなわち音楽、テレビ、映画だということを意味する」、「この進行中の黒人の精神的奴隷化を確実にするために、黒人のテレビや映画は、黒人を人種的に堕落させ、知的には侮辱し、創造的に沈滞させ続けなければならない」と語っている。シーザーの「この非道な計画を実行している悪の黒幕は、ヴィヴィカ・A・フォックスなのか？」という問いに、「その通り！　まあ、彼女とパフィだな」と答えている。言及された二人はアフリカ系アメリカ人で、フォックスは女優であり、パフィはショーン・パフィ・コムズで、ヒップホップ音楽のプロデューサー、歌手である。この漫画で個人名が挙げられているように、メディアで目立つ人びとで、品行に問題があるような場合、実名で批判するのが『ブーンドックス』の特徴でもある。BETの創始者であるロバート・L・ジョンソンは、集中砲火を受けた時、刊行物に二頁広告を載せて反撃したそうである。

キング師のアニメは以下のように続いている。キング師のこの演説がケーブルテレビで放映されると、黒人たちに変化が起きた。ホワイトハウスに抗議のために押し寄せるなど政治的な行動を起こし、ヒューイは革命がなされたと説明している。後日談として、新聞記事が映し出され、キング師がバンクーバーで九一歳で亡くなったことが報道されている。さらにその二〇二〇年一一月八日付の新聞にはトップニュースとして、オプラ・ウィンフリー（アフリカ系アメリカ人女性でトーク・ショーの人気司会者、実業家、篤志家）が大統領になったことが記載されていた。のちにオバマ黒人大統領が誕生した時に、この『ブーンドックス』のエピソードが「予言」として話題となった。この作品は評価され、マッグルーダーは二〇〇六年にピーボディ賞（優れた放送作品に贈られる）を獲得した。

その後の『ブーンドックス』

『ブーンドックス』が消えて久しいのだが、現在アメリカはトランプ大統領の政権下であり、公民権運動以来最大の運動と言われるほどＢＬＭ（ブラック・ライブズ・マター）運動が盛り上がっている。多くの人びとが期待している中で、二〇一九年二月五日に、『ブーンドックス』の漫画が六篇、「神のシャルラマーニュ」（本名レナード・ラリー・マッケルビー、政治に辛口のラジオ・テレビパーソナリティ）のインスタグラムに、マッグルーダーのコメントと一緒に掲載された。さらに、同年六月のアヌシー国際アニメーション映画祭で、ソニーピクチャーズ・アニメーションが作者マッグルーダーを製作スタッフに加えて『ブーンドックス』第五シーズンを計画していることを発表した。九月には、二〇二〇年秋からHBOマックスで放映されること、五〇分の特別篇と、一二エピソードから成る二シーズン分が予定されているなど具体的な情報が出た。だが残念なことに、コロナ禍ですべての今年の新作は早々にキャンセルされてしまった。

発表された情報によると、新シリーズでは、メリーランド州の郊外の町で、フリーマン一家はアンクル・ラッカスによるネオファシズムの圧政に苦しむ設定となっている。なお、アンクル・ラッカスとはアニメーションの第一話「ガーデン・パーティ」に初めて登場するアフリカ系の中年男性キャラクターで、片目が義眼で目立つ風貌であり、黒人を憎む白人優位主義者で、黒人差別主義者である。肌の色が際立って黒いのだが、本人によると、皮膚が白くなるマイケル・ジャクソンと反対の変化をもたらす皮膚病にかかっているそうである。その後さまざまな役割で登場し、漫画でも活躍するようになった。マッグルーダーが、ラッカス主演のスピンオフ劇場版アニメの制作を企画したほどである。

アニメーションは豪華な声優陣でも有名で、サミュエル・L・ジャクソンやスヌープ・ドッグなども声の出演をした。兄弟を一人二役で演じている女優レジーナ・キングをはじめ、レギュラーの継続が望まれているが、二〇一九年一〇月に、ロバート役の俳優ジョン・ウィザスプーンが七七歳で亡くなり、大いに悼まれているのが現状である。

最後に、新発表の漫画を紹介しておこう。六篇に付されたマッグルーダーによるコメントは、「楽しみで作った（それと、まだやれるかどうか見るために）。もっと作る予定だが、あと幾つと正確に言うのは難しい。前にアニメーションをやってくれた、よき友人であるキム・スンウンの優れた才能のおかげでできたのだが、彼は忙しい人なので」といった内容である。実際、発表された『ブーンドックス』はすべて、キム・スンウンとの連名の署名入りである。前にも引用した「『ブーンドックス』の語られざる真実」によれば、『ブーンドックス』の内容はすべてマッグルーダーによるものだが、絵そのものは以前からジェニファー・ソンやカール・ジョーンズなど複数の画家が関与して作られているそうで、マッグルーダー自身『ニューヨーカー』誌で、「自分は画家より作家として素質があると思う」と述べている。

マラー特別検察官が調査して尋問した、トランプ大統領のロシア疑惑問題を扱った八コマから成る二作品があり、いずれもアンクル・ラッカスが登場している。

〔最初の二コマは国政についての解説〕「二〇一九…」「ロシア人たちはアメリカ自身のレイシズムを武器として、破壊的な影響をもたらした…」、「あからさまに売国的な大統領はUS帝国を解体し、その間無力な国民はマラー特別検察官を救世主として待ち望んでいる。」、

〔舞台が郡議会に移る〕「メリーランド州ウッドクレスト郡」「その間に国中で、ファシストによる州や地方政府の乗っ取りが進行している…」（ラ）「ごきげんよう、白人同胞諸君！」「今日は黒人どもに関するいくつかの意見から始めたいと思う…」、

「アンクル・ラッカス郡行政官である。」（ラ）「あるいは、雪片のようにはかない、皆さん方が使う政治的に正しい言い方をすれば、〈黒人の人びと〉についてだが。」、

「郡の行政官として私は私の立場を明確にした！」、「我われはウッドクレスト郡の周囲に郡境の壁を築くつもりだ…」、「…メキシコ人、グアテマラ人、アラブ人、その他ここに属さない人びとを誰も入れないために…」、「…そして黒人ら（Nワード）はその報いを受けるのだ！」［というテレビの演説を、飲み物を片手にヒューイが耳にしている］

言うまでもなく、「壁を作る」という発言はトランプ大統領と重なる。二つ目の作品では、アンクル・ラッカスはロシア疑惑に関係していることがわかる。

［机に向き合って座っている姿］「ラッカスは特別監察官に質問されている…」「はい、私はロシア人を助けました。だが、私にそうせよと大統領は命じていない！」、「あいつらロシア人たちが、どうしたら黒人たちがヒラリー・クリントンに投票しないようにできるか、私に〈相談〉したいと言ったんだ！」、「俺はいいよと言ったね！　〇八年の大統領選民主党予備選挙から、黒人どもがいまだにヒラリー・クリントンを嫌っていることはだれもが知っていることだ！　はーん、俺たちはオバマがアメリカ生まれでないから大統領の資格がないといった説を、彼女から受け取ったんだ！」、「犬の糞に臭いをつけるために金の支払いを受けるようなものだ！　これまでで一番楽な金儲けだった…」、

「どうか、マラーさん、二〇一六年の時の状況を思い出してもらいたい…」（マ）「どのような？」、「黒人でおまけにイスラム教徒が大統領になるっていうことだ！　それはまるで人生の大切な白人の恋人が、汗だくのアフリカジャングルのペニスで汚されるのを見るようなものだ！　その後は前と同じにはなれない事態だよ！」、

「二〇一八年の私の著作で説明しているように…」、

〔以下のタイトルの本が机の上に載せてある〕アンクル・ラッカス著『彼女は黒人たちと寝た――貴婦人〈自由の女神〉の名誉を回復する――ポスト・オバマ』

汚い言葉で人種差別を過激に表現するという『ブーンドックス』の一面がよく窺われる作品である。これらとアニメの予告から推察すると、新シーズンでは、トランプ大統領の政権下で翻弄されるフリーマン一家が描かれることは間違いないと思われる。あとの三篇もホワイトハウスやロシア疑惑に関した作品で、ほかに児童虐待などで裁判中のR&B歌手R・ケリーに関するものが一篇ある。

その後、カマラ・ハリス（一九六四―）が副大統領候補と決まったためと思われるが、あらたに二つの一コマ漫画がマッグルーダーのインスタグラムにアップされた。二〇二〇年八月一二日の作品では、ロバートが描かれ、「カマラ・ハリスだって？　おお、ずっと昔のことになるがな。彼女は私を一度逮捕した。〔とても小さな文字で〕私は裸だった、長い話になるが…〔通常の字の大きさに戻って〕厳しいが公平だ、あの婦人は。厳しいが公平だ…」と語っている。一週間後の漫画では、アンクル・ラッカスが多くのマイクに向かって、「なん

てことだ。カマラ・ハリスは右派の**社会主義者**で、犯罪には厳しく、**反警官**の立場の警察官で、**クリント・イーストウッド**より多くの**黒人**を監獄に入れた。それなのに今お前たちみんな、彼女が**ローザ・パークス**であるかのように振舞いたがっている」「[小さめの文字で]お前ら黒人たち、笑わせるな」と叫んでいる［太字は原文］。どちらもハリスの地方検事時代の犯罪者への厳しさを強調した、工夫された人物評である。今後の作品が大いに期待される。

◉本稿は「大衆文化の中の二人の〈レイス・マン〉アーロン・マッグルーダー、トゥパック・シャクールとポスト・ソウル美学」（『水声通信』第五巻二号所収、水声社、二〇〇九年）を大幅に加筆・修正したものである。

鈴木繁

ジョン・ルイスのＢＬＭ《ブラック・ライブズ・マター》運動における遺産

——視覚的・物語的メディアとしてのコミックスとの関連から

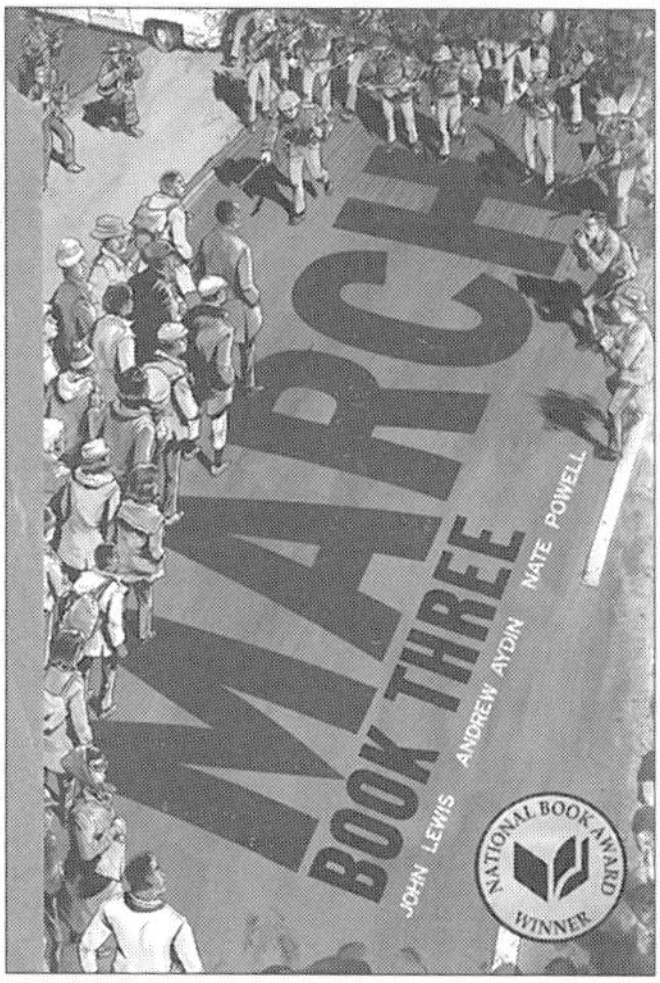

MARCH : BOOK THREE

Written by John Lewis and Andrew Aydin,
Art by Nate Powell
2016, Top Shelf Productions
978-1603093002

邦訳『MARCH 3 セルマ 勝利をわれらに』
押野素子訳、2018、岩波書店
978-4000612654

メディア・イメージと社会的な現実、ニューヨークから

その日、ニューヨーク市に住む人々のもとに、非常時を知らせるけたたましい音とともに夜間の「外出禁止令」を知らせる通知がそれぞれのスマートフォンに届いた。二〇二〇年六月一日の夕方のことだった。メッセージは「外出禁止令」が発令され、夜間の時間に外出禁止であることを知らせる短いものだった。マス・メディアでは、その理由を「ミネソタ州ミネアポリスで黒人男性のジョージ・フロイドが白人警官に殺された事件をきっかけに、抗議運動とデモの一部が暴徒化し、略奪や破壊行為が行われたため」と報道していた。スクリーンに映る映像の中には、私がふだんよく訪れるマンハッタンの店舗や見慣れたストアが無残にも破壊され、暴徒たちがショーウィンドウの強化ガラスを割る様子が報道されていた。その日から数日間、夜間の「外出禁止令」は続いた。マンハッタンの東隣のクイーンズ区にある私のアパートの上空でも、深夜までヘリコプターが低空で旋回し、「非常事態」であることを告げていた。

外出禁止令が解けてから数日後、コロナウイルスの影響で「自宅待機中」だったが、仕事のためマンハッタンのグラマシー地区にあるオフィスへ荷物をとりに向かった(日中は外出できた)。ふだんは賑わいのある通りは静まりかえっていたが、危険を感じることはなかった。ただ、近辺のオフィスや店舗には、ウィンドウガラスを守るために木材の覆いが打ちつけられていた。その後もデモ活動やジョージ・フロイドを追悼するイベントはニューヨーク各地でほぼ毎日行われており、マンハッタンやブルックリンでも何度も見かけたが、若者だけでなく、子供を連れた家族や、ニューヨークらしく多様な民族的背景を持つ人々が集まってデモ行

進するというピースフルなものだった。略奪や破壊行為が行われたことは事実であるが、一方でこうした抗議デモや活動に参加する者たちの多くは、真摯にアメリカにおけるレイシズムや警察官による暴力を憂い、その抗議運動のデモに参加していた。マス・メディアが映し出すイメージは特定の情報（「ニュース」・「ショウ」としての価値）を拡大・誇張し、同時に人々の日常生活のささやかな事柄はスクリーンに映ることはない。メディア・イメージと社会的・日常的な現実には常にズレがある。そのことを再び、実感させられた経験だった。

イメージには力がある。その力は、例えば、ステレオタイプなどのように、人々やある集団を先入観で以って紋切り型にはめこみ、彼らの多様性を剥ぎ取り、精神的に傷つけたりしながら、抑圧的にふるまう。二〇二〇年六月に、全米各地での暴動について報道したNHKの番組『これでわかった！　世界のいま』で描かれた黒人男性のステレオタイプが物議を引き起こしたのはその一例だろう（NHKが放送したニューヨークでの暴動を伝えるアニメーション映像の中での黒人のステレオタイプ的な表現について日本の内外から批判が起き、在日米国大使からも批判された出来事）。しかし、もう一方で、イメージは、既存の偏見や差別的表現に対して、抗ったり、また人々を解放したり、異なる人々を結びつける力も持っている。警官から首を膝で押さえつけられ、助けを求めながら死亡したジョージ・フロイドの映像が、その警察権力の暴力や非人間的な扱いを広く知らしめ、全米各地に広まりBLM（ブラック・ライブズ・マター、以下BLM）運動の再燃へと繋がったように。

少しだけ確認しておこう。「人種」とはある人々や集団に備わる本質でも共通性でもなく、あくまで西洋が植民地的な支配を広げる過程で生み出されてきた歴史的で人工的な「構築物」であり、奴隷貿易、支配と搾取、差別と抑圧といった支配構造を維持するために存在しつづけてきた言説・システムでもある。しかし、上記NHKの問題で明らかなように、人種は、ステレオタイプ、そして近代では文字・音声情報と絡み合いながら生み出され続け、差別・抑圧構造を再強化してきたのだ。だとするならば、レイシズムの問題を考える際には、異なる種類の言説（視覚、聴覚、文字）に注意を払いながら、考えていく必要があるだろう。

これらの点を考慮にいれながら、この短いエッセイでとりあげたいのは、広い意味での視覚文化《ヴィジュアル・カルチャー》であり、特に、北米で、近年注目をあびるようになってきたコミックスというメディア（以下、単数形の「メディウム」を使いたい）についてである。特に、上記の文脈との関連においてとりあげたいコミックスは、『MARCH（マーチ）』と題された全三巻の作品で（扉頁参照。各巻二〇一三年、二〇一五年、二〇一六年に出版された）、一九五〇年代から一九六〇年代の黒人の公民権運動を取り上げたコミックスである。このコミックスをBLMの文脈でとりあげる意義は、過去の公民権運動とBLMが時代を超えて、いかに同様の問いを投げかけ、同時にBLMを含むアメリカの民主主義的な抗議運動を支えているかを明らかにすることである。その際に、視覚的に物語をつむぐコミックスというメディウムが、いかに他者の苦しみや闘争を伝えることで、過去の歴史的な遺産をポピュラーな記憶としてよみがえらせ、現在において再文脈化し、現在のアメリカ社会において運動《ムーブメント》として具現化させているかを示してみたい。

ジョン・ルイスとは誰か？

コミックス作品『MARCH』は、アメリカのジョン・ルイス下院議員の生い立ちと半生をたどりながら、二十世紀半ばの黒人公民権運動の歴史を描いたコミックスであり、原作はジョン・ルイスとアンドリュー・アイディン、作画をネイト・パウエルが担当している。二〇一六年の全米図書賞を「児童文学部門」で受賞し、コミックス作品が初めて全米図書賞をとったことで話題となった。すでに日本語版全三巻が岩波書店から出版されている。

日本の多くの読者にとって馴染みがないかもしれないジョン・ルイスについて少し紹介しておこう。ルイスは、二十万人以上が参加した一九六三年八月の「ワシントン大行進」――キング牧師が演説で「私には夢がある」のフレーズを残した歴史的デモ――を率いた「ビッグ・シックス」と呼ばれる黒人リーダーのひとりで、公民権運動で重要な役割を果たした人物である。その日に演説した十人の中で最年少だったルイスは、演説で「アメリカよ、目覚めよ」という言葉を残している。

公民権運動は一九五〇年代から六〇年代にかけて行われた、黒人を中心とする人種的・民族的マイノリティが「憲法で認められた平等な権利の保障を訴えた」運動とされている。アメリカの歴史に詳しくなくとも、キング牧師やマルコムXなどの名前は聞いたことがあるのではないだろうか。アメリカでは南北戦争後に奴隷制が終わってからも、社会的・法的に黒人を隔離、差別する制度が残っており、特に、南部の州では「ジム・クロウ法」と呼ばれる様々な制度が、黒人が一般公共施設（教育施設、商業施設やレストラン、公共交通機関、公衆トイレなど）を利用するのを隔離・制限していた。こうした不平等に対して抗議の声をあげ、平等の権利を求めて闘ったのが、二十世紀半ばに社会的な盛り上がりをみせた公民権運動であり、ルイスはその「象徴的な存在」と言われている。

ルイスは、一九八七年からジョージア州選出の民主党下院議員を務めたが、二〇二〇年の七月に癌で亡くなっている（折しも、BLM運動が再燃する時であったため、大手メディアでも注目された）。銃乱射事件が続くアメリカで、銃規制を求める議論が進まないことに対し、二〇一六年に民主党議員を率いて「シット・イン（座り込み抗議）」をしたことはよく知られている。この抗議運動のスタイルは、『MARCH』の中でも描かれているように、若きルイスが一九六〇年代に始めたものだ。彼は半世紀以上前に始めた運動を、死ぬ直前まで実践しつづけた人物なのだ。

ルイスが目指す「アメリカ」は、おそらく今だ完全には「目覚めていない」が、彼はその可能性を本気で信じ、自らの生とその身体《からだ》を以って、その一部を実現させた。その過程は決して直線的なものではなく、軋轢と問題、個人的な迷いや失望を含んだものだった。そうした彼の個人史とアメリカの歴史がダイナミックに動いていく様を描いたのが、『MARCH』シリーズである。

コミックス『MARCH』シリーズ

『MARCH』は、一九六五年三月七日、アラバマ州セルマで起きた「血の日曜日」事件——黒人の平等な公民権（選挙の投票権）を求めるデモ抗議に対して、武装した州兵が暴力で「鎮圧」した事件——で、エドモンド・ペタス橋を渡ろうとするデモ参加者と、その橋の向こうで待ち構える警察が対峙する直前の場面から始まる。この事件は二〇一四年の映画『グローリー／明日への行進』でも描かれており、アメリカでは比較的よく知られている事件である。ルイスはこの時の抗議デモに参加しており、デモ隊と州兵が衝突した際、頭蓋骨骨折という大きな負傷をしている。この事件では、武装州兵や保安官たちが、無抵抗なデモ参加者に対してこん棒や催涙ガスで暴行を加えた様子がテレビを通して伝わり、警察権力や体制側の残酷さと南部の差別制度をアメリカ全土に知らしめ、約五ヶ月後の「投票権」獲得（一九六五年投票権法）へとつながっていった。この歴史的な瞬間は、アメリカの進む方向とルイス自身の人生を変えた瞬間でもある。

『MARCH』の全体的な物語構成は、幼少から「血の日曜日」事件へ至るルイスの若き日々と、二〇〇九年一月二十日の黒人初のアメリカ大統領となるバラク・オバマの就任式に参加するルイス議員の一日を行ったり来たりしながら進んでいく。過去と現在が対比されることによって、五〇年ほど前には、選挙権登録が阻まれていた南部の黒人たちの苦難や因習的な社会、体制側の頑迷さ、それに対抗するルイスを中心とする当時の公民権活動家としての闘争が浮き彫りにされている。

アメリカの一九六〇年代の公民権運動については、書籍やインターネットの記事をはじめ、たくさんの情報がある。しかし、そうした「客観的」な距離をとって書かれている歴史書とは異なり、『MARCH』は、ルイスを含む当事者らが、その時々でどのように感じ、何を考えていたか、どんな危険や暴力にさらされ、恐怖や不安に苛まれながらも、どこに希望や可能性を見出し、社会的な不正、抑圧、暴力に抵抗したかという経緯を見せてくれる。この意味において、『MARCH』は、ルイスの回想録《メモワール》としても読めるようになっているが、そうした個人の生を綴る語り方が重要だと思われるのは、この個人史とアメリカの歴史がダイナミックに交差するさまを捉えていることだ。特に『MARCH』は、いわゆる「ヒロイック・ナラティブ」（崇高な志をもった個人が自らの能力や才能で社会・世界を救う物語）や「聖人伝」という枠組みに堕していない点が優れている。ルイス自身の言葉で綴られるその時々の心理や態度、レイシズムに対する抵抗運動やそれを弾圧しようとする様子は、ネイト・パウエルの巧みなアートと相まって、まるでその場に居合わせたような臨場感を再現している。

例えば、幼きジョン・ルイスが、伯父オーティスに連れられて、はじめてアラバマ州を出て、北部に向かうシーン。この場面では差別の激しい州を抜け、比較的差別の少ないとされる北部に移動するときの緊張が子供の頃のルイスの視点で描かれている。車の中で緊張した面持ちでいる二人の姿に、ナレーションが挿入される。「南部を完全に出るまで黒人が入れるレストランはなかったから、食事はすべて車の中ですませた。給油とトイレは慎重な計画を要した。以前北部まで旅をしたオーティスおじさんは「黒人用」トイレのある場所を知っていた。寄らないほうがいい場所も分かっていた……」。このエピソードを伝えるページには、テネシー州に入る場面が描かれているが、州境の看板には「テネシー　最高のアメリカ」によって視覚的な皮肉《ヴィジュアル・アイロニー》が挿入されている。このように『ＭＡＲＣＨ』は、社会的・制度的、そしてイデオロギー的な差別構造が、どのように個人の心理的なレベルで抑圧的にふるまうかを鮮明に描きだしている。

日本語版の『ＭＡＲＣＨ』第一巻の副題に「非暴力の闘い」とあるように、ジョン・ルイスと彼の率いるグループがとった抵抗の方法がいわゆる「非暴力主義」である。キング牧師やインドのガンジーによって知られているこの戦略は、単に「暴力をふるわない」ということを意味するのではない。『ＭＡＲＣＨ』では、非常に慎重に練られた、トレーニングを伴う抵抗戦術のひとつとして「非暴力主義」が描かれている。この非暴力主義の可能性をアクティビスト／大学教師であったジェームズ・ローソン牧師から学び、ルイスは大学生の時にはＳＮＣＣ（スニック）という「学生非暴力調整委員会」を率いて、一九六三年から一九九六年までその議長を務めている。

『ＭＡＲＣＨ』には、「非暴力セミナー」の様子も描かれている。このセミナーでは、「白人」役のメンバーから差別用語で罵られたり、椅子から落とされたり、水をかけたりといった嫌がらせや挑発を受けても、感情的にならず、暴力で反応しない訓練が行われる。ときに、滑稽でもあるこのトレーニングは、人によっては心理的に辛いものであり、脱落者も出たという。しかし、この「非暴力主義」の実践を経て、ルイスを含む「非暴力グループは、テネシー州ナッシュビルのダウンタウンにあるレストランで、「シット・イン（座り込み抗議）」を行う。当時、ナッシュビルでは、黒人はレストランで食事をとることが禁じられていたが、その不平等に対して、ルイスのグループは、あえてカウンター席にすわり、丁寧な言葉でレストランでのサービスを要求し、拒否されても座り続けたのだ。この運動は徐々に広がりをみせ、多くの人が参加するようになる。白人の差別的な若者集団に悪態をつかれたり、水をひっかけられたり、ときには暴力まで受けながらも、ジョン・ルイスを含むＳＮＣＣのグループは非暴力主義を貫き、最終的にはレストランでの隔離政策をやめさせることに成功する。この勝利は南部の小さなコミュニティにおける抵抗運動の「成功」にすぎないが、確かに社会的な変革をもたらした歴史的な例であり、その後、他の公共の場所でも展開していく。

『ＭＡＲＣＨ』の第二巻では、そうした運動のひろがりのひとつである「フリーダム・ライド」と呼ばれる運動が描かれている。一九六一年に始まったこの運動は、バスとバスターミナル内での人種隔離と人種差別を禁じる判決がある中で、実際にその判決自体に実効性があるかどうかを試すために、黒人と白人からなるグループが長距離バスに乗ってみるという運動だった。ルイスを含む十三人ほどで始めたこの運動の中で、彼らは暴力的な白人グループに襲われ、地元警察から逮捕され、バスも焼かれるという経験をするが、「フリーダム・ライダー」たちは自らの危険を顧みず、数を増やしていき、数百ほどにまで達した。そして、こうした行為はゆっくりとだが、確実にアメリカ全体の世論を動かしていく。一九六四年のワシントン大行進はそうした流れの中で生まれた歴史的なデモ行進（マーチ）だった。しかしながら、社会全体が人種統合へと向かう社会に反応する形で、南部の幾つかの州では、差別主義や暴力も急進化していった。『MARCH』の第三巻ではそうした事件のひとつ、アラバマ州バーミングハムで起こった黒人教会の爆破事件（白人至上主義者によるテロ行為で黒人少女四人が死んだ事件）と、映画『ミシシッピー・バーニング』（一九八八年）でも描かれている、公民権活動家三人が、地元の保安官（クー・クラックス・クランのメンバーだった）に拘束・殺害され、その事実が隠蔽された事件も描かれている。この活動家三人のうち二人（ユダヤ人）は、黒人の投票権の登録を増やす運動に参加するために、ニューヨークから南部を訪れていた。当時、黒人の選挙権は法的に保障されていたが、南部の人種差別が激しい地域では、投票権の登録を阻止する嫌がらせや抵抗運動が引き続き起きていた（登録所に入れなかったり、難しい質問を繰り返し、間違いを誘発させて選挙権を与えなかったりしたりしていた）。こうした状況が続く中、ジョン・ルイスの率いるSNCCは、黒人の投票権の獲得を目指し、選挙登録率が極端に低いアラバマ州セルマが抗議デモの場所として選ばれる。ここに至って『MARCH』の第1巻の冒頭で描かれている「血の日曜日」の場面に物語の時間は戻る。

『MARCH』の物語が全体を通して知らせるひとつの歴史的な事実は、権利や平等が法的に認められようとも、アメリカ、特に南部のコミュニティでは、すぐには適用されてこなかったことである。公的・法的な社会的・政治的権利の担保があろうとも、本当に必要な変革を起こすのは人々の運動であり、人々の意識と社会的な変化が必要なのだ。

BLM運動が問題化しているのも全く同じ構造だろう。権力を持つ警官による黒人への暴力事件は、「公民権運動」が成果を収めた後も、そして二十一世紀になっても、黒人に対する差別（主義）が社会の至るところにはびこり、国民を矯正する力を持つ警察官が暴力や殺人を引き続き行っているという恐ろしい事実だ。ルイスの言葉を借りれば、そうした社会・制度的な人種（差別）主義（システミック・レイシズム）的な暴力に抵抗できるのは「法廷」ではなく、「ストリート」レベルの運動であろう。それはルイスが非暴力という方法で実践した歴史的な行為であり、BLM運動に可能性があるとするならば、このレベルでの運動であろう。

黒人の抗議運動の中の軋轢、そして若者へ

人種差別や公民権運動の議論は、しばしば白人vs.黒人、北部vs.南部、差別主義者vs.平等主義者といった二項対立的な枠組みで語られるが、『MARCH』を読むと、ルイスをはじめとする「公民権運動」を率先して推し進めた黒人の若い世代が、それ以前の世代の差別構造に対する態度にも抗う形で立ち現れてきたことがわかる。第一巻で登場する黒人初の最高裁判所判事、サーグッド・マーシャルをはじめ、ルイスは指導的な

立場にいる人々の妥協的な態度にも批判的だった。「サーグッド・マーシャルは善人だったが、彼の話を聞いて私はますます確信した。われわれは人種隔離と人種差別に反対すると同時に、伝統的な黒人の指導者層に対しても抵抗しなければならない」と回想している。また、コミックス・シリーズの後半でも、ルイスが目指す投票権の獲得に対して、部分的な妥協案をすすめる他の黒人の指導者の姿が描かれている。このように抗議運動自体には矛盾や軋轢が含まれ、決して一枚岩的なものではなく、世代間や目的の違いにおける衝突もあった。

ルイスが大学生の時に率いた「学生非暴力調整委員会（ＳＮＣＣ）」が若い黒人学生を主体にした団体であったことは意味がある。一九六〇年代における前世代に対する反逆は、よりひろく考えればカウンター・カルチャーと呼ばれる大きなうねりの中にあったのだ。実際に、運動に参加した大学生の中には黒人だけでなく、白人や他のマイノリティも含まれていた。そうした旧態然とした体制やシステムに対して「ノー」の声を突きつける若者を中心としてカウンター・カルチャーのうねりと連動する形で、『ＭＡＲＣＨ』では南部における既存の不正や不平等のシステムに対する抵抗として具現化したのである。

こうした世代間の対立は、作品中で若き少年ルイスと両親とのやりとりでも焦点化されている。両親は幼きルイスに対して「白人の邪魔にならないように」と何度も言い聞かせる。もちろん、これは抵抗してトラブルに巻き込まれるよりも、無難な道を選んでほしいという親の心遣いだが、真に社会的な不平等に抵抗し、平等の権利をもとめ、その運動にコミットするにはそうした親や先行する世代の「アドバイス」を打ち破る必要があったのだ。ルイス自身は両親の世代とは違い、トラブルに巻き込まれようとも、自らの信じることを社会的な運動とする意志を持ち続け、実践を続けた。こうした態度は、ルイスのスローガンとしても知られている「よいトラブル（グッド・トラブル）」や「邪魔をする／介入する（ゲット・イン・ザ・ウェイ）」という言葉として知られている。

『MARCH』がその全体を通して提示することは、政治的にも、法律的にも、社会的にも力を持たない者たち、または力を制限されている人々が、どのように社会的な変革を起こすことが可能なのか、という問いである。日本語版の帯にある町山智浩の言葉「すべての弱き人々のための戦いの手本がここにある」は、たしかに『MARCH』シリーズの本質を捉えているだろう。『MARCH』が力強く物語るのは、過去にそうした変革をした例があり、そこから「力なき者」たちがどのように苦闘し、悩み、そしてより公平な社会を実現しようとしたか、という歴史的な例である。こうした物語は、現在において無力感に苛まれている者たち、または自らの声を奪われている者たちに力を与える可能性を秘めているだろう。『MARCH』の献辞（エピグラフ）には「かつて公民権運動に携わった人々と未来の運動を担う若者／子どもたちへ」とある。この本は過去にアメリカの公民権運動に関わった者たちだけでなく、現在、そして未来を生きる子供たちが「運動」を続けていくための指南書としても読めるのだ。

もうひとつ『MARCH』全体を読み終えて、再考を迫られるのが「投票」という権利だ。作品の中で描かれているのは、（南部の多くの）黒人たちにとってこれは公民権運動を通して、そして多くの犠牲や暴力さえ被りながら勝ち取った貴重な権利であり、法の保障があれば自動的に与えられるものではなかった、という事実である。この作品を読み終えた者は（国や文化に関わらず）、投票権というものが自明でも、既存の権利でもなく、人々の民主的な闘いを通して勝ち取られたものであることを（再）認識するだろう。

二〇二〇年の七月半ば、ＢＬＭ運動が盛り上がる中、ジョン・ルイスは死去した。アメリカの主要新聞、メディアは追悼の記事を掲げて、彼の公民権運動での業績だけでなく、彼が後の世代に残した遺産を称えていた。ルイスが亡くなる直前に書いた手記が七月三十日に『ニューヨーク・タイムズ』に掲載された。「共に、君たちは国の魂を取り戻すことができる」と題された最後のメッセージには、死の直前に立ち上がった二〇二〇年のＢＬＭ運動にインスパイアされたと書いている。ルイスは病院に運ばれる一日前にワシントンＤＣにある「ブラック・ライブズ・マター・プラザ」を訪れており、「真実が依然として行進《マーチ》しているのを見て、感じなければと思った」という。

同日に行われたルイスの葬儀の追悼スピーチで、前オバマ大統領は、ジョンの棺を前にしながら、ジョージ・フロイド殺害以降に立ち上がった若者たちや、抗議運動に参加している者たちに言及しながら次のように述べている。「ジョン、こうした若者たちすべて――様々な人種、宗教、異なる背景を持つ者、複数のジェンダーやセクシャル・オリエンテーションを持つ若者たちは、すべてあなたの子供たちである。たとえ、彼らはそれに気づいていないとしても、あなたの経験から多くを学んできたのだ」と。

二十一世紀のメディア環境における物語的《ナラティブ》・コミックスの役割

最後に現在のアメリカのメディア環境におけるコミックスの役割について述べておきたい。『ＭＡＲＣＨ』

の中でも描かれているが、黒人主体の公民権運動と新聞、報道・写真、テレビといったマス・メディアには深い関係があった。ルイスが活動を始めたときには、彼らの活動を取り上げるマス・メディアは存在しなかったが（そうした中で、少人数でも抗議運動をする勇気には感銘さえうける）、一九六〇年代を通して、アメリカの家庭にはテレビが次第に広がっていく。アラバマ州のセルマというローカルな町で起きた「血の日曜日」の事件が、全米で広く注目され「選挙権妨害防止法」に繋がっていくのも、テレビ・スクリーンに映る黒人たちの不平等な状況、苦しみ、闘争と、体制側の暴力と抑圧を知った全米のアメリカ人たちの後押しがあったからだ。

このように公民権運動におけるマス・メディアの役割が重要であったとするならば、二十一世紀のＢＬＭ運動を支えているのが、ソーシャル・メディアである。ジョージ・フロイドの拘束と殺害の映像は、ツイッターやフェイスブックなどのソーシャル・メディアで共有、拡散されることで、人々にショックを与え、全米各地での抗議運動につながっていった。『ＭＡＲＣＨ』の原作者アイディンによれば、ＢＬＭのデモ参加者や賛同者たちが、実際、ルイス議員の「よいトラブル」や「ゲット・イン・ザ・ウェイ」という言葉をハッシュタグとして利用しているという。また、近年、ＢＬＭ運動の高まりの中で、過去の南部の将軍や奴隷主人でもあった銅像やシンボルを打ち壊したり、撤去したり、地名や名称を変える動きがあるが、『ＭＡＲＣＨ』に描かれている「血の日曜日」の舞台になった「エドマンド・ペタス橋」の名称を変えようとする運動にも発展している。エドマンド・ペタスは、南北戦争中は南軍の将校であり、戦後もアラバマの白人至上主義団体クー・クラックス・クラン（ＫＫＫ）のリーダーであったからだ。こうした複数の動きの中にルイスらが残した過去の遺産が、単に静的で過去の集積ではなく、運動という形で実現されるさまを見つけられるだろう。

「BLM（ブラック・ライブズ・マター）」という用語は様々に解釈され議論されているが、このフレーズには、やはり何か挑発的な含意があるように思う。「黒人の命は大切」と言われれば、即座に、「すべての人々の命が大切だ（オール・ライブズ・マター）」という反射的な反応があるだろう。もちろん、そうした反応はすでに考慮ずみのフレーズで「すべての人々の命が大切」であるにもかかわらず、あえて「BLM」と言わなければならない状況に意識をむける標語であろう。ただし、BLM運動に可能性があるとすれば、それはこうした反射的な「反応」を引き出すためだけでなく、二十一世紀にまでなってもなおBLMと言わなければならない現在まで引き続く差別と抑圧といった社会・制度的なレイシズム、そして暴力に対して抵抗してきた運動の歴史があることに気づき、そこから学ぶ姿勢だろう。それを教えてくれるのは歴史書やニュースの記事、そしてオンラインの「情報」（だけ）ではない。人々を真に動かすのは、視覚的、物語的、そして情動的にも訴えるメディアであり、デジタル・ネイティブの世代にとっても馴染みの深い、ヴィジュアルと文字が混在したコミックスというメディウムもそのひとつであろう（実際、『MARCH』を読んだ後で、人はジョン・ルイスらの犠牲を伴う運動を通してやっと獲得した「投票権」を使わないことがあり得るのだろうか）。今後のBLMへの展開と、社会的・政治的な「変革」への可能性を考えた時、文字通り、生身でもって困難な時代を生き抜き、社会を間違いなく前進させたジョン・ルイスという個人と社会的な運動史を「物語化」した『MARCH』から学ぶことはまだ多い。

◉本稿は翻訳家である原正人氏編集のウェブサイト「COMICSTREET」に掲載された書評を大幅に加筆、修正したものである。

川村亜樹

ポスト人種とヒップホップ

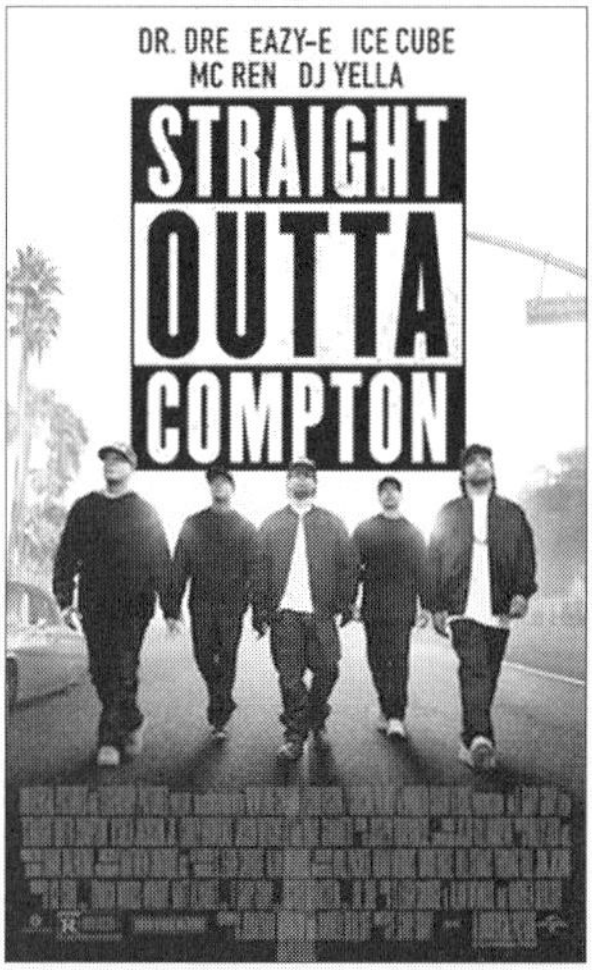

Straight Outta Compton
N.W.A, Universal Pictures, 2015

警察の手で黒人の虐殺が続いているのを見ると、正直胸が悪くなる。〔……〕何度も繰り返される同じ会話にはもーウンザリ。

大坂なおみ

はじめに

二〇一二年に起こったトレイボン・マーティン射殺事件を主な契機としてはじまったとされるブラック・ライブズ・マター運動は、白人警察官による黒人の若者への暴行に関する相次ぐSNS投稿とともに、「ホワイト・トラッシュ」と呼ばれてきた人々の支持のもとドナルド・トランプが番狂わせを演じた二〇一六年大統領選挙を控えたアメリカにおいて、大きなうねりとなった。その後、BLMのホームページの更新が一旦止まっていた様子はあったが、次の大統領選挙を睨む二〇二〇年に入って再び、ジョージ・フロイドの死をめぐって人種関係は極度の緊張感を帯びることになった。その際、ヒップホップ文化、特に、ラップは、BLM運動や大統領選挙をリリックに刻んで政治的なメッセージを発信してきた。

そこで本章は、BLM運動が最初に盛り上がった二〇一五年前後のアメリカにおける人種問題に対してヒップホップ文化がどのように応答したか、特に、バラク・オバマ大統領誕生がもたらしたポスト人種への期待と、その後の挫折感をどのように織り込んだかを検討する。具体的には、二〇一九年にこの世を去ったトニ・モリスンの『神よ、あの子を守りたまえ』(二〇一五)を取り上げて、現在における人種という言葉の意味合いを踏まえ、自らを「ホワイト・トラッシュ」と呼んだ白人ラッパー、エミネムの自伝的映画『8マイル』(二〇〇二)、ポスト人種への絶望を漂わせるケンドリック・ラマーの「オールライト」(二〇一五)、そして、ラップのミュージックビデオにおいて白人警察官と黒人の若者の逃走劇を初期の段階から報じていたN.W.A.の自伝的映画『ストレイト・アウタ・コンプトン』(二〇一五)を考察する。

ポスト人種的ヴィジョンの破綻

そもそも「ポスト人種」という言葉はヒップホップと歴史をともに歩んできたといえる。この言葉は、一九七一年十月五日付の『ニューヨーク・タイムズ』に掲載された次の記事が起源とされているようで、

ダラム、ノースカロライナ、十月四日——絶え間なく変化するアメリカ南部は、成長と拡大の「ポスト人種の」時代において、急速な変化に対応するよう計画された州をまたぐ協定を結んだ。
重大な懸念としての人種関係が、人口の増加、産業の発達、経済的な変動によってすぐに取って代わられる時代に、六千万の市民からなる自分たちの地域が入った、と信じる約七十名の政治家や学者によって昨日、南部成長政策委員会が作られた。

同紙の同年七月では、ヒップホップ文化の一つの形式であるグラフィティに覆われたコンクリートジャング

ルを構成するタギング（Taki 183などのように文字や数字を落書きすること）について報じられている。
そして、ＢＬＭ運動が再燃する直前の二〇一九年は、アフリカ系アメリカ人として初のノーベル文学賞を受賞し、人種問題に関する道標であったトニ・モリスンが亡くなった年であった。トレイボン・マーティンが射殺された二〇一二年には、オバマ大統領から大統領自由勲章を受けていたが、皮肉にもＢＬＭ運動第一波が緊張感を高めた二〇一五年に発表した『神よ、あの子を守りたまえ』では、ポスト人種的ヴィジョンの破綻を示唆している。作中の若い黒人カップルによる会話の一節をみてみたい。

「科学的には人種は存在しないんだよ、ブライド。だから、人種なき人種差別は選択なんだ。もちろん人種差別を必要としている人たちによって教えられてきたことだけど、それでも選択なんだ。人種差別をする人たちは、それがなくなったら無に等しいんだ」。

彼の言うことは理にかなっていた。でも、慰めにはなっても日々の経験とは程遠かった。恐竜博物館にいてこれ以上ないってほど心を奪われた、幼い白人の子供の衝撃的な眼差しのもとで車に座っているようなものだった。

相対的に白い肌の人々が、自身の集団を社会において優越的な地位に置くために、科学的には根拠のない、黒人という人種を捏造しているという主張に対して、現実には、子供が恐竜を目の当たりのするほどの衝撃と喩えられる、すなわち、強調されるかたちで、黒人の存在を黒人自らが再認識する場面となっている。ヒトの遺伝子を解析するヒトゲノム計画が二〇〇三年に完了し、生物学的に人種は存在しない、という見解が報告され、スポーツと人種の関係性、すなわち、肌の色の違いが特定の競技に対する向き、不向きを決定しているかどうかなども議論された。その一方で、エリック・ガーナーやマイケル・ブラウン殺害が発生した翌年の作品ということを考えれば、この登場人物たちにとっての日常的な経験として、一九八〇年代後半以来、ラッパーたちがリリックに刻んできた、白人警察官と黒人の若者の歴史物語を想起させる。人種の歴史を忘却することはできないのである。

ただし、ヒップホップの世界では、不幸にもクリシェになったとさえいえる警察との確執が、ロドニー・キング事件以来、なぜ、改めて注目を集めたのであろうか。同じく二〇一五年のニューヨーク・タイムズには、「最近のギャロップ調査によると、二〇一四年より二〇一五年において、より多くの黒人が人種関係をアメリカにおいてもっとも差し迫った問題の一つとみている。「ポスト人種」という言葉に関していえば、手短な皮肉として以外、会話からほとんど消え去った」といった記事が掲載されている。SNSの発達によって問題が表面化したわけだが、「ポスト人種」への挫折感も無視すべきではない。白人警察官による黒人の若者への暴力は、ヒップホップの歴史物語を形成してきた一方で、公民権運動以来戦い続けてきた証しとして誕生したオバマ大統領が見せてくれたチェンジの夢の挫折だけでなく、その後の人種関係の改善に対する絶望すらもたらしたともいえるだろう。

こうした問題への批判の一例として、二〇一五年からブロードウェイで上演され、オバマ大統領のお気に入りとされているリン＝マニュエル・ミランダの『ハミルトン』に対して、敵役のアーロン・バーを研究してきた、そして、『ホワイト・トラッシュ』（二〇一六）の刊行で注目を集めたナンシー・アイゼンバーグは、「ヒップホップのハミルトンは恥ずかしげもなくアメリカン・ドリーム、すなわち、この国はいつもチャンスの場所であるという自惚れを祝っている」と述べている。国家建設をテーマとして、ラップをフィーチャーし、アフリカ系がキャスティングされたこのポスト人種的なミュージカルが、オバマ大統領のお墨付きのもと「アメリカン・ドリーム」を膨らませたのに対して、現実の世界では、ポスト人種的ヴィジョンの破綻が、人種関係に大きな落胆をもたらした。

そして、モリスン亡きあと、人種をめぐる政治問題に関してリーダーシップを執るアフリカ系アメリカ人、タナハシ・コーツは二〇一五年の時点で、人種ではなく、人種差別について議論する必要性を訴えていた。

ポスト人種的という言葉が真剣に使われることはほとんどない。その代わり、通常はオバマ時代の進歩を測定しようとするトークショーのホストやニュースアンカーに採用されている。〔……〕アメリカの闘争はポスト人種的ではなく、ポスト人種差別的になることを目指すべきだ。言い換えれば、黒人と白人が調和して生きる世界ではなく、黒と白という言葉が本当の政治的意味を持たない世界を追求すべきなのだ。最初の奴隷化されたアフリカ人が数世紀前にアメリカの土壌に到着したときにはじまった長い闘争は、王ではない一人の人間が単に現れることで、どういうわけか瞬時に解決されると考えられているため、オバマ時代の勝利も本質的に欠陥を抱えている。これら二つの欠陥をまとめると、「人種についての会話」ではなく、人種差別について正しい質問をすることに対する一種の恐怖を露呈させる。

肌の色やその他の身体的特徴が異なる人々の集団が存在することが問題ではなく、そうした違いによって生じている差別から目をそむけるな、という指摘である。「王ではない一人の人間」とは、恐らくオバマ大統領であろう。このアフリカ系の大統領の誕生は、人種差別解消へ向けての「象徴的な」第一歩、道半ばでの一つの勝利でしかなく、重要なことは、人種差別撤廃を掲げての適切な議論の継続である。人種など存在しない、させないという言説は、皮肉にも、目をそむけたくなるような恐怖、すなわち、現実には差別が存在し続けていることを隠蔽してしまう可能性すら孕む。その意味で、「ポスト人種」という言葉は理想主義的であるばかりか、人種問題解決へ向けての政治を後退させかねないのである。

ホワイト・トラッシュとしてのエミネム

ヒップホップ研究の先導役を果たしたトリーシャ・ローズの『ブラック・ノイズ』（一九九四）を紐解いてみると、序文において、「黒人文化における記号やコードを基盤としつつ、ラップの多声的な言語を検証する」プロジェクトが、「よりグローバルに焦点を当てたプロジェクトの発展を促進する」として、アメリカ国内における郊外の白人や、ロスやニューヨークのメキシコ系やプエルトリコ系、さらには、中国人や日本人のブレイクダンサーまで言及されている。実際、ヒップホップは多様な人種・民族を包摂し、ユニバーサルな文化装置となっていく。そして、二十一世紀に入って、メインストリームの若者文化となったヒップホップのグローバルな展開に関する研究書『グローバル・ノイズ』（二〇〇一）がトニー・ミッチェルによって編纂され、国、地域ごとのラップ、ヒップホップの動向が報告されるかたちで、ユニバーサルな装置でありながら、地域ごとの政治的な状況に関与する、すなわち、一方的なアメリカ文化の押し付けではない、各地域の活動家が自身の声を発する政治的な道具としての側面に焦点が当てられている。

だが、ヒップホップが現実的にグローバルに普及し、こうした研究者たちが黒人文化にリスペクトを払いながら、人種関係に関してリベラルなヴィジョンを展開していく一方で、アメリカ国内に目を向けてみれば、郊外に住む白人の若者がヒップホップをメインストリームの文化に押し上げたという指摘があるにもかかわらず、白人がスムーズにヒップホップのシーンに受け入れられたかといえば、少なくともラップを見る限り、そうとは言い難い。そして、二〇一六年の大統領選挙時のホワイト・トラッシュの存在感の高まりからは、ヒップホップにおける白人に関する従来の議論に欠けていた部分を無視することができなくなった。若者たちが政治的な意見を表明するためのユニバーサルな装置になったという点ではポスト人種差別的ヴィジョンを文化的に具現したといえるかもしれないが、それとは別に、アメリカの歴史において古くて新しい白人と黒人の問題も議論しなければならない。

マックルモア、ポスト・マローン、NF、マシン・ガン・ケリー、Gイージーなど、アメリカのラップシーンにおいて、いまや白人ラッパーも数を増やしてきており、俳優やクリスチャン・ラップなど、アーティストとしての背景やコンセプトも多彩になる一方で、ストリートに根差したヒップホップと人種関係の議論を、エミネム抜きに語ることはできないだろう。エミネムはドクター・ドレーに認められてラップシーンに迎え入れられたとされているが、彼の作品を詳しく見てみると、人種関係をめぐって抜き差しならない緊張感が伝わってくる。

たとえば、「イン・ダ・クラブ」（二〇〇三）のミュージックビデオでは、黒人ラッパーのステレオタイプを体現する50セントは、アーティスト開発センターと称する施設において、マッチョな体にヒップホップファッションを身に着け、クラブで女の子たちと戯れているが、そうした「完璧な」ギャングスタラッパーがいる実験室をガラス越しに観察しているのがエミネムであり、彼は才能を認められる側に甘んじているわけではない。彼自身の作品としては、「ホワイト・アメリカ」（二〇〇二）のリリックにおいて、白い肌が売れていくために有利に働いていると彼は認識しており、たとえ彼にチャンスを与えたのはドクター・ドレーだったとしても、ドレーの方もエミネムのおかげでシーンに帰り咲いたとし、対等な関係を主張している。ラッパー、エミネムを成立させている、黒人文化との微妙な距離感は、まさに孤高のラッパーとしての側面を際立たせるとともに、ヒップホップに潜んでいる、調停不可能にみえる人種の軋轢を絶妙にかわしているといえるかもしれない。

同様に、エミネムの自伝的映画『8マイル』（二〇〇二）では、彼はバトルの勝利後に独り会場を去ることで孤高のラッパー像を強固にしている。また、パトカーに向かってダミー銃を撃って、そのパトカーに追跡されるように、クリッシェを反復しつつ、ラップバトルの多くのショットでは、スクリーンの上部ではなく、下部に位置して、威嚇的な黒人の聴衆に見下されるなかで、黒人文化へのリスペクトを示している。そして、バトルの決勝では、画面を対称に分割するかたちでエミネムとパパ・ドックが睨み合い、対等な人種関係が示唆されており、平和的な調停者ではなく、緊張感に包まれた対等な交渉人としてのラッパーを体現している。

とはいえ、本作で描かれるエミネムはあくまで『ターザン』にはじまる、しなやかな白人の伝統、ハリウッドにおなじみのフロンティアのヒーローとしての白人像に過ぎないといった批判もある。ラッパー、エミネムのアイデンティティが重層的に決定される際に、彼をヒーローに祭り上げる要素として、こうしたハリウッドの伝統が作用しているという点は否定できないかもしれないが、彼がパパ・ドックに対して自身が「ホワイト・トラッシュ」だと口ずさむとき、トレーラーハウスの現実が浮かびがり、彼をどこまでも追いかけてくる、ロマンティシズムに満ちた「孤独の白人」といった言説が脱臼する。

関連して、一九五〇年代終わりから六〇年代にかけての、トレーラーパーク形成のプロセスについてのナンシー・アイゼンバーグの『ホワイト・トラッシュ』の説明をみておきたい。

郊外の家を所有することがアメリカン・ドリームを表すようになったとき、最も物議を醸した住宅オプションは、重要なこととして、トレーラーパークだった。そして、人種差別は単なる人種問題以上のものだった。ゾーニング法により、住宅は階級別に分類された地理に固執することが避けられなかった。労働者階級にはボウリング場とダイナーがあり、「ホワイト・トラッシュ」にはトレーラーパークのスラムだった。中流階級向けに区切られた、好ましい郊外の真っ白な近隣の裏庭でのバーベキューとは対照的だった。

［……］アメリカ人はすでに人種と階級の戦争を見ていた。怒れる貧しい白人が、礼儀正しい黒人の生徒がリトルロックのセントラル高校に入ろうとしたときに呪いを叫んでいた。

アメリカン・ドリームから漏れ落ちた、ホワイト・トラッシュのトレーラーパークは、郊外とは対照的な悪夢の世界であり、『8マイル』に登場する、一九七二年生まれのエミネムの母親は、この公立学校における「差別的な」人種差別撤廃を目の当たりにした世代となっている。アイゼンバーグによれば、セントラル高校だけで人種の区別が撤廃され、その他の地域の高校では依然として人種は分かれていたということであり、この高校が選ばれた理由は、トレーラーハウスに住むホワイト・トラッシュが通う高校だったからである。とはいえ逆説的にいえば、郊外の中流階級とは違って、ホワイト・トラッシュたちは、空間を共有しながら対等な交渉人として黒人とせめぎ合ってきたともいえる。

そして、「ヒップホップが好きな白人の若者たちは、いくつかの点で独自の白いヒップホップのサブカルチャーを生み出している。〔……〕彼らの目を通してヒップホップを再定義している」という、ヒップホップ研究者バカリ・キトワナの言葉を思い返して『8マイル』を政治的な観点から見直すと、注目すべきは、負け犬だったエミネムが逆境を跳ね返して華々しく勝利することよりも、生活背景として映り込んでいるトレーラーハウスと、そこに住むホワイト・トラッシュの悲惨さであろう。ラッパーの役割がストリートのジャーナリストというなら、エミネムはその責任を果たしており、キトワナのいう、白いヒップホップのサブカルチャーを形成するなかで、黒人のギャングスタラッパーと、彼らを反体制のヒーローとして崇拝する郊外の白人という膠着した人種関係のステレオタイプに亀裂を生じさせている。

ケンドリック・ラマーの絶望

一見、ポスト人種差別的ヴィジョンを実現するかのように、ヒップホップコミュニティが白人を受け入れる『8マイル』において、亡霊のごとく立ち現れ、宝くじ以外に頼るすべがない、エミネムの母が住むトレーラーハウスの絶望的な現実が、近年のホワイト・トラッシュの議論を予兆する一方で、黒人の側においても二〇一五年を代表するラップの作品を振り返ってみると、絶望の光景が浮かび上がってくる。

BLM運動と呼応するかたちで、「ポリなんか大嫌いだ。俺たちを撃ち殺したがっている」と、直接的なリリックを刻んだケンドリック・ラマーの「オールライト」のミュージックビデオでは、タイトルが示すとおり希望的な曲だという本人の主張とは裏腹に、絶望が映し出されているようにみえる。グラフィティに覆われた壁、火が燃え盛るショットが入りながら、警察官が担いでいる車に乗った黒人の若者たちが、札をばら撒いており、視界には美しい女たちが入ってくる。炎をたぎらせながら、憎悪の対象である警察官を従え、カネ、オンナに囲まれたイメージは、ギャングスタ・ラップの支配的イメージのパロディであり、相変わらず彼らのファンタジー的欲望を掻き立てている。しかし、ビデオの最後で、こうした空間を浮遊し、神の領域である俯瞰的位置にまで上昇したラマーを白人警察官が打ち落とし、彼は地面に叩きつけられる。その際、彼は微笑んでいるので、厳しい闘争が続いていたとしても「オールライト」(大丈夫さ)と希望をつなごうとしていると受け取れる。しかし、白黒の映像のなかで、夢を見せられたあとに撃ち殺されるストーリー展開は、まさにこの時期の多くの黒人たちが直感的に抱いていた恐怖、絶望を滲ませているのではないだろうか。

また、同じ年に人種問題について綴ったエッセイ『世界と僕のあいだに』を発表して全米図書賞を受賞したタナハシ・コーツは、ジェイムズ・ボールドウィン亡きあとの知的空白を埋める人物としてトニ・モリスンから称えられ、ラマーと並べて論じられることもあった。彼らは、いま現在の人種関係をめぐる状況をそれぞれの創作の場で単に共有しているというだけでなく、コーツはラップ、ヒップホップに大きく影響を受けており、インタヴューでは、「ヒップホップにおいて、希望はあまり重要ではない」と答え、ナズへの言及もある同書においては、ストリートに漂うのは絶望であり、相次ぐ白人警察官による黒人の殺害が象徴するポスト人種的ヴィジョンの挫折をとおして、その感覚はますます高まっていく。実際、彼はラッパーをニュアンスに富んだ表現で説明している。

発見する前に、脱出する前に、オレは生き残る必要があった。そして、これはストリートとの衝突を意味したかもしれない。〔……〕ストリートはあらゆる日常を一連のトリッキーな質問に変え、あらゆる間違った答えは制裁、発砲、あるいは、妊娠の危険を冒す。無傷で生き残る者はいない。それでも、絶え間ない危険から、臨死体験のライフスタイルから湧き出る熱はスリリングだ。これは、ラッパーが「ストリート」にハマっている、「ゲーム」に夢中になっていると言っているときに意味しているものだ。彼らは落下傘兵、ロッククライマー、ベースジャンパー、そして、周縁に住むことを選択する他の人に似たものを感じている、と私は想像する。

死と隣合わせの、無傷のままでは許されないストリートでのサバイバルは、コーツからすれば絶望でしかなく、最後の「私は想像する」という言葉が示すように、彼とヒップホップには距離間が存在する。大学でアフリカ系アメリカ人の歴史を熱心に探求したという経歴からしても、彼は知的エリートであり、他方で、ギャングスタラッパーは身の危険を楽しむ別世界の人々ということになる。コーツの身体は、ラップを聴きながら育った生い立ちにおける「ストリート」の情景と、そこから脱出したいという欲望の狭間で揺れ動いており、それが彼のラップ、ヒップホップとの微妙な関係性を生み出しているといえるだろう。

『ストレイト・アウタ・コンプトン』の再帰

とはいえ、二〇一五年のラップシーン全体が、「オールライト」のミュージックビデオのように、絶望に塗り固められているわけではなく、この年のビルボードの年間シングルチャートを見てみても、フロ・ライダ feat. セージ・ザ・ジェミニ・アンド・ルッカス「GDFR」、ドレイク「ホットライン・ブリン」、フェティ・ワップ「679」など、以前と変わらず、カネ、女、ドラッグ、クラブ、車、酒にまみれている。さらには、あらゆる人種、民族を取り込んでいこうとする商業的な側面も見逃すわけにはいかない。たとえば、白人チャーリー・プースがピアノを弾き、黒人ラッパー、ウィズ・カリファをフィーチャーした「シー・ユー・アゲイン」（二〇一五）が印象的なサントラとなっている、人気シリーズ映画の七作目『ワイルド・スピードスカイ・ミッション』（二〇一五）は人種的な配慮が徹底されており、シリーズ全体として、アジア系も重要な役割を担っている一方で、白人と、ヒスパニック系、アフリカ系の登場人物が協力する。

このように、ミュージックビデオにおいて、黒人の絶望感を前景化したケンドリック・ラマーの「オールライト」が、グラミー賞など含め業界で高く評価された一方で、商業的な音楽マーケットを賑わしたラップは、陽気なもの、切ないもの、多彩であり、ポスト人種のファンタジーを全面に押し出している。したがって、今日のヒップホップと人種の関係を考えるうえで必要なことは、黒人文化としての起源へのこだわりと、グローバルな発展の狭間で、政治的、かつ、商業的に、いかに歴史的変容を遂げてきたかを見定めることであり、映画『ストレイト・アウタ・コンプトン』はその試金石となるだろう。

この映画は、一九八八年に同名のラップアルバムを発表したN.W.A.というグループの自伝的映画で、その元々のラップのミュージックビデオの監督は、イギリス出身の白人ルパート・ウェインライトで、オックスフォード大学で学んだのち、UCLAで奨学金を得て映画の勉強をした経緯から、ラップのビデオの草分け的存在となり、MCハマーやマイケル・ジャクソンのビデオも監督した人物とされている。ミュージックビデオでは、N.W.A.のメンバーと白人警察官が交互に映し出され、最終的には逃げ惑うメンバーが逮捕され、黒人の一人が地面に顔を押し付けられている。一九九二年にロドニー・キングへの暴行シーンがメディアに流され、歴史的な暴動が起こるより前に、暴力に満ちたストリートの光景が白人監督によって撮影されていたことになる。

そして、奇遇にも二〇一五年、三〇年近い時を隔てて、F.ゲイリー・グレイという黒人監督によって映画として『ストレイト・アウタ・コンプトン』（扉頁写真）がトラウマのごとく再帰する。『ニューヨーカー』

誌は、本作の至るところで警察による暴力が取り上げられていることに着目し、「この物語の本質は音楽ではなく、人種差別と警察の暴力」だとしたうえで、「『ストレイト・アウタ・コンプトン』は、恐ろしく、そして、怒りに満ちて、二〇一五年からそのまま出てきた作品である。N.W.A.が一九八八年に報告した、警察当局の前で包囲された感覚は今日も変わらない。現在との違いは、それに伴う全国的な緊迫感である」と、現実社会における人種関係の事態の悪化を読み取ろうとする。

しかし実際のところ、この自伝的映画の物語はもう少し複雑で、N.W.A.がライブをおこなうシーンでは、先程の『8マイル』のラップバトルのシーンと比較すると分かりやすく、エミネムがスクリーンの下部に置かれていたのに対し、N.W.A.のメンバーたちは「ファック・ザ・ポリス」をパフォーマンスするときには、スクリーンの中央上部に位置して、オーディエンスが見上げており、堂々とした権威を放っている。また、この映画を見届けるかたちで、二〇一六年に亡くなった彼らのマネージャーのジェリー・ヘラー（ユダヤ系）を含め、彼らに手を差し出す音楽業界の人間は白人で、彼らとは確執もあるが、ライブ会場にいる客の多くが白人であるシーンもあり、その白人の若者たちは、単なる消費者というよりは、メンバーと政治的な意志を共有しているように映し出されている。

そして、TLCの「ウォーターフォールズ」（一九九四）などのラップのミュージックビデオを手掛けてきたグレイという監督は、四年間この映画の制作に関わり、「偶然にも」BLM運動が燃え盛る二〇一五年という、これ以上にないタイミングで本作を公開したとされているが、ケンドリック・ラマーやタナハシ・コーツの世界とは異なるコミカルな一面も提供している。麻薬ハウスに警察の手入れがあり、パトカーだけでなく、いきなり戦車が突入してくるシーンではじまり、イージーEは最初ラップが下手で、ドレーたちに笑われている。ホテルでメンバーたちが女の子たちとパーティーをしているとき、その一人の彼氏が殴り込んでくるが、ライフルを振りかざしてあっさり追い払う。このように、恐怖、怒り、悲しみに加え、緊張感をもたらすジョークが織り交ぜられ、白人監督のミュージックビデオでは逃げ惑っていたラッパーたちは、より立体的な人間性を与えられる。

おわりに

グレイはシリーズ八作目となる『ワイルド・スピード アイス・ブレイク』(二〇一七)の監督を務めており、シリーズの人種に関するコードを引き継ぐかたちで、配役における人種・民族のバランスを配慮し、随所に笑いを散りばめ、「アベンジャーズ』などのヒーローアクションものと肩を並べる、現代アメリカの最前線のエンターテイメントを提供した。実際、ドミニクが率いるファミリーの一員として登場するラッパー、リュダクリスもアクションシーンのドタバタのなかで笑いをもたらしている。二〇一六年のスパイク・リーによるアカデミー賞授賞式への出席拒否はメディアを賑わした。その一方で、グレイは商業主義への迎合とみなされるかもしれないが、エンドロールでラップが流れる、ポスト人種差別的ヴィジョンを帯びた作品を制作したのである。

かつて白人監督が表現したストリートの光景を、黒人監督が改めて商業映画として撮り直し、さらには、その監督がハリウッド最前線のブロックバスター映画シリーズを撮る機会を掴んだことは、ハリウッド映画史の観点からいえば、人種差別問題は改善へ向けて前進したといえるであろう。しかも、そうしたなかで、紋切り型ではない、より立体感のある黒人像が他の人種と場を共有しながら描かれるようになったとすれば、それがファンタジーに過ぎないという批判を甘んじて受け入れるとしても、人種関係が最悪の状況とも言えないはずである。かつてFBIが社会悪と断定したラッパーたちが、いまや偉人となって伝記映画が作られる現状を、単なる商業主義という言葉だけで説明するのは無理があるのではないだろうか。確かに、エリック・ガーナーやマイケル・ブラウンの死から目をそらしてはいけないが、それと同時に、BLMが掲げるポスト人種差別への希望は、ヒップホップ文化を扱うメインストリームの音楽や映画のシーンから消え去ったわけではないはずである。

日本における黒人の運動に対する共感と黒人イメージの変化
――小説 西野辰吉「米系日人」（一九五二）の黒人表象を中心に

西田桐子

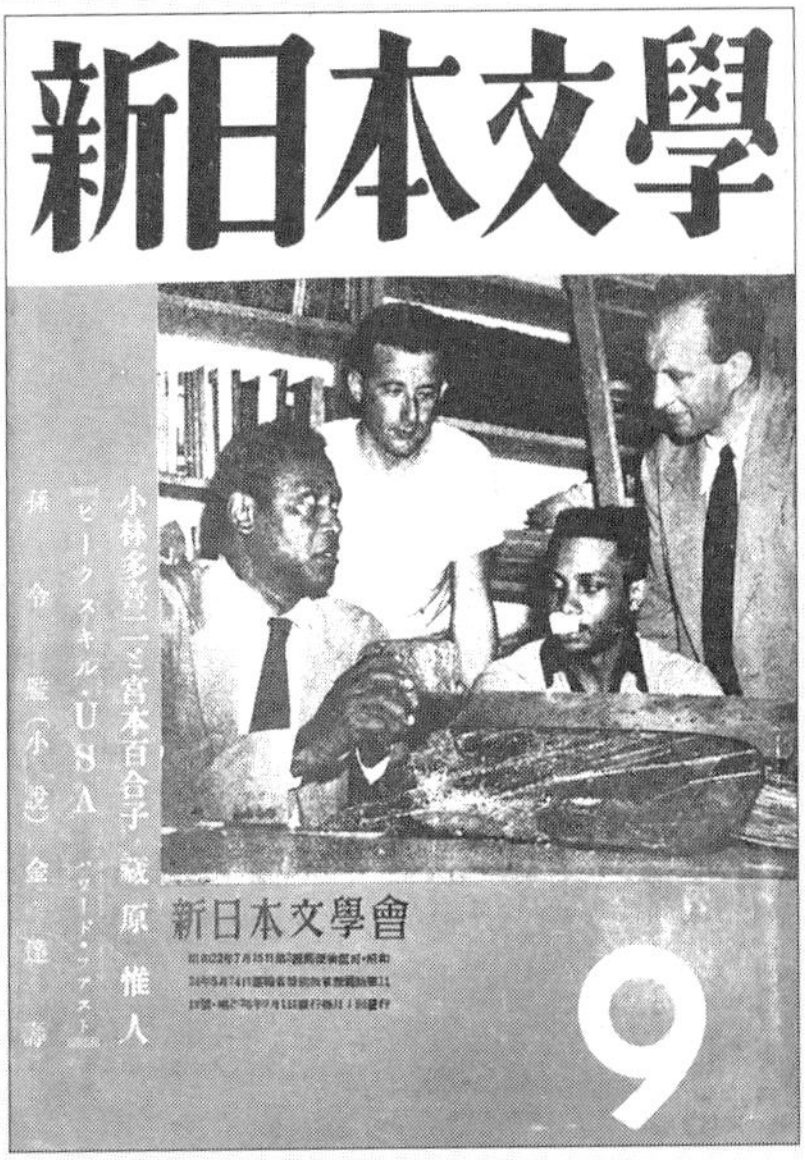

『新日本文学』（1951年9月号）の表紙

はじめに

「ブラック・ライブズ・マター」は世界的な広がりを見せ、二〇二〇年には渋谷でパレードが開かれるなど、日本でも運動を支えようとする動きが見られた。こうした日本人による黒人の運動への共感と支持というのは、実は新しいものではない。現在から七〇年程遡る一九五〇年代初頭に、日本の文学者は黒人の公民権運動家とその運動に関心を示し、黒人と日本人の連帯を象徴する場面を小説に書き込んだ。一九五一年から一九五二年にかけては占領が終結へと向かう時期であり、この講和期とも呼ばれる時期に、黒人に対する日本人のイメージや関心のあり方は、大きな変化の兆しをみせる。

本稿では、西野辰吉「米系日人」(一九五二)の黒人表象を中心に、講和期に生じた黒人の運動に対する共感と黒人イメージの変化を探る。西野は、歴史上の人物や事件に題をとった小説で知られる文学者で、秩父事件を書いた『秩父困民党』(一九五六)で毎日出版文化賞を受賞している。「混血児」を描いた「米系日人」は、西野を代表する短編小説の一つである。

「米系日人」に登場する「黒人兵」は、人種差別とファシズムへの抵抗を示す立派な人物として描かれている。こうした新しい黒人表象の背景として、講和期に、ピークスキル事件とその事件で活躍した黒人のポール・ロブソンに注目が集まったことが挙げられる。この時期から、抑圧に抵抗する運動家といったイメージや、革新的な芸術家といったイメージが、日本人の黒人イメージに新たに加わっていく。

講和期に「混血児」を描くという抵抗

占領終結の年に発表された西野達吉「米系日人」(『新日本文学』一九五二年三月号)は、「混血児」を描いた小説であり、日米間の抑圧関係を主題とする一種の抵抗小説でもあった。「混血児」というのは、現代の「ハーフ」や「ミックス」と交換可能な語ではない。この小説における「混血児」は、より限定的で、占領軍の父と日本人の母をもつ子供のことを指している。

「混血児」は、占領下の日本において、敗戦と占領を象徴する不幸な子供であった。一九四五年の敗戦により、多くの米兵が占領者として日本に駐留することになった。その結果生まれた「混血児」は、占領者によって日本人女性の「純潔」が汚されたことの象徴としてみなされ、より直接的に「占領児」と呼ばれることすらあった。

小説の題である「米系日人」という耳慣れない語は、占領者と被占領者の間の抑圧構造を鮮やかに浮かび上がらせる。「米系日人」が、「日人」であって「米人」ではないのは、大多数の「混血児」が「米人」の父に捨てられ、「混血児」は「米人」になれなかったからである。その主要因は、国際結婚を妨げる制度的な困難よりも、父母の関係性にあったといえよう。父母の関係は、多くの場合、家族のそれとはほど遠いものであり、端的にいえば、勝者の男による敗者の女の搾取であった。敗戦による貧困は占領者の豊富な物資を目当てにした売春を増加させ、強姦などのより直接的で暴力的な搾取すら珍しくなかった。こうした抑圧的な構造を前提とした関係から生まれた「混血児」は、父に捨てられたことによって「日人」になる他なかったのである。

「米系日人」は「混血児」を描いた小説である。主人公の「私」は、社会福祉関連の役所に勤める男性職員で、「無籍児」の国籍を作成し、「混血児」の保護を担っている。講和条約調印日である一九五一年九月八日前後を舞台に、さまざまな境遇の「占領によつてうまれた混血児」についてのエピソードが、「私」の目を通して語られる形で、小説は進行していく。

「私」が担当している「無籍児」というのは、出生届が出されておらず、戸籍を持たない「混血児」のことである。戸籍に登録されていないということが意味するのは、たとえ養育を放棄していなくとも、母が「混血児」を家族の一員として認めていないということだ。従って、「無籍児」とは、父からも母からも捨てられ、「たしかに実在するにもかかわらず、法の上では存在しないわけで、役所では法による福祉の措置を講ずるわけにはいかない」存在である。「私」の仕事は、そうした居場所のない「混血児」たちに国籍を与え、日本の一員とすることであった。

「米系日人」という小説では、占領期の「混血児」が不可視化されていたことが、告発される。実態の把握が不可能なほど見えなくされている「混血児」の状況について、西野は次のように書いている。

占領によつてうまれた混血児が、全国にどのくらいいるものか、私には見当がつかない。その多くが無籍児であるし、国籍をもつているものでも、譲治とか万里子とか、或いは正雄とか良子とかいうありふれた名前で届けられているので、正確に実数をつかむことは難しい。―中略― 私の役所へもちこまれるのは、この県内での捨子か、あるいは母に抱かれてきても、ほとんどがすでに母が養育する意思をうしなつている捨子同様の混血児なので、ほんの一部分にすぎない。

講和期には、年長の子供は近く学齢に達するほど成長していたにも関わらず、保護や教育についての議論以前の状態であり、役所の担当職員ですら「正確に実数をつかむこと」さえ難しい状況が暴露されている。発表当時、西野が「混血児」を書いたことは、社会のタブーに挑む一種の抵抗行為であった。「混血児」が不可視化された背景として、占領者と被占領者の双方にとって「混血児」が不都合な存在だったことが挙げられる。先述したように、「混血児」は敗戦と占領を象徴する存在であり、日本人はわざわざ傷を抉るような思いをして直視したくはなかったのである。さらに、「混血児」の母は、強姦の被害者か売春婦―どちらも敗れた日本の恥を体現する存在―であることを疑われるため、「混血児」は積極的に隠匿されたのである。一方で、占領者の側にとっても、「混血児」というのは、軍の風紀の乱れを示す証拠であって、占領政策を進める上で、疎ましい存在であった。「混血児」の保護や実態の把握を目指す活動が占領軍にしばしば邪魔されただけではなく、「混血児」が注目されないために言論統制すらなされた。「混血児」に関する報道は、特に検閲実施期においては事実上規制されており、小説もその例外ではなかった。従って、日米両方の側から不可視化されていた「混血児」を書いたことは、占領の闇を生んだ日米の抑圧関係に光を当てようとした、勇気ある抵抗であった。実際に、「米系日人」は、「混血児」を描いた戦後小説の中で、最も早い時期に発表されたものの一つである。

「米系日人」に登場する「混血児」には、「黒人混血児」も含まれる。黒い肌の和子は、将来がとりわけ不安視されている「混血児」である。和子の様子は、保護施設で「混血児」を養育する「アイロオジオ尼」から聞いた話として、次のように描かれている。

アイロオジオ尼がこんな話をした。一時間ほど前、アイロオジオ尼が手洗い所へ行くと、その和子という子が、鏡の前に小さな木椅子をもちこみ、それを台にして鏡をのぞきこみ、ナフキンでしきりに頬をこすつていた。なにをしているのかとたずねると、和子はミカエルのようになりたいので顔をふいているのだというのだ。和子は黒人でミカエルは白系だつた。和子はよほど頬をつよくこすつたものとみえ、皮膚から血がにじみでそうになつていた。

「だんだん、ちえがついてくるにつれて、わたしはなぜ黒いのだろうとたずねたりして、わたしたちをこまらせます。これからさまざまなことがおこつてきそうです」

アイロオジオ尼は沈痛な表情で、そういつた。

幼いながらも自分が黒いことに劣等感を感じ、白人のように白くなりたいと血が滲むほど顔をこする和子の姿は、日本における黒人の皮膚の色に対する偏見を浮き彫りにする。近代化にともない日本社会に浸透した白人至上主義的な人種意識は、黒人に対する差別意識も同時に広め、それは戦後を迎えても残存していた。黒い肌の和子は、黒人であることが理由で、他の「混血児」より不幸であることが示唆される。「これから」

についても、人種的な偏見がつきまとう「黒人混血児」にはさらなる問題が生じるという悲観的な予測が、「沈痛な表情」とともに語られるのである。

「米系日人」という小説は、占領下の日米間の抑圧的な構造を、日米双方から不都合な存在として不可視化されていた「混血児」を書くことで告発し、抑圧への抵抗を示した小説であった。敗戦と占領を象徴する不幸な「混血児」の中でもひと際不幸な存在として描かれる「黒人混血児」の姿からは、日本における根深い人種差別意識を読み取ることができる。

共闘への希望―人種差別とファシズムに反対する「黒人兵」との握手

「黒人混血児」は黒い肌に心を痛める無力で不憫な子供であったが、対照的な「黒人」も「米系日人」には登場する。それは、米兵として「異例の行為」を示す「黒人兵」である。「黒人兵」は豊かな人間性を備え、人種差別とファシズムを批判する立派な人物として描かれる。「黒人兵」が登場する場面は、不幸な「混血児」を描く物語において数少ない、希望を感じさせる場面でもある。

ある日、一人の「黒人兵」が、白い肌の乳児を「私」のもとに連れて来る。米兵自ら「混血児」を連れてくること自体が「異例の行為」だったが、「黒人兵」は、ミルクと哺乳瓶まで準備してきたのだ。微苦笑を浮かべ「オムツ、ない」と日本語で「私」に語り掛ける「黒人兵」の姿からは、オムツも懸命に探したのだろうということが想像でき、親切で温かな人柄がよく伝わってくる。

好人物の「黒人兵」に気を許した「私」は、次のような会話を「黒人兵」と交わす。


彼の微苦笑に気をゆるし、私も冗談にこういつてみた。

「これは君のガールの子じやないのか」

すると、彼は黙つて自分の顔と子の顔を指してみせた。それから、自分はガールをもつていないが、もしいたとしても自分は子をうませないだろう。なぜなら日本ではその子がおそらく不幸な運命をたどるだろうからだと話した。

「なぜ？」

「君はアンクル・トムの物語を読んだことがあるか。あの物語は、日本ではひろく普及しているようだ。九十年前まで私たちは奴隷だつたのである。人種にたいするあやまつた感情は、アメリカにおいても、今日まだ解決されてない。ことに、日本は、現在、ファシズムが復活しつつあるではないか」

彼は英語でそう話した。微苦笑は彼の顔からすでに消えていた。


まず、「黒人兵」と「私」が、「君」と呼び合っている点に着目したい。「君」というのは、友人や同志といった対等な関係において用いられることの多い呼称である。微苦笑を浮かべたり冗談を言ったりしていることも、この黒人と日本人の会話が、占領者と被占領者のそれというよりも、対等な人間同士の交流として書かれていることを裏付ける。

「黒人兵」との会話は、「私」の一言をきっかけに、日米両国の「人種にたいするあやまつた感情」を巡るものとなる。「これは君のガールの子じゃないのか」という「私」の「冗談」に対して、「黒人兵」は、現在日本人女性と交際もしていないし、「不幸な運命をたどるだろう」から日本人女性との間に子をもつことはしない、と答える。現実に多くの「混血児」が不幸な境遇に陥っており、「黒人混血児」を取り巻く状況はとりわけ厳しかったことを考えると、「黒人兵」の表明には、性的な快楽に流されない高潔さと、日本人女性とその子の未来を思いやる道義心の両方を、見ることができる。「黒人兵」は、ただ親切で人が良いだけではなく、差別が存在することを認識した上で倫理的に振舞うことのできる、理性的な人物として描かれている。

子が「不幸」になるから日本人女性に自分の子は産ませないという「黒人兵」に、「私」がさらに「なぜ？」と問いかけると、「黒人兵」は、真剣な調子で、アメリカにおいても日本においても人種差別が残存することを、理由に挙げる。黒人に対する差別意識を「あやまつた感情」と表現していることからも、「黒人兵」が人種差別に反対していることが読み取れる。

さらに、「九十年前まで私たちは奴隷だつた」と、「黒人兵」がアメリカにおける黒人の抑圧の歴史について述べている点にも注意しておきたい。西野は、黒人をアメリカに抑圧され続けてきた存在だと認識しており、敗戦によって日本が抑圧状態となるずっと前から、黒人が抑圧に苦しんできたということに、意識的であったと考えられる。要するに、西野は、アメリカによる被抑圧者の先達として、黒人をみなしているのである。

「黒人兵」の発言で目を引くのは、「日本は、現在、ファシズムが復活しつつあるではないか」という、一見唐突にも見えるファシズムについての言及であろう。小説内で、「現在、ファシズムが復活しつつある」

という日本の状況を示唆するのは、日米安全保障条約（以降、安保条約）への一連の言及である。講和条約と同時に調印され安保条約について、次のように書かれる。

日米安全保障条約というやつは簡単で、要するに米軍が無期限に駐兵する。そして軍事目的だけでなく日本国内の治安維持にも協力するというわけで、兵力とか、基地の数とか、費用の負担とかの具体的な内容は、行政協定にまかされることになつている。しかも、この条約は日本が自発的に希望したので結んだのだと書いてある。吉田全権はアイ・アム・ハッピーといつて調印したということだ。

具体性に乏しくアメリカに都合の良い運用が予想できるような条約を、吉田茂が「アイ・アム・ハッピー」といって結んだと、「私」は皮肉な調子で語る。後の部分では、より直接的に、「アイ・アム・ハッピーか。クソッタレめ」と、「私」は安保条約への批判を口にする。最終的に、「私」はやり切れない思いをぶつけるかのように、国籍を得たばかりの「黒人混血児」―米兵が日本に駐留していることによって生まれ、「不幸な運命」が約束された存在―に、吉田茂と名づけるのである。

これらの安保条約に関する言及からは、西野が、安保条約調印への批判を込めて小説を書いたことは明らかであり、「ファシズムが復活しつつある」状況の表れの一つとして、安保条約を捉えていたと推測できるのである。要するに、「米系日人」の主題は、日米の抑圧関係の告発とファシズムへの抵抗であった。小説の舞台が、安保条約調印の日の前後に設定されているのも、それを裏付ける。

時代背景に目を向ければ、日米間の抑圧的な構造の告発とファシズムへの抵抗は、ほぼ重なる行為である。特に一九五〇年から一九五一年にかけて、安保条約だけではなく、レッドパージのような思想統制や、警察予備隊の設置などの再軍備への動きなど、アメリカの影響力が可視化する出来事が続いた。こうしたアメリカの抑圧に「自発的に」追随しようとする日本の動きこそ、西野が「米系日人」という小説で告発し抵抗しようとしたものであり、「ファシズムが復活しつつある状況」であると考えられる。黒人表象に着目する上で重要な点として再度確認しておきたいのは、主題でもあるファシズムへの抵抗について作中で明言するのが、「黒人兵」であるということである。

「黒人兵」と「私」の交流の場面に戻ると、先の引用に続いて、「私」と「黒人兵」は握手を交わす。その場面は、次のように描かれる。


しかし彼はがんらい陽気な性質なのであろう。ふたたび白い歯をみせて
「ネ、ワカルデショ」

と日本語でつけくわえた。

彼は子の頬を、かるく指でつついてあやしてから、私の前に手をさしのばした。私たちは握手した。

「タノミマス」

そういつて彼は出ていつた。

「がんらい陽気な性質」の「黒人兵」は、先ほどの差別と抑圧に対する憤りを露わにした様子から一転し、爽やかに微笑みかけながら「私」に日本語で理解と共感を求める。さらに、「黒人兵」は「混血児」のことを思いやる態度を見せたのち、自分から「私」へと手を差し出し握手を求める。「私が外国兵と握手したのは、今日が初めて」となる握手を象徴的に読めば、日本人と黒人とが同志として手を握ることであり、共闘関係の始まりとして解釈できる。

握手を抵抗運動における共闘の象徴として読むならば、握手に続く「タノミマス」という言葉にも新たな解釈の余地が生まれる。「黒人兵」は何について「タノミマス」といったのだろうか。先の引用で、「黒人兵」が日本のファシズムへの傾倒を危惧していたことを考えれば、子供の未来とともに、日本の未来を託した言葉である、と読む可能性が開ける。つまり、これ以上、「混血児」が捨てられず、ファシズムにも支配されない、そして差別や抑圧の問題が「解決」された社会となるように、日本の未来を「タノミマス」と、「黒人兵」が「私」に伝えているという解釈が成り立つのである。

「米系日人」において、「黒人兵」は、日本人と対等な立場で交流を試みる、人間的で立派な人物として描かれ、その発言は、理性的で倫理的で、そして人種差別とファシズムへの反対を表明するものであった。占領下における日米間の抑圧関係が、アメリカの黒人の抑圧の歴史に重ねられることによって、「黒人兵」は、米兵や占領者としては「異例」の存在として描かれる。「黒人兵」は、最終的に、ファシズムへの傾倒に対する、日本人の危機感を代弁する役割すら担うのである。

「私」と「黒人兵」の初めての握手は、アメリカの抑圧に苦しむ黒人と日本人とが、手を取り合って共に闘かうことへの希望を示すものであった。「米系日人」は、おそらく日本文学史上初となる、日本人の黒人の抵抗運動への共感が描かれた小説である。

ピークスキル事件ブームとポール・ロブソン——運動を先導する黒人というイメージ

「米系日人」の黒人表象は、画期的なものであった。「黒人兵」の描かれ方は、戦前の日本で流布していたような、アフリカの奥地に潜む半人半獣の野蛮人でもなければ、「アンクル・トム」のように支配に屈従するしかない哀れで無力な奴隷とも、明らかに異なっている。低能で怠惰で暴力的な犯罪者や強姦者といった、米国における黒人男性に対するステレオタイプとは、対照的とすらいえる。では、「米系日人」に見られる新しい黒人イメージはどこからきたのだろうか。

抑圧に対して抵抗を示す人間的な黒人という、新しいイメージの源泉を探る手掛かりは、「米系日人」が掲載された文芸誌にある。「米系日人」が、講和条約発効の前月に『新日本文学』に発表された小説であったならば、講和条約調印の月の『新日本文学』の表紙を飾ったのは、ある黒人の写真であった。その黒人こそ、ポール・ロブソンである。

ロブソンは、アメリカの黒人歌手であり世界的名優であるとともに、アメリカ政府から公然と迫害を受けた公民権運動家である。一九二〇年代から欧州に活躍の場を広げ、日本でも戦前から映画で披露した美声によって知られていた。一方で、冷戦下のアメリカでは、社会主義陣営への接近や人種差別への抗議活動によって、アメリカ政府から迫害を受ける。米国内における活動の妨害のみならず、一九五〇年にはパスポートの更新を拒否され、ロブソンは八年もの間、国際的な活動を封じられた。

パスポート剥奪の主要因とされるのが、一九四九年四月にパリで開催された平和擁護世界大会第一回大会でのロブソンのスピーチである。核兵器禁止を求めるストックホルム・アピールを発表したことで知られるこの大会は、社会主義陣営による「平和攻勢」の一環であった。各国の共産党員が集結する中で、ロブソンは、アメリカの人種差別を公然と非難した。

ロブソンの平和擁護世界大会でのスピーチが引金となって起きた事件が、ピークスキル事件であり、この事件によってロブソンは『新日本文学』の表紙を飾ることになった。現在はほとんど知られていないピークスキル事件だが、当時は日本でも話題になり、とりわけこの事件を大きく取り上げたのが『新日本文学』であった。講和期には『新日本文学』でピークスキル事件ブームといえる状況が生じ、事件に関連する記事が多数掲載された。

ピークスキル事件は、一九四九年八月二十七日と九月四日の二度にわたってアメリカで起きた集団襲撃暴行事件である。二七日のニューヨーク州ピークスキル郊外では、公民権運動団体の主催で野外コンサートが開催されたが、平和擁護世界大会でのスピーチに刺激された人種差別主義者、反共主義者、右翼、在郷軍人等が、コンサートに出演するロブソンのリンチを企てたことにより、直前で中止となった。標的を失った襲撃者の暴力の矛先は来場者に向かい、複数の重傷者が出る事態となった。翌月四日に再度開かれたコンサートで、ロブソンは無事に歌い終えたが、帰路についた聴衆が再び襲撃を受ける。

『新日本文学』（一九五一年九月号）の表紙には、一番手前左に端正なスーツ姿の黒人男性が写っている。この人物がロブソンで、事件の際に暴行に用いられた大きな石を手に持っている。この写真が表紙を飾ったのは、ピークスキル事件のルポルタージュ「ピークスキル・ＵＳＡ」の翻訳の連載開始をうけてのことである。「ピークスキル・ＵＳＡ」の著者は、コンサートの司会者として事件に遭遇したユダヤ系の小説家ハワード・ファストで、写真の一番右に映る白人男性である。

ピークスキル事件ブームの誘因は、ピークスキル事件に日本の文学者たちが見出した希望であろう。ファストは「ピークスキル・ＵＳＡ」で、「平和と自由と民主主義のためのたたかい」としてピークスキル事件を描き出した。その結果、ロブソンは、暴力に屈せず芸術の力で民衆の心に訴えかけることに成功した芸術家として、ファストは、「アメリカ・ファシズムの仮面をはぎとり、合衆国の人民に向けられた現在のファシズムが内包している、陰惨な恐怖」を世界に向けて告発することに成功した文学者として、日本に紹介された。端的にいえば、ピークスキル事件は、文学者を含む芸術家が「平和と自由と民主主義のためのたたかい」に（実際には部分的なものだが）勝利した成功例として、日本の文学者に希望をもたらしたのである。

実際に、ピークスキル事件におけるロブソンの活躍は、日本の文学者に強い印象を与えた。『新日本文学』（一九五二年十月号）に掲載された、園部三郎「『ピークスキル事件』への感想」という「ピークスキル・ＵＳＡ」の連載をまとめた単行本の書評で、園部はロブソンについて次のように述べた。

迫害の的になつたロブスンは、また、数十のゴロツキと州警の包囲のなかで「私は平和と自由について、生命について唄います！」とさけぶ。そしてバッハからはじまる数曲をピアノの伴奏で、ピークスキルの丘のすずみにひびきわたらせる。ロブスンはまさに偉大な英雄である。彼には、彼の人種に対する迫害への憤りがあり、人間の自由と、愛への闘かいの情熱がみなぎつている。

迫害に芸術の力で立ち向かう「まさに偉大な英雄」であるロブソンに、園部は最大限の賛辞を贈っている。「彼の人種に対する迫害」と書かれていることから、この「英雄」が黒人であることは、「闘かい」の前提である。さらに、平和、自由、生命、愛のために、憤りと情熱をもって歌うロブソンの姿は、堂々たる「英雄」であると同時に、血の通った人間的な人物として描かれ、人格者だが人種差別とファシズムには憤りを隠さない「黒人兵」の姿を彷彿とさせる。

次に挙げる引用には、さらに多くの「米系日人」との共通点を確認できる。園部は、ファストの「ピークスキル・ＵＳＡ」執筆の意図とロブソンについて次のように語る。

ファストが、その著書のなかで訴えようとしたことは、いうまでもなく、アメリカ・ファシズムの正体を暴露し批判することであつた。そして私もそれを深く理解しながら、そのような暴力に対する闘かいが、小児病的な行動で闘かい勝たれたのではなくて、ロブスンのすばらしい英雄的行為と、その芸術の高さとにうたれた二万五千の民衆の粛然としたデモ行進によつてであつた、ということにいつそう大きな感動をうけたのであつた。

前半部では、「アメリカ・ファシズムの正体を暴露し批判すること」が、「いうまでもなく」ファストの著書の主題であったことが述べられる。一文目の、「ファスト」を西野に、「アメリカ」を日本に置き換えれば、そのまま「米系日人」の主題となるのは、いうまでもない。

後半部では、再びロブソンについて言及される。園部は、ロブソンの「英雄的行為」とその芸術が、多くの「民衆」を動かし、デモ行進という大規模な抵抗運動を導いたことに、「大きな感動をうけた」と述べる。「民衆」には、ファストやコンサートの参加者がそうであったように、黒人以外の人々も含まれていることにも注意しておきたい。ロブソン個人の行為が「英雄的」であるだけではなく、人種の垣根を超えて「民衆」の心を動かして連帯を促すことで、運動の革新的な先導者の役割を果たしたことを、園部は高く評価しているのである。

園部が描いたロブソンと、西野が描いた「黒人兵」の共通点を整理すると、両者は、差別と迫害を受けている黒人であるだけでなく、豊かな人間性を備えた人格者である。加えて、人種差別とファシズムに屈することなく抵抗を表明する点も共通する。日本人側の認識という観点からも、園部はロブソンに、そして「私」は「黒人兵」に、ある種の理解と共感を抱いており、日本人の側が、抑圧と抵抗という側面において一歩先を行く存在として、黒人をみなしているところも、共通するのである。

時系列を考えても、ロブソンの活躍が「米系日人」の黒人表象に影響を与えた可能性は高い。小説の舞台となる時期と発表された時期から推定される「米系日人」の執筆時期は、ファストの「ピークスキル・ＵＳ

A」の連載時期にちょうど重なっている。ピークスキル事件ブームが高まりを見せる時期に、黒人が登場する反ファシズムを主題とする小説を書いていたとすれば、影響を受けていないとは考えづらい。「米系日人」の「黒人兵」が、ロブソンと多くの共通点をもつことは、その影響関係を裏付けるだろう。

『新日本文学』という文芸誌を見ることで、「米系日人」という小説の主題とその新しい黒人表象の背景として、ピークスキル事件が日本の文学者に与えた「大きな感動」が浮かび上がる。ピークスキル事件は、反ファシズム運動でありアメリカの国家的迫害への抵抗を示す運動の成功例として日本に紹介された。ロブソンとファストの活躍は、西野を含む多くの文学者に希望を与え、さらに、黒人イメージにも大きな変化をもたらしたのである。

ロブソンと「黒人兵」の共通点と執筆時期からは、「黒人兵」がロブソンの影響を受けていると結論づけることができよう。とするならば、「黒人兵」が突如「ファシズム」を口にすることに、不思議はない。むしろ、ロブソンについてよく知っている当時の『新日本文学』の読者にとっては、黒人がファシズムに反対するのは自然なことであったろう。ロブソンと「黒人兵」を重ね合わせるならば、西野が書いた「私」と「黒人兵」の握手は、黒人に先導され「民衆」の連帯を結んでいく運動に対する、日本人の理解と共感を示すものであり、さらに共闘への希望を表明したものとして読むことができるのである。

おわりに

一九五〇年代初頭から、日本では黒人の運動への共感が見られ、時を同じくして、黒人イメージにも大きな変化が生じる。戦前からの人種差別的なイメージも残存する一方で、抑圧に抵抗する運動家といったイメージや、革新的な芸術家といったイメージが、日本文学における黒人表象に見られるようになっていくのである。

講和期に変化が起きた背景には、敗戦と占領によって生じた抑圧的な日米関係がある。占領終結が決定し、日米関係を含めて新生日本について真摯に考えようとしたとき、日本人は、アメリカによる抑圧と抵抗の歴史をもつ先達として、黒人を見出したのである。ロブソンに代表されるような、抵抗運動において先導者として活躍する黒人芸術家の姿は、日本人に感動を与え、敬意や憧れを伴う新たな黒人イメージを浸透させることとなった。

講和期以降、アメリカにおける公民権運動の隆盛やアフリカ諸国の独立運動などに後押しされ、黒人とその運動への関心は、一層の高まりをみせる。新たな黒人イメージは、一過性のものにとどまらず、日本社会への浸透を続け、日本文学における黒人表象の増加だけではなく急速な黒人文化の受容を促すことになる。講和期の頃を出発点とする黒人の運動への共感というのは、アフリカやカリブの文学も含む「黒人文学」受容や、ジャズやブルース、ソウル、ヒップホップ、レゲエなどのいわゆるブラック・ミュージック受容の下地ともなっていくのである。

およそ七〇年前に、日米間の抑圧的な関係の継続とファシズムの台頭を危惧した一人の小説家が、「米系日人」という小説で、黒人と日本人の握手を描いた。一九五二年の「今日が初めて」となる共闘の握手を、現在から振り返るならば、私たちは、何を変えることができ、何を変えることができていないのだろうか。「平和と自由と民主主義のためのたたかい」は終わったのだろうか。「ブラック・ライブズ・マター」とともに、これらの問いについて思いを巡らすことにも、大きな意味があるだろう。

平尾吉直

お玉杓子はジョン・ブラウンの子

——替え歌としての「ジョン・ブラウンの屍」

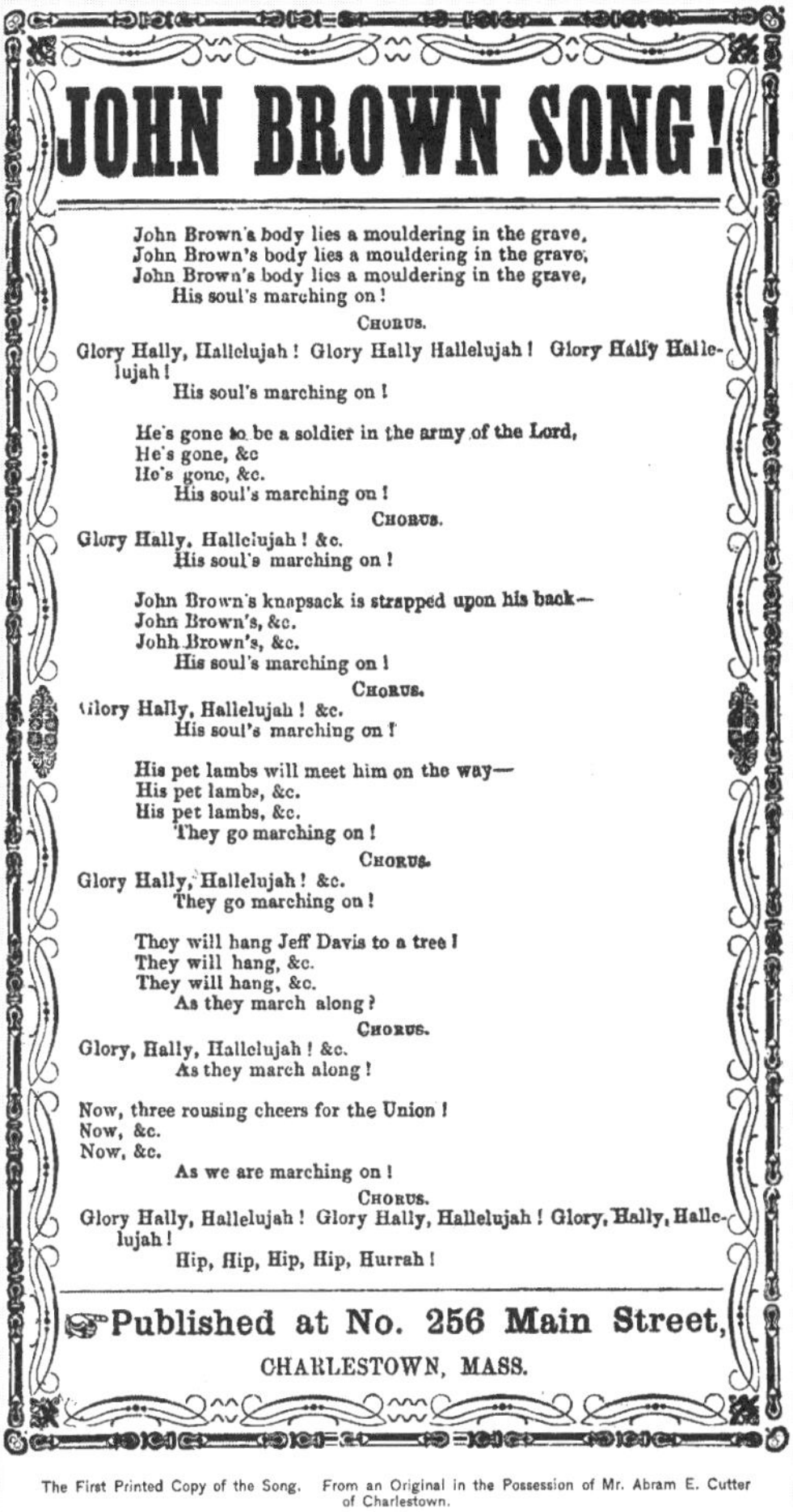

JOHN BROWN SONG!

John Brown's body lies a mouldering in the grave,
John Brown's body lies a mouldering in the grave,
John Brown's body lies a mouldering in the grave,
His soul's marching on!

CHORUS.

Glory Hally, Hallelujah! Glory Hally Hallelujah! Glory Hally Hallelujah!
His soul's marching on!

He's gone to be a soldier in the army of the Lord,
He's gone, &c
He's gone, &c.
His soul's marching on!

CHORUS.

Glory Hally, Hallelujah! &c.
His soul's marching on!

John Brown's knapsack is strapped upon his back—
John Brown's, &c.
John Brown's, &c.
His soul's marching on!

CHORUS.

Glory Hally, Hallelujah! &c.
His soul's marching on!

His pet lambs will meet him on the way—
His pet lambs, &c.
His pet lambs, &c.
They go marching on!

CHORUS.

Glory Hally, Hallelujah! &c.
They go marching on!

They will hang Jeff Davis to a tree!
They will hang, &c.
They will hang, &c.
As they march along?

CHORUS.

Glory, Hally, Hallelujah! &c.
As they march along!

Now, three rousing cheers for the Union!
Now, &c.
Now, &c.
As we are marching on!

CHORUS.

Glory Hally, Hallelujah! Glory Hally, Hallelujah! Glory, Hally, Hallelujah!
Hip, Hip, Hip, Hip, Hurrah!

Published at No. 256 Main Street,
CHARLESTOWN, MASS.

The First Printed Copy of the Song. From an Original in the Possession of Mr. Abram E. Cutter of Charlestown.

「ジョン・ブラウンの屍」(JOHN BROWN SONG!)
Cornell University Library Making of America Collection Ⓒ

お玉杓子はどこから来たか

お玉杓子は蛙の子
なまずの孫ではないわいな
それが何より証拠には
やがて手も出る足もでる

「お玉杓子は蛙の子」——ある程度の年齢以上の日本人で、ナンセンスな歌詞で知られるこの歌を知らないものはほとんどいないだろう。同じメロディーが、ヨドバシカメラのコマーシャル・ソングとして使われていることを思い出す人もいるかもしれない。しかし、このメロディーが「ジョン・ブラウンの屍」（あるいは、その改作である「リパブリック讃歌」）として知られる南北戦争期アメリカの歌に由来するものであることを知る人は少ない。さらに、一九四〇年一〇月、「読み人知らず」として以前から流布していた「お玉杓子」が、ハワイ出身の歌手・灰田勝彦のレコード「こりゃさの音頭」のB面曲に歌詞として採用されたとき、主旋律として使われていたのが、ハワイアン「ナ・モク・エハ」という別の曲であったことを知る人は、現在ではほとんどいないだろう。

一九一一年、ホノルルに生まれた灰田は、ハワイアンを基にしたジャズ・ソングで戦前・戦後を通じて一世を風靡した。ハワイアンの借用は出身地を生かした彼の十八番であり、「お玉杓子」に「ナ・モク・エハ」のメロディーが当てられたのも不自然ではない。しかし、聴くものの脳裏に残ったのは、間奏でトランペットが奏でる「ジョン・ブラウンの屁」／「リパブリック讃歌」のメロディーであり、それがいつの間にか「お玉杓子」の歌詞と結びついた。トランペットが吹いていたのは、「リパブリック讃歌」のメロディーを借用したハワイアン「カハクロア」だったと言うべきかも知れない。ハワイアンを借用したナンセンス・ソングに、別のハワイアンのメロディーを借用したのは、灰田や編曲を担当した兄・有紀彦をはじめとするミュージシャンの遊び心だったといっていい。とは言え、間奏のメロディーが、主旋律から歌詞を奪い、一般に流布したと考えると、このメロディーの伝播力の強さに舌を巻く思いがする。

伝播力の強さを示すエピソードは、これにとどまらない。ちなみに冒頭で触れたヨドバシカメラのコマーシャル・ソングは、一九七五年にヨドバシカメラが新宿東口店を開店するに当たって、当時の社長・藤沢昭和が、広く親しまれている「リパブリック讃歌」のメロディーを採用したものである。現在では、店舗の地域によってさまざまなご当地ヴァージョンが存在する。日本では、他にも、一九二一年、「籠の鳥」で知られる神長瞭月が作詞して演歌師の秋山楓谷・静代夫妻が歌った「薔薇の歌」、一九三二年、おかしな日本語でナンセンス・ソングを歌うバートン・クレーンによる「誰方がやるじゃろ」(作詞は森岩雄)、一九六五年にNHKのテレビ番組『歌のメリーゴーランド』のために作られた「ともだち讃歌」(作詞は阪田寛夫)などがある。また、こうした録音されたヴァージョンに加え、それらをもとにした多種多様な替え歌が生まれ、さまざまな歌詞、スタイルで同じメロディーが親しまれてきた。

日本における「ジョン・ブラウンの屍」／「リパブリック讃歌」受容史において、原曲との強いつながりを残しているのが、子供の手遊び歌として知られる「権兵衛さんの赤ちゃん」である。残念ながら、日本語歌詞が作られた時期や経緯はわからないものの、おそらく、本国アメリカにおける「ジョン・ブラウンの屍」の替え歌「ジョン・ブラウンの赤ちゃん」を日本語に置き換えたものである。「ジョン・ブラウンの屍が墓のなかで朽ちゆく」という陰鬱な歌詞を、「ジョン・ブラウンの赤ちゃんが風邪を引いた」という身近な出来事に置き換えたナンセンス・ソングが、いつ誰によってつくられ、広まったのかということも、一九二三年の歌集に残っているのがいちばん古い記録であるという以外、今となっては知る術はない。いずれにせよ、確かなのは、この歌が持ち前の伝播力を発揮し、さまざまな「替え歌」を産み出したのは、日本にはじまったことではないということである。

「ジョン・ブラウンの屍」と南北戦争

ジョン・ブラウンの屍が墓のなかで朽ちゆく（三回）
彼の魂は進みゆく
グローリー　グローリー　ハレルヤ
魂は進みゆく

ジョン・ブラウンは主の軍隊の兵士となる（三回）
彼の魂は進みゆく
グローリー　グローリー　ハレルヤ
魂は進みゆく

ジョン・ブラウンのナップザックは背中にくくられている（三回）
彼の魂は進みゆく
グローリー　グローリー　ハレルヤ
魂は進みゆく

そもそも「ジョン・ブラウンの屍」とは、どのような歌で、どこから生まれてきたのだろうか。一八五九年一〇月、急進的な奴隷制廃止論者ジョン・ブラウンは、十九名の同志とヴァージニア州ハーパーズ・フェリーの連邦軍武器庫を襲撃。ロバート・リー将軍率いる海兵隊によって鎮圧され、公衆の面前で絞首刑になった。ブラウンの反乱は失敗に終わったものの、奴隷制をめぐって南部と北部が対立を深める要因のひとつとなり、結果として奴隷解放を早めたとも言える。南北戦争のなか、ブラウンの死をくり返し歌うことで、北軍兵士の意識に変化がもたらされた。当初、彼らのすべてが奴隷を解放することに積極的な意義を見出していたわけではない。しかし、奴隷解放のために命を捧げた「殉教者」の死を歌うことは、北軍兵士に奴隷解放を受け入れさせる力を持っていた。南軍兵士が「ディクシー」のような歌をくり返し聞き、歌うことで、郷土を守る大義という信念を深めていったように、北軍兵士もまた歌によって、奴隷解放が内戦を戦う大義のひとつであるということを確認していたのである。

ところが、「自由の喊声」などと並んで北軍の国歌とも言われたこの歌に歌われているのが、奴隷解放のために立ち上がった「英雄」ジョン・ブラウンではなく、同姓同名のスコットランド系軍曹であったという話がある。ジョージ・キンボールは、一八九〇年、『ニュー・イングランド・マガジン』に掲載された記事のなかで、次のような「ジョン・ブラウンの屍」誕生の経緯を明らかにしている。南北戦争勃発直後、キンボールが所属していた第二歩兵大隊に、その男はいた。通称「タイガーズ」と呼ばれたその隊は、一八六一年四月、ボストン港ジョージ島のウォーレン砦に配置された。男はたまたま有名な奴隷解放論者と同じ名前だったので、そのことでからかわれることが多かった。点呼に遅れようものなら、「俺たちが奴隷を解放するのを助けたいなら、遅れずに来てくれ」とか、「こいつがジョン・ブラウンなわけはない。だって、ジョン・ブラウンは死んだんだから」などと言われたという。そして、決まって「ジョン・ブラウンの屍は墓のなかで朽ちゆく」と付け加えられる。

間もなく、隊のなかで男性コーラスが結成され、ブラウンもメンバーとなった。コーラスのレパートリーのひとつだったのが、伝道集会などでさかんに歌われた讃美歌「おお、兄弟たちよ、我らに会わないか」であり、このメロディーに「ジョン・ブラウンの屍は墓のなかで朽ちゆく」という揶揄の言葉が歌詞として取り入れられ、「ジョン・ブラウンの屍」が生まれたというのである。当初の歌詞では、とりわけ三コーラス目にスコットランド系軍曹に対する嘲笑の名残が見られる。男性コーラスのメンバーによれば、ブラウン軍曹は背が低く、同僚たちは大きなナップザックを背負った不恰好な姿を、「よう、ナップザックくん、その男とどこへ行くんだい」といって冷やかした。そう言われると、ブラウンは「ジョン・ブラウンのナップザックは背中にくくられている」と返したと言うのである。

一連のエピソードからも明らかなように、「ジョン・ブラウンの屍」もまた、替え歌だった。それでは、原曲となった「おお、兄弟たちよ」はどこから来たのだろうか。櫻井雅人が「『リパブリック讃歌』の誕生と普及」で詳細に検討しているように、この曲の起源ははっきりしない点が多い。フランク・E・ジェローム、トーマス・プリガム・ビショップといった複数の人物が作曲者として名のりをあげているが、彼らの示した楽譜以前に別のヴァージョンが存在しており、信憑性は低い。

最も有力と思われたのが、ウィリアム・ステッフである。彼の名前は現在でも多くの楽譜や音楽史、解説書などに作曲者として記されている。ステッフが作曲者であるとする説は、一八八三年に『グランド・アーミー・スカウトと兵士の手紙』誌に掲載されたO・C・ボビーシェル少佐の論文「『ジョン・ブラウンの屍』の起源」に依拠している。その論文によれば、ステッフは一八五六年に、サウス・カロライナ州チャールストンの消防署から、ある歌詞に曲をつけるよう依頼された。これがのちに伝道集会などで歌われる讃美歌になったと言う。しかし、作曲者としての経歴もないステッフがこの曲を作ったことを示す証拠は彼自身の日記だけであり、この説もかなり怪しいものであると言わざるをえない。

「ジョン・ブラウンの屍」は起源のはっきりしない讃美歌に、同僚を揶揄する歌詞をつけた替え歌だった。

にもかかわらず、この罪のない戯れ歌は、国を二分する未曾有の内戦のなかで重要な意味を与えられ、熱狂的に受け入れられていくことになる。タイガーズ大隊で知らぬものはない人気となった「ジョン・ブラウンの屍」は、閲兵式のためにボストンから訪れたパトリック・S・ギルモア楽団によってアレンジされ、一八六一年五月には、第十二マサチューセッツ連隊中に知られることになった。男性コーラスは再編され、新たに結成された連隊の楽団がギルモアのアレンジとともに「ジョン・ブラウンの屍」を北部中に広めていく。七月、前線に向かう前に連隊がニューヨークに滞在すると、楽団はブロードウェイを行進しながら「ジョン・ブラウンの屍」を演奏し、「ブロードウェイの道なりに並んだ何千という人びとが、そのとき初めて聞いた感動的なメロディーで電気に打たれたようなショックを受けた」というほどの強い印象を残した。兵士たちがこの歌を歌うと、集まった群衆も合わせて歌いださずにはいられなかった。決定的だったのは、翌一八六二年四月のヨークタウンの戦いである。苦しい包囲戦を戦う兵士たちの士気を高めたことから、「ジョン・ブラウンの屍」は北部各地で歌われる北軍の「愛国歌」となった。

このようにして、ほんの一年半前まで、残虐な反逆者として多くのアメリカ人に忌み嫌われていた人物が、北軍を導く「英雄」として歌われることになった。「ジョン・ブラウンの屍」がタイガーズ大隊の手を離れるにつれ、背の低いスコットランド系軍曹のことは忘れられた。歌に歌われているジョン・ブラウンは、今やハーパーズ・フェリーで奴隷のために立ち上がった殉教者に他ならなかった。もちろん、すでに述べたように、すべての北軍兵士が奴隷制廃止論者だったわけではない。「ジョン・ブラウンの屍」を歌うのは、南部の分離主義者に対する嫌がらせのためだというものもいた。しかし、あるニューヨークの新聞記者が「ジョン・

ブラウンは死んでも語る」という記事で述べているように、「ニューヨークの通りにあふれた千という人びとがうやうやしくも熱狂的にジョン・ブラウンを称えて歌う」などということは、一年半前には考えられないことだった。しかし、北軍兵士だったチャールズ・ジョージが一八六四年九月四日の手紙で述べているように、内戦終盤には、ブラウンが処刑されたチャールズタウンを進軍するときには、「ジョン・ブラウンの屍」を演奏するのがふさわしいと北軍兵士がこぞって考えるまでになっていたのである。

奴隷制廃止論者は早くからこの歌の持つ力に気づき、奴隷解放の大義を広めるために歌の力を利用しようとした。一九六一年九月、女性参政権運動家で、奴隷制反対論者のリディア・マリア・チャイルドはジョン・ホイッティアーに宛てた手紙で、この歌は「素晴らしい使命を果たしています。歌詞がどこから来たのか、誰も知りませんが、曲は今までメソジストの集会以外では知られていなかった、活気に満ちた、魂を揺さぶるものです」と述べている。また、奴隷制廃止論者の黒人女性シャルロット・フォーテン・グリムケは南北戦争中の日記で、サウス・カロライナで黒人の子供たちにこの歌を教えたことについて書き、「私はその歌が、ここサウス・カロライナで小さな黒人の子供たち、彼―この輝かしい人物―が命を賭して救おうとした人たちによって歌われることの意味を十分わかっていました」と記している。十九世紀のアメリカで絶大な人気を誇ったコーラス・グループで、反奴隷制、女性参政権、禁酒などの改革運動に関わったハッチソン・ファミリー・シンガーズも、いち早くこの曲をレパートリーに加えた。

一方で、不吉な歌詞を持つ「ジョン・ブラウンの屍」については、早くから歌詞を変更すべきだという声があった。しかし、北軍兵士たちの多くは、そうした意図的な改変を好まなかった。キンボールは「ジョン・

ブラウンの屍」をめぐる改変の試みとそれに対する抵抗を次のように述べている。

ニュートン少佐が他の何人かとともに歌詞を変えさせようとしたが、彼らの試みは失敗に終わった。「エリスワースの屍」というような、誰か戦争で亡くなった兵士を記念する歌にすべきだというものもいた。しかし、この努力も失敗に終わった。答えは「ジョン・ブラウンの屍」の他にはなかった。かつての奴隷制反対の殉教者の率直で素朴な人柄には特別な魅力があり、彼の経歴にはわれわれの熱情を呼び覚まし、空想をかきたてるに十分なほど英雄的なところがあった。

歌詞書きかえの試みは、一八六一年十一月、ジュリア・ウォード・ハウによって「リパブリック讃歌」として結実する。ハウはジョン・ブラウンの死という具体的な出来事を排除し、聖書に基づく宗教的な使命感を中心に据えて、歌詞を普遍化した。

私はこの目で神の降臨と栄光を見た
主は怒りの葡萄を湛えた酒盃を踏み砕き
恐るべき神速の剣を振って
裁きの雷を解き放たれた
主の真理は進みゆく

「リパブリック讃歌」はその普遍性ゆえに、のちにジョン・スタインベック『怒りの葡萄』にも引用され、国歌にも準ずる存在としてアメリカで愛されていくことになるが、少なくとも南北戦争中は、「ジョン・ブラウンの屍」を歌うもののほうが圧倒的に多かったという。「ジョン・ブラウンの屍」はその後も、自然発生的に歌詞を変えながら、「ジョン・ブラウンの屍が墓のなかで朽ちゆく」という核となるフレーズは残したまま、歌い継がれていく。

すでに見たように、「ジョン・ブラウンの屍」はそもそもの始まりから「替え歌」であり、何らかの政治的効果を狙って作られたものではなかった。しかし、だからこそ、自然発生的に生まれた「替え歌」の強みを発揮し、北部の人びとのなかに潜在する「殉教者」ジョン・ブラウンに対する羨望をひき出した。歌詞を意図的に洗練させようとした「リパブリック讃歌」では、そうした民衆の潜在意識をすくい上げることはできなかった。そして、「ジョン・ブラウンの屍」が持つこの自然発生的な力は、世界各地で民衆のなかに潜在する感情を掘り起し、さまざまな「替え歌」を生み出していくことになる。

日本における「ジョン・ブラウンの屍」受容

「ジョン・ブラウンの屍」のメロディーが日本に紹介されたのは、一八九一年、「うたへ、いわへ」という子供讃美歌として、倉田繁太郎『童蒙讃美歌』に収録されたのがもっとも古い記録である。続いて、一八九三年に、『日本軍歌全』に「すすめすすめ」という軍歌として収録された。さらに、一八九八年、三谷種吉編『基督教福音唱歌』に、一般向けの讃美歌「あくまとたゝかへ」として収録されている。この歌のメロディーはもともと讃美歌のメロディーを借用したものであり、「リパブリック讃歌」の歌詞が聖書に基づくものであることであることは考えれば、讃美歌として紹介されることは的外れではない。また、南北戦争のなかで北軍兵士によって歌われたこの歌を、軍歌であるとするのも間違ってはいない。幕末から明治にかけての時期は、ちょうどアメリカの南北戦争と同時代である。日本の近代化を目指す人々は、南北戦争時代の行進曲に日本語の歌詞をつけ、讃美歌や軍歌として輸入した。とりわけ、軍歌の場合、富国強兵を掲げる明治政府が、西洋音楽のリズムを必要としていたという事情がある。

「ジョン・ブラウンの屍」を基にした讃美歌は定着しなかった。「あくまとたゝかへ」は、中野重治・坂井勝次郎編『リバイバル唱歌』（一九〇九年）に受け継がれるが、『基督教福音唱歌』を編集した三谷種吉による『霊感賦』（一九二二年）からは削除されている。「うたへ、いわへ」も子供讃美歌として歌い継がれたわけではないようだ。現在、「ジョン・ブラウンの屍」のメロディーが讃美歌（救世軍軍歌）として採用されているのは救世軍だけである。「いのちおしまぬ三百の」と「こは同胞を」の二曲で、ともに山室軍平作詞、一九一四年から採用された。後述する北軍の行進曲「ジョージアを行進して」やスティーヴン・フォスターの「故郷の人々」も日本の讃美歌になっていることを考えると、当時、キリスト教会周辺の日本人が宣教師を入り口として、アメリカの歌に触れていたことは間違いない。どれも讃美歌としては定着しなかったが、その後、別の形で浮上し、日本で愛されていくことになる。

一方、明治政府の掲げる富国強兵にとって、西洋音楽の導入は急務だった。西洋式軍制の導入に伴い、調練に欠かせない太鼓信号と喇叭信号を取り入れようとする試みがはじまったのは、安政年間（一八五四—五九）のことである。塚原康子「軍楽隊と戦前の大衆音楽」によれば、一八五五年に行われた長崎海軍演習で、オランダ海兵隊の太鼓信号がはじめて公式に紹介され、幕府だけでなく蘭式兵制を採用した各藩に伝えられた。一八六三年には、複数のルートからイギリス式の太鼓信号と喇叭信号が、一八六六年にはフランス式の喇叭信号が伝えられている。一八六九年九月、薩摩藩の青年三十人が、イギリス歩兵軍楽隊長ジョン・ウィリアム・フェントンの指導により横浜で軍楽の伝習を受けた。七一年にはこれを母体として陸軍・海軍に軍楽隊が発足する。このように、西洋音楽の導入はまず、軍制改革の一部として始まったのである

一方で、西洋音楽が日本人に新鮮な驚きを与えるものであったことも、忘れてはならない。幕末以降の日本で最初に西洋音楽と出会ったのは、一八五三年六月、浦賀に来航したペリー使節団との交渉に当たった幕府の役人だった。笠原潔『黒船来航と音楽』によれば、ペリーが黒船艦隊を率いて来日した際、四十人規模の軍楽隊と十三人の少年鼓笛隊が同行していた。久里浜に上陸して行われた親書受け渡し式では、同行した軍楽隊の演奏に合わせて、隊列行進が披露された。翌年三月に再来日した際には、軍楽隊が「星条旗」「ヘイル・コロンビア」を演奏したことが記録に残されている。このとき、幕府の比較的若い役人のなかには、「軍楽隊の演奏中、手足をじっとしていられなかった」伊沢美作守のように、初めて聞く西洋音楽に強く惹かれるものもいた。あるいは、日米交歓会で披露されたミンストレル・ショーの演目を、口ずさんでみせる役人もいたという。圧倒的な軍事力を背景に開国を迫る黒船の来航という、体制を揺るがす未曾有の事態にあっ

ても、西洋音楽の新鮮な響きに心動かされるものがいたというのは驚きである。

政府・軍主導で受容されてきた西洋音楽の大衆化がはじまるのは、一八九〇年代以降のことである。一八八八年、海軍軍楽隊出身の加川力、井上京二郎を中心に日本初の民間バンド・東京市中音楽会が結成される。加川らは二十数人を募集して翌年から営業を開始、単発での出張演奏に加えて、横浜グランドホテルで週一回開かれる舞踏会でダンス音楽の演奏をはじめた。広告業の側からこれに目をつけた「広目屋」の秋田善蔵は、一八九一年、東京市中音楽会を買収、ほかの楽隊も吸収して、九七年、東京市中高等音楽会を結成、商業施設の宣伝広告や、出征兵士の見送りなどの依頼が殺到する。彼らの音楽はのちに、演奏を模した擬音語から、「ジンタ」と呼ばれるようになった。こうした西洋音楽による広告業のなかに、やがて日本の音曲・口上が取り入れられ、「チンドン屋」と呼ばれる職業が生まれる。一八九七年に無声映画の上演が始まると、西洋式の楽隊は映画の伴奏に重宝されることになった。さらに、二〇世紀に入ると、三越、松坂屋など各百貨店が宣伝のために少年音楽隊を結成、日本のジャズの母胎となっていく。

西洋音楽の大衆化を考えるとき、忘れてはならないのが、演歌師の存在である。自由民権運動で演説の内容に歌をつけて街頭でがなりたてた「壮士演歌」に端を発する演歌師は、演歌＝演説歌を歌うもののことである。彼らはやがて西洋音楽からヴァイオリンを取り入れ、西洋のメロディーを借用、歌われている内容も怒りから笑いや涙へと変化させていった。「ジョン・ブラウンの屍」もまた、演歌師の秋山楓谷・静代夫妻によって「薔薇の歌」へと姿を変えたことはすでに述べた。「ジョン・ブラウンの屍」とよく似た経過を辿った歌に、南北戦争におけるウィリアム・シャーマン将軍の行進を歌った「ジョージアを行進して」がある。

一八六五年、ヘンリー・クレイ・ワークによって作曲されたこの曲は、一八九二年、軍歌「ますらたけを」として日本に紹介され、一八九八年、讃美歌「われらのいくさは」となりながらも、演歌師・添田さつきによって、「ラメチャンタラギッチョンチョンでパイノパイノパイ／パリコトバナナでフライフライフライ」というナンセンスな歌詞をつけられ、世相を取り入れながら、「東京節」「平和節」「パイノパイノパイ」として歌い継がれていった。

西洋音楽が大衆化するにつれ、「ジョン・ブラウンの屍」もまた、本来の力を発揮し、「権兵衛さんの赤ちゃん」や「お玉杓子は蛙の子」、あるいは「おはぎがお嫁に」といった「替え歌」を生み出していくことになる。すでに紹介したものの他にも、数多くの歌が生まれた。例えば、旧陸軍中央幼年学校の生徒たちによって歌われた「学科嫌い」は、十期生によって自費出版された歌集『百日祭』に収録された。「忠孝仁義も今さらに／勿体らしく言うけれど／催眠術には違いない／直ぐに眠くなる」といった内容が問題となり、歌集は没収・処分されたが、口伝えで敗戦まで歌い継がれた。一九〇五年、早稲田大学に応援組織が結成されたときにつくられた「野球応援歌」は、一九〇七年、『早稲田歌集』に収録されていた。現在ではサッカー・クラブの横浜マリノスやコンサドーレ札幌の応援でもこの曲が使われている。さらに、有馬敲『時代を生きる替歌』では、替え歌が新たなヴァリエーションを生んでいく例が紹介されている。「お玉杓子は蛙の子」から派生した替え歌は、「テーマとなるもの→テーマとなるものと似ているもの→両者の関係の否定」というパターンを踏襲している。「薔薇の歌」からは「川の歌」、「山の歌」、「ゆりの歌」、「月の歌」、「雪の歌」といった替え歌が生まれた。こうした例から、「ジョン・ブラウンの屍」が、替え歌を連鎖的に生み出し、人々のなかに潜在する感情を際限なくすくいあげる力を持っていることがわかる。

「ジョン・ブラウンの屍」の二面性―闘いと笑い

こうした「ジョン・ブラウンの屍」の持つ伝播力、人びとのなかに潜在する感情を掬いあげる「替え歌」の力は、日本だけではなく、アメリカ本国、さらに世界各地で発揮されてきた。覚えやすいメロディー、単純で力強いリズムが、文化や言語を超えて、新たな言葉を誘い出すのだろう。それらの替え歌には大きく分けて二つの傾向がある。ひとつは人びとを鼓舞し、勇ましく立ち上がらせる闘いの歌（日本では軍歌の他に、「あくまとたゝかへ」という讃美歌になったことを想起されたい）。もうひとつは、闘いの姿勢が鮮明になればなるほど、浮かびあがってくるそれを茶化す「笑い」の系列。すでに述べたように、「ジョン・ブラウンの屍」それ自体が、スコットランド系軍曹に対する嘲笑と、奴隷解放の殉教者を先駆とする闘いという二面性を持っていた。「笑い」の系列は、スコットランド系軍曹から殉教者ジョン・ブラウンへという流れを逆に辿った先祖返り的な行為であると言うこともできる。

アメリカ本国では、「ジョン・ブラウンの屍」が「リパブリック讃歌」としてリメイクされ、国歌に準じる扱いを受けていることもあって、宗教的な使命感を持って闘いを鼓舞する歌として歌われることが多い。第二次世界大戦中、空挺部隊の軍歌「ライザーの血」がその典型例だろう。南北戦争中には、一八六三年、黒人兵の徴用開始を受け、第一アーカンソー連隊が、ペンシルヴェニア州フィラデルフィアで黒人の北軍への参加を促すため、「ジョン・ブラウンの屍」の曲にのせて「行進曲」をつくった。黒人連隊を指揮したリンドレー・ミラーによって書かれた歌詞は、黒人の誇り、闘志、強い意志といった点に重点が置かれている。

われらは第一アーカンソー連隊の兵士
連邦のために戦う、法のために戦う
白人が見たことのないほど　反逆者たちを打ちのめす
グローリー　グローリー　ハレルヤ
われらは進みゆく

この歌は、公民権運動を先取りするような内容から、一九六〇年代以降、ピート・シーガー、ジョーン・バエズをはじめとする多くのミュージシャンによって歌われている。あるいは、一九一五年、ラルフ・チャップリンによって作詞された労働組合歌「団結よ、永遠なれ」もまた、労働運動という別の意味での闘いに「ジョン・ブラウンの屍」が援用された例であると言えよう。

さらに世界に目を向けてみると、多くの国で「ジョン・ブラウンの屍」が闘いの歌として生き続けていることに驚かされる。イギリスでは第二次世界大戦の英雄ウィンストン・チャーチルがこの歌を好み、一九六五年に行われた国葬では遺族の希望もあり、彼が愛聴していた数曲の讃美歌とともにこの曲が流された。一方、そのイギリスからの北アイルランド奪回を目指して武装闘争を続けているアイルランド共和軍もまた、「ベルファスト旅団」としてこの曲を使っている。アジアでは、一九〇五年頃、韓国に讃美歌として入り、「祖国」「仁成学校運動家」「猛進」「大韓少年気概」といった歌詞をつけられ、主に独立闘争のなかで歌われてきた。また、東アフリカのケニアでは、一九六三年の独立直後、初代大統領ジョモ・ケニヤッタの呼びかけではじまった農村コミュニティーでの共同作業を意味する「ハランベー」を称揚する歌となった。これもまた「新国家建設」という闘いを鼓舞する歌と言えるかも知れない。

こうした多くの「闘い」の歌がある一方で、「ジョン・ブラウンの屍」は、「笑い」の系列を生み落としてきた。元歌が勇壮であればあるほど、また、その歌が神聖視されていればいるほど笑いの幅は大きい。原曲の勇壮さとの落差から生まれる「笑い」は、ときに怒りを招きかねない危ういものである。西野伸一郎は「ジョン・ブラウンの魂（第一回）」のなかで、「ジョン・ブラウンの屍」が日本では「お玉杓子は蛙の子」として知られていることを紹介したときの、二人のアメリカ人女性の反応を次のように記している。

「お玉杓子は蛙の子」を歌って、日本ではかふいふ歌詞がついていると云つて歌詞を英譯したら、妙な顔をして聞いてゐた婦人が突然笑い轉げた。私も笑つて、作詞者の名前は勿論知らないが、妙な歌詞をつけたものだと思つた。偶々その場に一人の女子學生が居合せてゐて、こちらのほうはにこりともしなかつた。なぜだらうと思ひながらも、その場は格別氣にも止めなかつた。だが、アメリカ人にとつて、「お玉杓子は蛙の子」は斷じて愉快な替歌ではない。

「リパブリック賛歌」が国歌に準じる扱いを受けていることを考えれば、おそらく素朴な愛国者である二人目の女性が気を悪くしたのも理解できる。一方で、だからこそ、最初の女性は「お玉杓子」との落差に、笑わずにはいられなかったのだ。

こうした落差からくる「笑い」の端的な例としてあげるべきなのが、アメリカやカナダの子供たちが学校生活を揶揄して歌う「ザ・バーニング・オヴ・ザ・スクール」である（奇しくも日本の「学科嫌い」とテーマが似ている）。そこには、大人たちの「闘い」の内実を問う暴力的な「笑い」が展開されている。歌詞の一例は次のようなものだ。

ぼくはこの目で見た　学校が焼け落ちていくのを
先公を片端からしめあげて　規則という規則を破った
先公の部屋を襲い　校長をつるしあげた
進め　三年生　進め

グローリー　グローリー　ハレルヤ
先公は定規でぼくをぶったたいた
ぼくは装填した四四式銃を持ってドアの裏に隠れ
そして先公は二度と教えられないってわけさ

冒頭の「ぼくはこの目で見た」が、「リパブリック讃歌」の「私はこの目で神の降臨と栄光を見た」をもじっていることは言うまでもない。歌っていることはひどく乱暴だが、肩肘を張って暴力を強調すればするほど、「三年生」のところでその無邪気さに微笑まずにはいられない。曲や歌詞が勇ましければ勇ましいほど、その落差は大きい。そして、聞くものに、大人たちの「闘い」もこれと何が違うのだ、という疑問をつきつける。

現代の日本では、「お玉杓子は蛙の子」が勇壮な闘いをイメージさせることはなく、そこからの落差で生み出される笑いも理解しにくい。しかし、軍歌「すすめすすめ」として紹介されたあとも、複数の軍歌集に収録され、軍歌として流布していたことを考えると、日本においてもこの歌が闘いの歌として聞かれた時代があったはずである。細川周平によれば、西洋音楽を通じて「明治の指導者が国民に与えようとしたのは多かれ少なかれ男性的な曲調を持っていた。男性的というのは、ここでは（曖昧ではあるが）情緒に流されずに直立して聳え立つような、という程度の意味で、軍楽に代表されるな拍節的《メトリック》なリズム（四分のいくつ、三分のいくつ、というようなリズム）を基本とする」という。すなわち、「ジョン・ブラウンの屍」の単純で力強いリズム自体に勇壮さと結びつく素地があったのだ。さらに、そこに戦いを鼓舞する歌詞がのせられる。「すすめすすめ」の歌詞は「ジョン・ブラウンの屍」に倣ったもので、この歌の軍歌としての側面を見事に浮かび上がらせている。

タラウガムクロモ　タフレタリ

ジラウガムクロモ　タフレタリ
ススメ　ススメ

聞くものに死を意識させることで闘いを鼓舞する内容は、まさに「ジョン・ブラウンの屍」のある一面を引き継いだものである。同時に、だからこそ、こうした価値を転倒させることによって、「笑い」が生み出される。旧陸軍中央幼年学校の生徒たちによって生み出された「学科嫌い」が、禁圧にも関わらず歌い継がれたことが、それを裏付けている。

お玉杓子はどこへ行くのか

「ジョン・ブラウンの屍」はもともと由来の定かでない讃美歌を元にした戯れ歌だった。しかし、南北戦争という未曾有の内戦のなかで、北軍兵士の意識を変え、戦闘意欲を高める「軍歌」として歌われるようになった。やがて、それは「リパブリック讃歌」となり、神聖な闘いの歌として、国歌に準ずる存在となった。同じ歌から、ほかにも多くの「闘い」をテーマとした替え歌が生まれた。そうした替え歌のなかには、公民権運動や労働運動で歌われたものもあり、歌われる「闘い」の性質は一様ではない。しかし、それは元歌から共通する要素を受け継いだ結果であることは確かである。そして、個々の状況を捨象した「リパブリック讃歌」の歌詞について言えば、宗教的使命感を核にしたその普遍性ゆえに、アメリカという国家の権威を背負いやすかったと言えるだろう。

「ジョン・ブラウンの屍」とその替え歌の、こうした「闘い」を鼓舞する一面は、ある種の危うさを孕んでいる。奴隷制に終止符を打つことを目的としたジョン・ブラウンの反乱が、道義的に正しいものであったとしても、暴力を前提とした「闘い」は、大義の前に立ちふさがるものを力ずくで排除し、必要とあらば彼らの命――ときには、他ならぬ「黒人の命」――を奪う。実際、反乱のなかで、ハーパーズ・フェリー駅の手荷物係ヘイウッド・シェパードと、ブラウンの部下で反乱中に戦列を離れようとしたデインジャーフィールド・ヌーピーという二人の黒人が射殺されている。二人の「黒人の命」が失われたことは、必要な犠牲というだけでは正当化できないし、安易に正当化するべきではない。「ジョン・ブラウンの屍」は、こうした犠牲を腐っていく屍に象徴されるブラウンの死によって贖い、ブラウンの魂を北軍兵士とともに行進させることで、国家転覆を試みた逆賊を、連邦統一の擁護者に変換する。血なまぐさい文脈が拭い去られた「リパブリック讃歌」に至っては、アメリカ合衆国という「共和国」を神聖化し、国内外でアメリカが奪ってきた多くの罪のない命の存在を、曖昧で美しいイメージのなかに隠蔽する。

しかし、一方で、この歌は、勇壮で気高い仮面のしたに、スコットランド系軍曹をからかう戦友たちのニヤニヤ笑いを隠している。国のため、民族のため、仲間のために死んで英雄になれと言うその同じ口で、そうした価値をあざ笑い、そもそもの初めから歌が抱えていた「笑い」の地平に聞くものを引き込む。人びとは、歌が持つ二つの顔の落差に拍子抜けして、自分たちが潜在的に持っている「笑い」への渇望に気づくのだ。こうしたプロセスのなかで、国家、民族、大義と言った権威は相対化される。「お玉杓子は蛙の子」のナンセンスな歌詞もまた、そうした落差のある場所を求めて、「ジョン・ブラウンの屍」に近づいていったのかもしれない。もっとも、ラディカルな反乱者の歌であったことが忘れられた現代の日本では、この歌からそうした落差が生まれることはないだろう。いや、しかし、わからない。そう遠くない将来、お玉杓子が仮面を脱いで、自分は死んだ英雄だと言う日が来るかもしれない。そのとき、私たちはそれを冗談として笑い飛ばすのか、それとも「タラウガムクロモ　タフレタリ　ススメ　ススメ」と勇壮さに酔いしれてしまうのか。

歌はどちらの可能性も残している。

●本稿は『ジョン・ブラウンの屍を越えて――南北戦争とその時代』（金星堂、二〇一六年）所収の同タイトルの論文に加筆したものである。

『海底二万里』のテロリスト——ジュール・ヴェルヌの奴隷制批判

馬場聡

『海底二万里』挿絵
An illustration from Jules Verne's novel "Twenty Thousand Leagues Under the Sea" (1866-69) drawn by George Roux. Ⓒ

はじめに

二〇二〇年六月、ワシントン州シアトルのキャピトルヒル地区は、ブラック・ライブズ・マター運動（BLM）に沸いた。抗議者たちは占拠するこの界隈を「キャピトルヒル自治区」と称し、七月一日に警察による大規模な介入により解放されるまでのおよそ一か月間、太平洋岸北西部における抗議活動を象徴する拠点となった。当該地域に関する報道によると、「ピュージェット・サウンド・ジョン・ブラウン・ガン・クラブ」という左派自衛集団が自主的に、この抗議運動の警備にあたったという。アメリカではローカルな武装自衛団体はさして珍しいものではない。だが、この団体の名称が、あの十九世紀の反奴隷制テロリスト、ジョン・ブラウンに由来するからには、現在のBLMのうねりの背後に、連綿と続くアメリカ黒人運動の歴史があることを意識してしまう。

ちょうど同じ時期にBLMは大西洋の向こう側、フランスにも波及した。パリ、マルセイユ、リヨン、リールなどで、二〇一六年にパリ郊外で黒人男性アダマ・トラオレが警官に拘束され死に至った事件に対する抗議が繰り広げられた。後述するが、フランスは奴隷貿易の拠点港を擁していたこともあり、二〇一四年にユネスコの「奴隷の道プロジェクト」がパリを中心に展開されるなど、旧世界における黒人の問題に対する関心が高まりを見せていた。フランス政府が二〇二〇年六月に、奴隷制の犠牲者を追悼する記念碑をルーブル美術館の西側にあたる、チュイルリー公園に設置する計画を発表したことも記憶に新しい。アメリカとフランスという大西洋の両岸におけるBLMの広がりを考えるときに脳裏をよぎるのは、奴隷制に並々ならぬ関心を寄せ、反奴隷制テロリストの姿を描いたフランス人作家、ジュール・ヴェルヌだ。

ヴェルヌは、一九世紀のフランスを代表する作家であるが、彼が残した作品にはアメリカと関係づけられるものが多いことをご存知だろうか。もちろん、ヴェルヌがジェイムズ・フェニモア・クーパーやエドガー・アラン・ポーなど、一九世紀アメリカ文学の影響を多分に受けていることはしばしば指摘されるところだ。ヴェルヌの「驚異の旅」シリーズに含まれる六十強の作品のうち、三分の一以上がアメリカを舞台にしているというからには、単なるアメリカ贔屓でかたづけられる話ではなさそうだ。奇妙なことに、世界中の人々に親しまれてきた冒険譚シリーズ「驚異の旅」に限って言えば、本国フランスの具体的な描写はほとんど出てこない。この「フランスの欠落」については、ヴェルヌ研究者であるウィリアム・ブッチャーの業績に詳しい。ここで考えたいのは、ヴェルヌがアメリカを描くことに情熱を注いだのはなぜか、というシンプルな問いだ。創作におけるアメリカへの傾倒とは裏腹に、伝記的事実としてヴェルヌは英語による読み書きができなかった。アメリカへの渡航歴も一八六七年に弟とともにニューヨークを訪れた際の一度きりにとどまる。

一八二九年生まれのヴェルヌは、五〇年代から半世紀以上にわたって絶え間なく膨大な数の作品を出版し続けた。彼の作家としてのキャリアは、ちょうど四八年のフランス二月革命後にはじまった。言うまでもなく、彼の創作時期は、大西洋を隔てた合衆国では南北戦争前夜から、戦時下、そして奴隷制廃止というアメリカ史のきわめて重要な局面と重なっている。フランス人作家ヴェルヌの目には、十九世紀後半の合衆国はどのように映っていたのだろうか。本書のテーマである「ブラック・ライブズ・マター」という文脈にヴェルヌを位置づけることで、このフランス人作家の作品が十九世紀アメリカ史と謎めかしく共鳴しているさまが明らかになる。ヴェルヌと南北戦争期のアメリカとの関係を考える端緒はあまりにもよく知られた物語の一節に潜んでいる。海洋冒険小説『海底二万里』（一八七〇）の語り手、アロナックス教授が覗き見たネモ船長の居室には、数枚の銅版画が飾られている。その中の一枚は、奇しくも奴隷解放の殉教者ジョン・ブラウン、その人に他ならない。本稿ではヴェルヌの作品と南北戦争期の合衆国との分かちがたい結びつきについて、軍事テクノロジー、テロリズム、奴隷制という観点から考えると同時に、『海底二万里』に見られる十九世紀アメリカン・ナラティヴとの類似性について考えたい。

軍事テクノロジーと空想科学小説

東京ディズニーシーの「ミステリアス・アイランド」というエリアは、ヴェルヌの『驚異の島』（一八七四）をモデルにしている。この物語はダニエル・デフォーの『ロビンソン・クルーソー』（一七一九）やヨハン・ダビット・ウィースの『スイスのロビンソン』（一八一二）などに典型をみる、「ロビンソン変形譚（ロビンソネイド）」の系譜に位置づけられる。この作品のユニークな点は、このジャンルではお馴染みの「航海中の難破」という設定ではなく、南北戦争のさなか、南軍に捕虜として軟禁されていた北軍支持者たちが、当時の先端技術であった「気球」に乗って脱出を試み、無人島に「空から舞い降りる」ところだ。パーク内のこのエリアは、いわゆる懐古趣味的未来《レトロ・フューチャー》をイメージさせるさまざまなオブジェによって、一九世紀作家が夢見た近未来のテクノロジーのありようを再現している。ヴェルヌ作品にみられる「レトロな」先端テクノロジーの着想をもたらしたのは、十九世紀後半の科学技術の躍進である。

南北戦争は軍事史的にみると、まさに近代戦の幕開けだった。当時の軍事テクノロジーの発展を特徴づけるものとして、電信（モールス信号）を用いたコミュニケーション、部隊を移送するための鉄道、上空からの偵察を可能にする気球、そして長距離砲を挙げることができる。こうした軍事テクノロジーは、ヴェルヌの関心を惹きつけてやまなかった。

南北戦争期の軍事テクノロジーが創作の要となった例として筆頭に挙げられるのは、宇宙旅行を主題にした連作「月世界旅行」［『地球から月へ』（一八六五）、『月世界へ行く』（一八七〇）］であろう。「月世界旅行」は、北軍の砲弾開発部隊「ボルチモア大砲クラブ」に所属していた退役軍人たちが高度な専門技術を応用して、月面に人間を送り込む顛末を物語るサイエンス・フィクションだ。歴史的事実として、戦地に大量投入されたコロンビヤード砲は、飛距離の利ゆえに、南北両軍によって主要な兵器として実戦投入された。ところが、終戦を迎えるとこうした大砲は各地の要塞に放置されてしまう。「月世界旅行」は兵器開発技術者の再雇用と軍事技術の平和的転用の必要性からはじまる宇宙開発事業を描いた作品だ。大砲をロケットに応用するのは、今からするといささか荒唐無稽な発想に思える。しかし、この作品以降、「大砲からロケット」を夢想するSF翻案作品が現在に至るまで人気を博してきたことを考えると、一笑に伏すこともできない。一九九二年に開園したディズニーランド・パリの人気アトラクション「スペース・マウンテン」が、まさに「月世界旅行」のスチーム・パンクを思わせる世界観をもとにデザインされ、大砲ロケットがオブジェとして展示された経緯もある。このように、ヴェルヌの軍事技術の平和利用という着想は、凄惨な戦争の記憶を未来志向のファンタジーに作り変えた。『地球から月へ』の冒頭で「ヤンキーは世界の中でも最初にして、第一級のエンジニアなのだ。それは、生まれながらにしてイタリア人が音楽家であり、ドイツ人が形而上学にたけているのと同じことだ」と語られるように、ヴェルヌにとって当時のアメリカは文字通りテクノロジー国家であった。『神秘の島』の英雄的登場人物サイラス・スミスが卓越した知性と技術をもつエンジニアに設定されていることはその好例である。

さて、南北戦争において大規模な地上戦が展開されたことは知られているが、戦況を左右する重要な海上作戦が実行されていたことは意外と知られていない。時は一八六一年、エイブラハム・リンカン大統領は「南部港湾に対する封鎖の宣言」において、南部諸州の主要な港に「実行力のある軍隊を配備して、港湾を出入りする艦船を妨げること」を宣言した。この宣言にもとづいて、合衆国は六五年まで南部連合国に対する海上封鎖（経済封鎖）を実行する。ヨーロッパとの貿易を遮断する兵糧攻めに等しい海上封鎖に対して、南部連合国側は「封鎖ランナー」と呼ばれる高速の封鎖破り船で対抗したり、あるいは海域を実行支配していた船隊を攻撃することでこの難局を切り抜けようとした。

一八六四年、南軍のハンリー潜水艇は実戦攻撃を行い、北軍のUSSフーサトニック号を沈没させることに成功した。動力源を人力とするきわめて原始的な潜水艇であったが、この出来事は潜水艇が実戦で用いられ、実質的な成果をあげた最初の例、つまり軍事技術史上の大きな達成として記憶されている。それから六年後、ヴェルヌの海洋冒険小説『海底二万里』が出版される。伝記的事実から言うとノーチラス号の直接のモデルは、ヴェルヌがパリ万国博覧会（一八六七年）で目にした、フランス海軍の動力付き潜水艦プロンジュール号（一八六三年進水）の模型であった。先端部に体当たり攻撃用の衝角を有したその船体は、ヴェルヌが想像したノーチラスのイメージと見事に符合する。とは言え、プロンジュールは開発実験用の艇と言うべき代物にすぎず、潜航することもままならないまま退役した。「月世界旅行」の例のように、南北戦争における軍事技術から空想科学小説の着想を得ていたヴェルヌが、潜水艦ノーチラス号のアイディアの一部をハンリー潜水艇から得ていたとしてもなんら不思議はない。当のヴェルヌは、海上封鎖破りをテーマにした中編小説『封鎖ランナー』（一八六五）を文芸誌『家族の博物館』に掲載しているのだから、ハンリー潜水艇に通じていた可能性もある。軍事技術を参考にして構想されたノーチラス号は、「月世界旅行」のロケット技術とは対照的に、「特異な暴力」を行使する。

深海のテロリスト

ネモ船長に操られるノーチラス号は、世界各地の海を航行する商船や軍艦を次々に攻撃し沈没させる。人々は海洋で起こる凄惨な出来事を引き起こしているものの正体が、潜水艦のような人工物であるのか、あるいは「北極地方の恐ろしいモービー・ディック」のような巨大な海洋生物なのかすら判断がつかなかった。やがて世論が海洋生物説に傾くと、合衆国政府は重装備を施したフリゲート艦エイブラハム・リンカン号で怪物退治の航海に踏み切る。この航海に同行を要請されたのが、本作の語り手、パリの博物学者アロナックス教授である。のちにノーチラス号に拿捕されたアロナックス教授一行は、潜水艦の驚くべきテクノロジーはもとより、ネモ船長を筆頭とする乗組員たちが用いる人工言語に驚異の念をあらわにし、理由が明かされないまま行われる洋上の船舶への攻撃に戸惑いを隠せない。もちろんノーチラス号の攻撃の目的は植民地主義国家に対するテロリズムである。ここで注目したいのは、『海底二万里』においてアロナックス教授が目にしたネモ船長の船室の様子である。

はいった瞬間、壁につるされている何枚かの銅版画が目にとびこんだ。さいしょにおとずれたときには、気づかずにいたのである。それらは、生涯を人類の偉大な理想にささげた歴史上の偉人の肖像画だった。……奴隷制支持者の凶弾にたおれたリンカン、そして最後には、絞首台につるされた黒人解放の殉教者ジョン・ブラウンの肖像画があったが、その絵は、ヴィクトル・ユゴーの筆でおそろしく描き出されているままのものだった。これらの英雄的な人々とネモ船長とのあいだには、どんなつながりがあるのだろうか？こうしてあつめられた肖像画から、ついに船長の謎をさぐりだすことができるだろうか？　彼は、圧迫された民族の闘士、奴隷の解放者なのだろうか？　今世紀の最近の社会的な動乱で活躍したのであろうか？アメリカのおそろしい戦争の、あの痛ましくも栄光ある南北戦争の主役のひとりなのだろうか？

この場面では、ネモ船長の部屋に飾られた肖像画について詳細な記述がなされている。南北戦争で北軍を率い、奴隷解放を宣言したリンカンについては、アロナックス教授が怪物退治に漕ぎ出した船が「エイブラハム・リンカン号」であったこととのつながりを考えねばならない。つまり、皮肉にもノーチラス号は、ネモ船長が敬愛するリンカンの名を冠した船に追撃されていたことになる。さらに、急進的奴隷解放論者ジョン・ブラウンの肖像画の存在は、『海底二万里』における植民地主義の圧政に対する抵抗という主題から考えると、きわめて重要な意味を帯びる。ブラウンは、一八五六年のカンザス州ポタワトミーにおける奴隷制擁護派五名を殺害したのを皮切りに、一八五九年ウエスト・バージニア州ハーパーズ・フェリーにおける武器庫襲撃に至るまで、急進的な活動を続けた。植民地主義の被抑圧者を支援し、武力によって圧政に抗すという意味で、ネモ船長はブラウンにその似姿をみる。

引用箇所で言及されているユゴーについての言及は、一八六〇年に絞首刑に対する抗議を目的として描かれたジョン・ブラウンの肖像画（ルーヴル美術館所蔵）を指している。『レ・ミゼラブル』（一八六二）におけるブラウンに対する高評価を挙げるまでもなく、ユゴー自身は熱狂的なブラウン支持者であった。一八五九年に『ロンドン・ニューズ』あてに「ブラウンの処刑はヴァージニア州の奴隷制を堅持することにつながるだろうし、アメリカの民主主義全体を揺るがすことは明らかだ」と収監中のブラウンに対する恩赦を求める声明を送った経緯は広く知られている。新旧両大陸のメディアに掲載されたこの声明は、奴隷制の是非をワールド・ワイドな舞台で問うたという意味で大きな印象を残すことになった。

ジョン・ブラウンの肖像画とともに潜航するノーチラス号は、大洋を縦横に進み、出くわした欧米の商船や軍艦に鉄槌を下す。船に対する攻撃を止めようとするアロナックス教授の前で、ネモ船長はその倫理的負債を次のような言葉で打ち消そうとする。

わたしは抑圧された者であり、あそこにわたしを抑圧した者がいる！　わたしが愛し、いとしみ、うやまったものすべてを、祖国を、妻を、子どもたちを、わたしの父を、わたしの母を、あの抑圧者のために、わたしはのこらず失ったのだ！　わたしが憎んでいるすべてのものが、あそこにいる！

植民地支配の結果もたらされたネモ船長の悲劇は、激しい復讐心を生み、テロリストとしての姿をあらわにするが、巡航の目的は必ずしもテロ行為だけではない。ノーチラス号には一万二千冊を擁する図書室がある。「そこには、あらゆる言語で書かれた、科学や倫理や文学の本があふれていた。しかし、経済学の本は一冊も見あたらなかった。それらは、船から厳重にしめだされているようだった。」という記述からわかるように、ネモ船長が抱く植民地政策下の経済システムに対する不信が作品中に遍在している。黒人文芸批評家ヒューストン・ベイカーは『ブルースの文学』において、環大西洋地域に支配的だった「搾取の生産様式」を明らかにすることで「奴隷の経済学」という概念を提示した。経済学の書物が欠落したネモ船長の蔵書リストが暗に示すのは、まさにベイカーの言う「奴隷の経済学」への静かな批判と解することができるだろう。作品中で前景化されるエピソードで、ネモ船長は真珠を採って暮らす貧しきインドの民に過分な施しと慈しみを与える理由を「あのインド人は、抑圧された国の人です。そして、わたしはいまもなお、そして、最後の息をひきとるまで、その国のひとりでいるつもりです」と説明する。このように、植民地主義の被抑圧者に対する経済的な支援は、ノーチラス号の乗組員たちの重要な任務の一つであることが明かされる。

ヴェルヌのジョン・ブラウン表象は、『海底二万里』にとどまらない。一八八七年に『教育と娯楽』誌に掲載された『北部対南部』はタイトルから自明であるように、南北戦争そのものを戯画化した作品である。この作品においては、一八五九年のハーパーズ・フェリー攻撃の詳細にはじまり、投獄されて処刑に至るまでの歴史的経緯が詳述されている。こうしたヴェルヌ作品におけるブラウン表象をみると、作家自身がブラウンという人物に対して並々ならぬ思い入れをもっていたように思われる。とは言え、ヴェルヌに関する伝記的研究によれば『海底二万里』におけるブラウンの扱いには、いささか味気ない裏話があったようだ。文学研究者レオニダス・カリヴレタキスによると、ヴェルヌは当初ネモ船長をロシアの圧政に抗うポーランドの対ロシア独立運動活動家として構想していたとのことだ。ところが、編集者ピエール・ジュール・エッツェルはロシアとの政治的な関係に配慮して、ネモ船長をジョン・ブラウンのイメージを付与した奴隷解放の闘士という設定にすることを提案したのだという。この提案を受けてヴェルヌがエッツェルに宛てた手紙は興味深い。

あなたは奴隷制の廃止は現代においてもっとも重要な経済上の事件であったとおっしゃる。私も同感です。でも、この作品とは関係ありません。わたしはジョン・ブラウンの事件を好意的にみていました。あの事件が実に明快であるからです。しかし、奴隷解放の闘士という設定にするのでは、ネモ船長の人物造形がまずくなるでしょう。国籍も素性も、そして彼を不思議な存在にしている出来事もあいまいなままにしておくべきだと思います。仮にネモ船長が奴隷商人に復讐したいのであれば、グラント将軍の軍隊に従軍させればいいだけのことです。

この書簡を見ると、ヴェルヌはブラウンの事件を支持し、一定の評価を与えているようだが、創作上の理由からネモ船長を奴隷解放の闘士と明示しろという編集者の提案を受け入れてはいない。結果的にネモ船長の素性は判然としないまま本書は出版される。こうして、船室に飾られたブラウンは、ネモ船長が敬愛する人物のひとりという位置づけにとどまることになる。

『海底二万里』の続編である『神秘の島』では、ネモ船長自身の回想によって本作の隠された事実が明かされる。インドのバルディカンド地方にある国の王子であったネモ船長（ダカール王子）は、「インドを奴隷化した呪わしい国」であるイギリスを憎み、一八五七年にインド兵による大反乱を指揮した。最終的にイギリス軍が反乱兵を壊滅させるが、ネモ船長は一命を取り留める。この武装蜂起によって仲間の兵士のみならず、両親、妻、子供までも失ったネモ船長は、ノーチラス号を開発して海底の人となって海洋を行く欧米の船へのテロを繰り返す、という筋書きがあとづけで用意されることになった。

前述したユゴーに例を見るように、一九世紀後半のフランスでは、南北戦争期の合衆国の政治状況に対する関心はきわめて高かった。もちろん、若き新世界国家の近代化と、その民主主義のありようを問い直す歴史的なモメントが、旧世界の人々の関心をかきたてたことは容易に想像できる。とは言え、アメリカへの渡航経験も乏しく、英語自体の読み書き能力すら満足でなかったヴェルヌの著作の多くが奴隷制や南北戦争期の合衆国を扱っていることに、いまだに奇妙な印象をぬぐえない。

大西洋の「向こう側」

ユネスコの文化越境事業「奴隷の道プロジェクト」は、環太平洋奴隷貿易の歴史を世界市民の記憶とすることを目的とする。このプロジェクトは二〇一四年をもって二十周年を迎え、記念行事や関連イベントがパリで開催されたことは記憶に新しい。大西洋の西岸から奴隷制を考えるパースペクティヴになじみ深いアメリカ研究者にとって、大西洋の「向こう側」は常に研究上の死角ではなかったか。フランスが関与した奴隷貿易によって強制移送されたアフリカ人の多くは、積み替え港であったナントを経由してアメリカへ送られた。奇しくも三角貿易の一大拠点として栄えたこのフランス西部の港こそ、ジュール・ヴェルヌの生まれ故郷である。

フランスにおける奴隷制は、ジャコバン派の第一共和政期（一七九四年）に一度廃止されたが、それをあのナポレオン・ボナパルトが復活させてしまう。結果的にフランスとその植民地において、奴隷制がふたたび廃止されるのは、第二共和制下の一八四八年を待たねばならなかった。それはちょうど、奴隷貿易で繁栄したナントで生まれ育ったヴェルヌがデビュー作、戯曲『折れた麦わら』（一八四八）を上演したときのことである。文学研究者ピーター・アバガーはヴェルヌ作品の奴隷制への言及を網羅的に検証しながら、「奴隷制に反対することは、ヴェルヌにとって哲学上の道理であった」と指摘する。さらにアバガーは、ヴェルヌの時代に違法なかたちで奴隷貿易が残存していたことが、辛辣な批評性を帯びた奴隷制への言及をもたらしたことを明らかにする。奴隷制廃止後のフランスがアフリカ地域の植民地化を積極的に進めたことを考えると、アバガーのヴェルヌ評は合点がいく。一八七八年に出版された『少年船長の冒険』はアフリカに漂着した一行の物語であるが、この作品の第二部はアフリカ植民地における奴隷売買の現状と、遡って西洋諸国が奴隷売買に加担した歴史的な経緯がかなりのページを割いて、詳述されている。

奴隷売買！ 人間の言語にあってはならないこのことばが何を意味するのか、知らない人はいないだろう。植民地をもつヨーロッパ諸国家の利益のために長い間行われたこの憎むべき交易は、もう何年も前に禁止されていた。しかし、実際には依然として大規模に行われていたのである。特に中部アフリカで多かった。十九世紀も半ばを過ぎたというのに、キリスト教を自認する諸国が、まだ奴隷廃止条例に違反した行為をしているのであった。

『少年船長の冒険』のこうした記述を見ると、ヴェルヌはフランスにおける奴隷制廃止後も残存する奴隷売買に相当な関心を寄せていたと思われる。このような奴隷制廃止論者としてのヴェルヌ像を確認したうえで、再び『海底二万里』に立ち返ってみたい。

作品中、大洋を航行する船を攻撃するテロリストとしてのネモ船長の倫理的負債は、一定程度免責されている。すでに指摘したように、ネモ船長の最愛の家族の命を奪った上に、今なお植民地主義的暴力を行使し続ける西洋文明を悪とする構図が担保されているからである。しかし、このテクストは「狩るものと狩られるもの」の反転の可能性を皮肉な形で問い直す。ノーチラス号に長期間拘束されているアロナックス教授が

「あなたがわれわれに課しているのは、まさに奴隷の身分ではありませんか！」と口にするとき、読者ははっきりと「ミイラ取りがミイラになった」式に、ネモ船長がアロナックス教授らに行使する権力が、奴隷制的構造を反復していることを理解する。さらにノーチラス号において、ネモ船長と人工言語を強要され、黙々と艦のオペレーション業務に人生を捧げる乗組員との関係もが、明確な支配と従属の構図を印象づけている。

　ノーチラス号に拿捕された結果、アロナックス教授によって叙述される驚異の数々、そして最終的に艦から「命からがら脱出する」という物語構造は、アメリカ文学を特徴づける物語群を想起させる。それは言わずもがな、インディアンに囚われた白人が、そこで体験した驚異と、そこからの帰還を語る捕囚体験記《キャプティヴィティ・ナラティヴ》との相似である。批評家ロザリンド・ウィリアムズは「ジェイムズ・フェニモア・クーパーのようなアメリカ作家と同様に、ヴェルヌは復讐心に燃えるヒーローと救いようのない捕囚という神話に取り組んだ」と述べ、本作品と捕囚体験記の伝統との関係を指摘する。ウィリアムズが述べるように、クーパーの皮脚絆物語に親しんだとされるヴェルヌが、捕囚体験記のジャンル論的特徴を自身の創作に反映させていたとしても不思議はない。こうして見えてくる『海底二万里』の捕囚体験記的構図は、パリの博物学者アロナックスが未知の先端科学を前にした時の未開人さながらの立場を提示する。インディアン捕囚体験記における「未開の発見」とは対照的に、主客転倒した「未来の発見」が本作の基本構造と言うべきか。

　さらにアメリカン・ナラティヴとの関係で考えるならば、ノーチラス号において自らが「奴隷の身分」に置かれていることを看破するアロナックス教授の発言から、もうひとつのジャンル論的類似を考えねばならない。それはもちろん十八世紀から十九世紀にかけて、合衆国で多数出版された奴隷体験記《スレイヴ・ナラティヴ》である。ヴェルヌがアメリカの奴隷体験記に通じていたという実証的な裏付けはないが、十九世紀奴隷体験記の金字塔『数奇なる奴隷の半生――フレデリック・ダグラス自伝』（一八四五）が、原著出版から時を経ずしてS・K・パークスなる人物によってパリのパグネールという出版社から仏訳出版（一八四八年）されている。憶測にすぎないが、奴隷貿易の町で生まれ、ジョン・ブラウンを敬愛するヴェルヌは、仏語に訳されたこの奴隷体験記を目にしていたかもしれない。「どんなところでも、奴隷は自由をとりもどす権利をもっています！　そのためにはどんな手段をとろうと正当であると、奴隷は考えてもいいのですよ！」とネモ船長に談判する一節から浮かび上がるのは、捕囚体験記ならぬ奴隷体験記の語り手としてのアロナックス教授の姿である。

おわりに

批評家ジャン・チェスノーは「ヴェルヌが思い描いていた人類の発展のモデルにもっとも近いのが合衆国だった」と、このフランス人作家を惹きつけてやまなかった十九世紀合衆国を評している。チェスノーが前提とするのは、これまで確認してきたように、奴隷制廃止という社会変革を成し遂げ、科学技術による近代化の道をひた走る合衆国の状況であった。ヴェルヌ作品が一九世紀アメリカのイメージをフランスに伝えるメディアであったのと同時に、なんとそのヴェルヌ作品は、十九世紀アメリカ演劇「スペクタクル」の人気上演題目として逆輸入され人気を博していたというから面白い。スペクタクル演劇の興行師キラルフィ兄弟は、ヴェルヌの『八十日間世界一周』（上演一八七五年）、『月世界旅行』（上演一八七七年）、『皇帝の密使ミハイル・

ストロゴフ』(上演一八八二年)、『アドリア海の復讐』(上演一八八八年)といった作品群をあのトマス・エジソン監修のもと、先端照明技術を効果的に用いて、文字通り「スペクタクル化」した。こうして、ヴェルヌを介した一九世紀の大西洋横断的文化交渉の見取り図が明らかになる。

『海底二万里』は、深海を行くノーチラス号がエドガー・アラン・ポーの『メエルシュトレエムに呑まれて』(一八四一)から着想を得た大渦巻にのみこまれた隙にアロナックス一行が脱出することで大団円を迎える。作品内において、ネモ船長とジョン・ブラウンの肖像画を乗せた潜水艦のその後が明かされることはない。時は二十世紀中庸、ウォルト・ディズニー・プロダクションによって制作された大ヒット映画『海底二万哩』(一九五四)が公開され、そのおよそ半世紀後に映画版の意匠をもとに東京ディズニーシーの人気アトラクションが作られた。もちろん、これらの大衆文化領域の翻案作品にジョン・ブラウンの肖像画はない。

冒頭で言及したシアトルのキャピトル地区占拠事件の例のように、ジョン・ブラウンの亡霊が各地をさまよっている。オレゴン州ポートランドにあるジョーダン・シュニッツァー美術館ポートランド分館では、二〇二〇年三月から新進気鋭のアーティスト、ダニエル・デュフォードが描いたジョン・ブラウンの作品群をフィーチャーした「絞首台のジョン・ブラウン」展が開かれている。期せずして、この美術館からほど近いポートランド市内では、トランプ大統領が派遣した治安部隊とデモ隊との衝突が繰り広げられた。ブラック・ライブズ・マターのうねりと共振しながら、ジョン・ブラウンが現在のアメリカに憑依しているかに思えてならない。

●本稿は「潜航するジョン・ブラウン—ジュール・ヴェルヌの南北戦争」(『ジョン・ブラウンの屍を越えて—南北戦争とその時代』所収、金星堂、二〇一六年)に加筆・修正したものである。

人種差別と欧米型近代

北島義信

モーシン・ハミード著『ラホールの喫茶店での出会い』
Mohsin Hamid
The Reluctant Fundamentalist (2007)
ISBN 0-241-14365-9

はじめに

二〇二〇年五月二五日、アメリカ・ミネソタ州ミネアポリスで武器を持たない黒人男性、ジョージ・フロイド氏が白人警官に首を膝で抑えつけられて、窒息死させられた。その暴行の様子は、一七歳の女性が撮影し、その映像がSNSによって世界に広がった。この生々しい映像は、二一世紀の現代においても、白人警官によるこのような人種差別的蛮行が行われていることを明らかにしたものであり、誰もがショックを受けた。翌日の五月二六日に、インディアナ州インディアナポリスでは五月三十日に、抗議運動が展開された。平和な抗議デモは、一九六〇年代の「公民権運動」以来の広がりを見せ、「全米三千~四千地域に広がり『米史上前例のない規模』になった」(『中日新聞』、二〇二〇年六月二〇日)。アメリカで起こった人種差別反対運動は、韓国、オーストラリア、イギリス、フランス、カナダ、日本などにも広がっている。そこには、「沈黙は誤り」「沈黙は犯罪」という、主体性・倫理性を問い行動を促すスローガンもみられる。

「黒人の命は大切だ」というスローガンが世界に広がったのは、この「事件」が「構造的な人種差別と奴隷制や植民地主義支配の過去」と密接に繋がってもいるからでもある。この背景には、「奴隷貿易・奴隷制度を『人道に対する罪』とし、植民地支配を『遺憾』とした」、二〇〇一年の「ダーバン宣言」がある(『赤旗』、二〇二〇年八月一五日)。

日本では、アメリカは「自由平等の国」であると考えている人が多い。しかし現実はそうではない。一九五〇年代のアラバマ州のモントゴメリーでは、バスの前方は白人用で黒人と白人の座席は分離されていた。また、南部の多くの地域では、黒人は投票から締め出されていた。これらの差別に対する非暴力の闘いを指導したのが、黒人のマーティン・ルーサー・キング・ジュニア牧師であった。公民権運動と呼ばれるこれらの活動によって、ジョンソン大統領が議会に提案した「投票権法」は一九六五年に可決された。この投票権法は、「黒人から投票権を奪うための読み書きテストやその他の手段を禁じた。また、選挙手続きを変更しようとする際に、疑わしい郡においては司法省から承認を得ることを義務づけた。そして、地元の選挙事務所が不正をしていると判断したときは、黒人が選挙登録できるよう、連邦政府の司法長官に連邦調査官を派遣する権限を与えた」（ジョナサン・アール著、古川哲史／朴珣英訳『地図でみるアフリカ系アメリカ人の歴史』、明石書店、二〇一一年）。

生活においては、今日でも黒人と白人との間には大きな経済格差が存在し、「ブルッキングス研究所の調べでは、二〇一六年の平均的な白人世帯の所得は一七万一〇〇〇ドルだったが、黒人世帯は一万六七〇〇ドルで、わずか十分の一であった。また、労働統計局によれば、本年五月の失業率は白人が一二・四％だが、黒人は一六・八％（全国平均一三・三％）である」（村岡到「アメリカでの『黒人差別』の深刻さ」、『フラタニティ』No.19、二〇二〇年八月）。

六月一日に、トランプ大統領がホワイトハウス前の平和なデモに催涙弾やゴム弾を打ち込ませ、蹴散らした姿は、一九六〇年代における公民権運動の弾圧と非常に似通っている。

私はこの小論で、何故に人種差別がアメリカで続いているのか、その根本原因は何か、どうすればこのような差別を克服した共生社会は可能になるのかを考えたい。

人種差別とアメリカ社会――リチャード・ライト『ブラック・ボーイ』

私はこれらの一連のニュースをテレビで見ながら、アメリカの黒人作家リチャード・ライトや南アフリカの作家が描いた作品を思い出した。リチャード・ライトの自伝的小説である『ブラック・ボーイ』(一九四五年)には、次のような場面の描写がある。彼は中学の卒業時に、校長が作成した白人を称賛する「答辞」を読むことを拒否したため、進学はできなくなり、衣料店に勤めることになるが、そこの店主と息子が一人の黒人女性を殴り倒す場面を目撃する。この出来事を街角から眺めていた白人警官は、警棒をひねくり回して見ているだけで、全く動く気配はなかった。その黒人女性が、血を流し、泣き叫び、腹をおさえながら出てくると、その警官は彼女を酔っ払いの罪で捕らえ、パトカーを呼んで運び去った。

南アフリカの作家アレック・ラ・グーマの『夜の彷徨』(一九六七年)という作品があるが、ライトの描くアメリカ社会と酷似している。この作品は、「アパルトヘイト体制(人種差別体制)」時代におけるケープタウンの貧民街「第六区」の一夜を、「カラード(混血)」の青年マイケル・アドニスを中心に描いたものである。マイケル・アドニスは、つねに自分を差別する白人の職長に「馬鹿野郎」と言って口答えしたため、その場で馘《くび》になる。当時、南アフリカでは人口の二割にも満たない白人の平均収入は「三つの人種(黒人、カラード、インド人)」の全部を合わせた収入の十倍以上といわれていた。解雇された当日、彼は二人の白人警官に職務質問を受ける。

「『おい、お前、どこへ行くんだ?』。『家に帰るところです』。マイケル・アドニスは警官のベルトのバックルを見て言った。ポケットのボタン、あるいは、…警官の制服の、ある一点を見つめることを人々は経験から知っていた。やつらの眼を決して見つめてはいけない。…あえて警官の眼をまっすぐに見つめて、彼らに挑戦したり、また彼らの権威に疑問をさしはさんだりするのは、まったくの勇敢な者か、それとも大バカ者かのどちらかだ。…この警官は、残忍な声で尋問した。『マリファナたばこはどこだ?』。『俺は吸いません』。『おい、ポケットをひっくり返せ、すぐやるのだ』。最初の警官が命令した」。なにも薬物がないことがわかると、こんどはポケットに入っていた金を尋ねる。「『この金をどこから盗んだのだ?』。その問いには、何のユーモアもなく、ひどく真面目であった。『盗んだのじゃありません。旦那(このくそったれ白人め)』。『そうか、とっとと失せろ。うろついて、俺たちの目障りになるんじゃねえぞ、ええ、おい』。『はい。(このくそったれ白人め)』。『はいだと? お前は、敬語も使わず、誰に向かって話していやがるんだ?』」(『夜の彷徨』)。

この警官の一人は、妻ともめ事を起こしていて、不満がたまっていた。その不満を解消するため、チンピラ青年のウイリー・ボーイを殺人犯と思い込んで、執拗に追い詰め、逮捕することなく、射殺してしまうのである。その現場にいあわせた群衆は激怒し、パトカーに投石する。

南アフリカでは、黒人、「カラード(混血)」、インド人はアパルトヘイト体制下において「生きる術」としての「屈服」の態度を身につけなければならなかった。それはアメリカにおいても同様である。屈服することなく、人間らしく生きようとするリチャード・ライトは、「当然」のことながら、どこでも馘《くび》になるため、級友グレッグスは次のように、生き方を改めるように忠告する。「お前は、黒、黒、黒人なんだぞ。お前は、そんなこともわからないのか。ディック、お前は、やつらが白人だってことを知らないみたいに、ふるまっている。やつらにはそれがわかっているんだぜ。…白人の前では、動く前に考えろ。話す前に考えろ。お前のやり方は、俺たち黒人の間では、全く正しい。だけど、白人にはだめだ。やつらは、それに我慢ならないんだ」(『ブラック・ボーイ』)。

ライトの友人は、彼に生きていくためには、行為の前に「考えること」、話す前に「考えること」の必要性を教えた。なぜなら、無意識のうちに黒人同士で日常的にやっているのと同じこと、ごく当たり前の「人間」としてふるまっていることが白人の前で出てしまうからである。行為の前に「考える」ことによって、白人にとって「かくあるべしという黒人」、「屈服した黒人」としてふるまうことが、「生きるため」のやり方なのである。

黒人に「かくあるべし」という姿を強制する白人社会の体制は、黒人の意識をも変えてしまう。しかしながら、まったく疎外された人間として、暮らし続けることは可能であろうか? 人間である黒人が、すべての点において人間であることを否定して生き続けることは不可能である。またその強制は、白人をも非人間化してしまう。

人間が人間を差別するのは、「人工的」状態であり、黒人がこのような「人工的」状態に常に居続けることは不可能である。「人工的」状態は、「まなざし」一つで、容易に破壊される。それは白人にとっては、許されぬことである。黒人に対する暴行やリンチは、この「人工状態」の破壊に対する「復元作用」に他ならない。

ライトの一連の作品の魅力は、社会的抑圧と一体化した人間の抑圧への怒りと人間回復への方向性の提示である。それゆえ、彼の作品には大きな普遍性が存在する。彼の作品を含めたアメリカ黒人文学が、なぜヒットラー支配のヨーロッパで受け入れられたかについて、ライトは次のように述べている。

「…ここでは、初めてアメリカ黒人の声が、苦しみと恐怖に満ち溢れた生活を送っている人々の心に深く突き刺さる、真に人間的な普遍的な名声を響かせたのであった。フランスのマルクス主義者やイタリアのパルチザンは、アメリカ黒人の小説を読んだ。そして初めて、彼らは自らが理解する人々がいることを感じた。…（私の小説、『アメリカの息子』、『ブラック・ボーイ』はフランスとイタリアの地下出版によって、まずヨーロッパに紹介されたのだ！）。アメリカ文学やハリウッド映画は、黒人を鮮明に描いていないことをヨーロッパ白人が悟るのは困難なことではなかった。というのは、ここには抑圧に抗する新しい種類の黒人が確かに存在し、…アメリカ黒人は、これらの抑圧された何百万もの人々が理解できる言葉を話したからである。…何百万というヨーロッパの白人がテロに曝《さら》され、ナチズムによって追われるだけ、それだけ彼らは黒人の音楽、黒人の文学に描かれた世界を理解するのであった」（『リチャード・ライト：印象と展望』、一九七三年）。

ライトが述べているように、ヨーロッパにはナチズムに多くの人々は苦しめられ、その暴力的抑圧と闘う多くの白人がいたが、彼らこそ「新しい種類の黒人」だったのである。ライトの文学作品には、アメリカにおける社会構造的な人種差別の悲惨さと批判を述べるだけではなく、そのような現実の中で人間化を求める強い意志と生き方が述べられている。この理解と感動は、「肌の色」を超えたもので、差別抑圧に抗し人間でありたいと願うものにならば、誰にでも伝わるものである。

時代の進展の中で、アメリカ黒人作家ライトや南アフリカの作家が描くようなむき出しの暴力的現実は、改善していることは事実である。しかしながら、人種差別は形を変えて存続している。そのような現実は、アメリカにわたってきたアフリカ人やパキスタン人が体験している。以下において、ナイジェリア人作家イケ・オギネの小説とパキスタン人作家モーシン・ハミードの小説を通じて、アメリカの人種差別の現状をみてみよう。

アメリカにおける現代の人種差別

―イケ・オギネ『無断居住者の物語』、モーシン・ハミード『ラホールの喫茶店での出会い』

『無断居住者の物語』（二〇〇〇年）は、ナイジェリア人作家イケ・オギネの小説で、アフリカのナイジェリアからアメリカに渡った若者オビの幻滅の体験を描いたものである。オビはアメリカに来た理由を次のように述べている。

「ナイジェリアは確かに、ばかげた危機を次から次へと引き起こしつつ、着実に衰退の道を歩み続けている。だからいつ何時、民族戦争や宗教戦争、両者の結合が勃発しても、おかしくはない。われわれはしっかりした、機能的な、ダイナミックな場所で家族としての根をしっかり降ろすことが必要だ。われわれは、『機会均等の国』で新たな出発をする必要がある。私にとって、ナイジェリアには何もなかった。そこに留まることが長ければ長いほど、私は不幸になるだろう。…しばらくの間ナイジェリアから離れるチャンスは今だけど、これは避けられないことだと知って耐えることになるだろう。つねに恋人のロボとは連絡を取り合い、常に互いに支えあうつもりだ。…私は成功を求めてアメリカに来たのであって、失敗と仲間になるつもりはなかった」。

オビはアメリカにやって来たが、そこは自分が想像していた世界とは異なっていた。アメリカで「成功」したナイジェリア人外科医の妻エゴは語ってくれた。「アメリカ人は、ナイジェリアのことなど、まるで知らないのよ」。彼女は、簡単な質問をしても、聞こえなかったかのように何度も、完全に聞くまで、繰り返させるアメリカ人に嫌気がさし、家に引きこもるのである。夫であるナイジェリア人医師は、自分の差別体験を次のように語ってくれた。

「『ロスで働いていたときのことですが、白人女性が緊急手術のために運び込まれてきました。私の下で働いている若い白人医師と一緒に、彼女を診察していたのですが、この女は、私の目の前で言ったのです。『手術中は、この人を私の部屋に入れないように』ってね。私はその病院では、ダントツに優れた外科医でした。その女は、私の下で働いている若い白人の医師の前でそう言ったのです』。その女が内にこもるタイプでなくてよかったと彼は言っていた。友達のふりをしても、心の内では、つねに卑劣なことをたくらんでいるやつよりはいいと言うのだ」。

この医師夫婦は、経済的には「成功者」といえるであろう。立派な家に住み立派な自動車ももち、生活においては金銭的には何も困っていない。彼らは数少ない「成功者」の一人といえる。彼女をみてオビは次のように思うのである。「物質的成功の量が、このアメリカでの寂しさと失望を正当化できるのだろうか。これらの失望や巨大な寂しさによって、不可避的に性格が歪められても、かまわないといえるのだろうか」。結局、アフリカからアメリカに渡っても、黒人はアメリカ人には認められない「無断居住者」なのだ。ここに、アメリカ社会には、心理的差別意識が今日も生きていることが読み取れる。

アメリカにおけるこのような差別意識は、黒人のみが感じているものではなく、「エリート」のパキスタン人も感じている。この問題解決は「他者」との共生をどのように実現すべきなのかにかかわる。このことを考えさせてくれる最も優れた文学作品の一つが、パキスタンの作家モーシン・ハミードの『ラホールの喫茶店での出会い』（二〇〇七年、原題は『しぶしぶの原理主義者』、日本語訳書は『こうもりの見た夢』［二〇一一年］となっている。扉頁書影参照）である。物語は、パキスタンの古都ラホールの喫茶店で、青年チャンゲズが見知らぬアメリカ人に話しかけるところから始まる。彼のアメリカでの生活体験のモノローグがこの小説の内容を構成している。

今は没落しているが、名家に生まれ育ったチャンゲズは奨学金を得て、アメリカの名門プリンストン大学に留学し、優秀な成績で卒業する。卒業後、彼は冷酷な金儲けを至上とする国際的コンサルタント会社、「アンダーウッド・サムソン社」に入り、優秀な営業成績を収めて、高い評価を受ける。彼はいつしか自分を「アメリカ人」として捉えるようになり、出張に出かけたマニラでも、現地人に対して高圧的な態度をとるようになる。しかしながら、アメリカ人は彼を真の仲間として認めようとはしない。ガールフレンドのエリカの家に遊びに行ったときに、彼女の父親が彼に語った次の言葉にチャンゲズは、それを感じ取った。

「パキスタンの経済は崩壊しているだろう？　腐敗、独裁があり、王子みたいな暮らしをしている金持ちがいるんだよね。他方ではすべての者は苦しんでいるというのに。私はパキスタンが好きだよ。だけど、エリート階級はあの国を十分、思い切りレイプした。そうだろう？　それに、原理主義があるじゃないか。君たち若者は、原理主義という重大な問題を以前から抱えている」。

　エリカの父は知的で、リベラルで、豊かな生活を送っていた。そんな彼も、アメリカ人の抱くステレオタイプの「パキスタン観」を脱していなかった。彼は目の前に、パキスタン出身の知的な青年がいるのに、彼と対話し自己の視点の不十分さを学ぼうとする態度は微塵もない。父親の頭にあるのは、イデオロギーとしての「『劣った』パキスタン人」全般なのだ。ここには、物事を単純に二分化して「優劣」関係でしかとらえることのできない、「平均的アメリカ人」を見ることができる。父親の話を聞いて、チャンゲズは次のように思った。

「エリカの父親が言ったことに、公然と反対するものは何もなかった。実際、それはある知識の要約だったのだ。それは最近読み始めた『ウォールストリート・ジャーナル』のフロントページの短いニュース記事によく似ていた。しかし、彼の口調は、…アメリカ人の恩着せがましい態度の底流にあるものだった。それは、私に対して否定的感情を持っていると感じさせるものであった」。

　チャンゲズは「アメリカ人の一員」として、グローバルなコンサルタント会社で働き、その人並外れた手腕も高く評価されていたが、「アメリカ人」ではなかったのだ。フィリピンでの仕事の手腕が認められて、ボーナスをもらい、久しぶりに故郷のパキスタンのラホールに里帰りする。彼はまずアメリカとラホールの物質的な格差に唖然とする。彼は自宅のみすぼらしさにショックを受ける。彼は「そんな状態を見て、悲しくなった。いやそれ以上に、恥ずかしくなったのだ。これこそが、私の出身地なのだ。ここが、私の出自なのだ」。しかし、日がたつにつれて、新たな考えが浮かぶのだった。それは、アメリカで「エリート」の暮らしをしていたため、自分の価値観が「アメリカ的価値観」に変わってしまったことであった。彼は次のように、自己を振り返っている。

「しかし、順応して環境がもう一度見慣れたものになってくると、私の家は留守中に変わってはいなかったということが、ふと心に浮かんだ。私のほうが変わったのだ。私は外国人の眼で周りを見ていたのだ。単なる外国人ではなく、特別なエリートの冷淡なアメリカ人の眼で見ていたのだ。そのアメリカ人とは、教室やアメリカのエリートの職場で出会ったとき、私を当惑させた、あのアメリカ人のことである。このことがわかって、私は腹が立った。あちこち染みのついた風呂の鏡に映った自分の顔を見つめながら、私が囚われていた、いやな感情を追い払おうと心に決めた」。

このような状態になって初めてチャンゲズは、自分の眼でカラチに根差した土着のイスラーム文化を再発見できるようになる。彼は自宅にある調度品、書籍等の豊かさが理解できるようになったのだ。新たな眼で室内を見たときの感情は次のように述べられている。

「ムガール王朝風の細密画や古い絨毯《じゅうたん》は、美しく客間を飾っていた。すばらしい蔵書がベランダまで続いていた。貧困とは程遠いものだった。事実、それは歴史を持つ豊かなものだった。私は何と偏狭になっていたのだろうか。そんなにも盲目になっていたため、現実とは違うことを考えていたのだ。…その結果、私は実体を欠いた人間となり、アメリカ人の仲間と短期間一緒にいただけで、たやすく影響を受けたのだ」。

カラチに戻ったチャンゲズは、意識の底に潜んでいた土着文化が浮上し始め、パキスタンの現実が見え始めてくる。家族との対話の中で、アメリカはパキスタンを利用するだけで、守ってはくれないということがわかり、彼のアメリカへの怒りは増加する。彼は「髭」を蓄えたままアメリカへ戻った。その髭は抗議と怒りの象徴であった。しかし彼は、アメリカで働き続ける。彼が会社を辞めて、パキスタンに帰ったのは出張でチリに出かけたとき、出版社の責任者ファン・バウチスタの話を聞いたからであった。バウチスタは次のように語った。

「『オスマン帝国の精鋭部隊の話、聞いたことがありますか?』。『いいえ』と私は答えた。『彼らはキリスト教徒の少年だった。帝国に捕らえられて、ムスリムの兵士に鍛えあげられたんだ。当時、その軍隊は世界最大の軍隊だった。兵士となったその少年たちは、凶暴で全く忠実だった。彼らは自分自身の文明を抹殺し、その結果、戻るべきものを持たなくなったんだ』。彼はそう説明した。…『もし、彼らが忘れられないような記憶を持っていたなら、養子となった帝国に身を捧げることは、はるかに困難だったろうね』」。

チャンゲズはこの話を聞いて、「オスマン帝国の精鋭部隊の兵士」こそ、自分の姿だと自覚した。イスラーム文化の中で育ち、アメリカのエリート大学に学び、物質的「豊かさ」と引き換えに、「市場原理主義」というアメリカ的自己中心の価値観を受け入れ、「アメリカ帝国」の経済の先兵となって、忠実にはたらく自分の姿こそ、まさに「オスマン帝国の精鋭部隊の兵士」そのものであった。その醜い姿に気づけたのは、彼が土着のイスラーム文化の中で育ったという「忘れられないような」記憶、「戻るべきもの」を持っていたからであった。彼は他国の問題に絶えず干渉するアメリカが許せなかった。アジア大陸を取り巻く主要な抗争や行き詰まりのすべてにおいて、アメリカは主要な役割を果たしてきているのだ。また彼は、「援助と制裁を交互に繰り返す中で、アメリカ帝国が自らの力を行使する第一の手段は金《かね》だということ」を知った。

チャンゲズはアメリカの世界支配に参加することを拒否し、パキスタンに戻って大学の「金融論」の教員となり、共産主義者、資本主義者、フェミニスト、宗教者の連帯による非暴力的な社会政治運動にも参加するようになる。彼の活動は、アメリカの世界戦略を批判しつつも、アメリカ人民衆との連携を掲げるものである。それは、この小説の最終部分で、ラホールの喫茶店で知り合ったアメリカ人に次のように語る言葉から理解できる。チャンゲズは次のように述べる。

「私はアメリカが好きです。私は非暴力を信じている者だということを、確信をもって申し上げることができます。流血は私には、正当防衛を除けば、嫌悪すべきものです。…私は殺人者たちに決して与《くみ》するものではありません。私はただの大学教員であり、それ以上でもそれ以下でもありません。…私は、アメリカほど他国の住民をそれほどまで容易に殺したり、そんなにも遠く離れた多くの人々を怯えさせる国はないということを、何よりも、学生たちに話しているのです。…でも、われわれパキスタン人はすべてテロリストの可能性があるなどと想像すべきではありません。ちょうど、われわれが、あなたたちアメリカ人すべてが、秘密の殺し屋だと想像すべきでないのと同じです。…ですから、私があなたと握手しようとするのを拒否しないでいただきたいのです」。

　チャンゲズは、体験を通じてアメリカには「有色人」を平等な人間として認めない社会政治構造が現在も存在していることを知った。それはリチャード・ライトの時代ばかりでなく、ナイジェリア人の青年オビも現代に体験している。これは民衆のみならず、チャンゲズのような「エリート」も感じているものである。アメリカ経済に貢献する有能なパキスタン人チャンゲズも、しょせん、「利用できる兵士」に過ぎなかったのである。このような人種差別的構造は、アメリカの「市場原理主義」のもたらす氷山の一角なのである。「市場原理主義」は必要に応じて、むきだしの暴力の姿をみせたり、冷淡な心理的疎外の姿をみせたりする。日常的に「非白人」が受ける非人間的現実の根本には、このようなアメリカのグローバル経済・政治支配が存在する。それを除去することの必要性に気づけば、肌の違いを超えて連帯できるのである。これが、チャンゲズの帰結であった。

人種差別克服の道

この世に存在するものは、二つとして同じものがない。したがって、「わたし」(アメリカ)と「他者」(非欧米世界)が異なっていることは、不思議なことではない。問題は、「自己」と「他者」の関係において、差異と平等が、どのようにかかわるのかであろう。二項対立的思考は「わたし」を絶対化し、劣者としての「他者」との相互交流を否定する。この場合、「自己」は理性的で、常に正しいという前提から出発するわけであるから、「他者」は「自己」(アメリカ)に同化することによってしか、「平等」への接近は成り立たない。しかし、「他者」が「アメリカ的価値観」を忠実に実行しても、模倣者の域を超えることはない。この「同化」という前提を認めるなら、「他者」にも一定の富や社会的地位が与えられる。しかし、この枠組みをこえた平等を求めるとき、報復として、ありとあらゆる差別・抑圧が生まれるのである。モーシン・ハミードは、アパリタ・バンダリのインタヴューにおいて次のように、二項対立的思考を批判している。

「私の小説『ラホールの喫茶店での出会い』から得るべき思想は、物事は複雑であるのに、われわれは好戦的単純化がうまく利用されている世界に生きているということだと思います。つまり、『われわれ』対『彼ら』という構造です。悪の枢軸という言葉があります。それはイスラーム対キリスト教、あるいは西洋というこ となのです。こんなことは全くばかげたことです。…この小説が行おうとしていることは、鏡を読者に示し、次のように言うことなのです。『ほら、あなたは複雑でしょう。この小説をお読みになっているその読み方が、複雑なのです。登場人物も複雑なのです。それが世界なのです』」。

「二項対立的思考」は、欧米近代の「自我中心主義」にルーツを見出すことができる。神から与えられた「理性」をもつ人間を「欧米近代人」に限定し、「神の代理人」として「野蛮な遅れた人々」を「文明化させる」発展の手立てとして、アジア・アフリカ・ラテンアメリカなどの世界の植民地支配を合理化してきた。そこには「われわれ（欧米近代世界）」と「他者（植民地化されるべき世界）」という明確な「二項対立」が見られる。モーシン・ハミードは明確に、この欧米型近代に顕著にみられる「二項対立的」思考を批判している。彼が述べているように、物事は複雑で、相互に関係しあっているのである。だからこそ、「白人」対「黒人・有色人」という「優劣」に基づく二項対立的な捉え方は、誤りなのである。実際に、アメリカ・ミネアポリスで起きた白人警官による黒人男性殺害に対する抗議には、多くの白人も参加しており、多くの警官も片膝をついて、抗議を表明している。一九六〇年代の公民権運動にも、多くの白人が参加している。ここには、差異の中に存在する普遍的人間性の発見があるからである。これは、ライトの小説がナチズムと闘うフランス人やヨーロッパの人々に勇気づけを与えたのと同じである。

このようなモーシン・ハミードの思想は、イスラームの「タウヒード」概念から生まれたものである。この概念は、「相互関係性」「差異性」「等位性（平等性）」を一体のものとして捉えるイスラームの主要概念である。「ハディース」と呼ばれる預言者ムハンマドの言行録には、次のような言葉がある。「あなたは信者たちが、さながら一つの身体であるかのようにお互いに親切、愛情、同情を交し合うさまを見るであろう。そして身体の一部が痛めば、全身が不眠と熱で反応する」。機能の異なる多くの臓器がつながりあって、一つの人体は形成されている。諸臓器は、機能の違いを持ちつつ、共に人体形成に参与しているという点、一つ一つが、共になくてはならない存在であるという点では平等である。このような考え方は、仏教の「空・縁起」思想やインドの「バクティ」思想、キリスト教の「コリントの信徒への手紙一二」の「一つの体、多くの部分」と同じであり、物事の相互関係性を基軸にしたものである。そこには、差異と平等が見事に併存し、二項対立による他者の破壊（殺害）は、自分をも亡ぼすという、非暴力平和思想が存在する。このような思想は、宗教に共通に存在するものであり、これこそが欧米型近代の人種差別を超えて人類が共生できる道である。

結びにかえて

モーシン・ハミードの小説の主人公チャンゲズは、人種差別的なアメリカ社会を超える道を土着的文化としての相互関係性を意味する「タウヒード」概念に見出している。それは宗教としてよりも、土着文化として生活の中に息づいている生き方なのである。このような土着文化に基づく近代化こそが、人種差別を超え人類が共生できる道であることをハミードは確信したのであろう。これこそが、二項対立に基づく欧米型近代を超える道であろう。この道こそが、人種差別を根絶するものであろう。

南アフリカには「ウブントゥ」という土着思想があるが、これは、「人は他者を通して人間となる」という言葉に表されているように、相互関係性を意味する言葉である。南アフリカに暮らす誰もが認めるこの概念が、反アパルトヘイト運動と結合したとき、大きな力を発揮し、非暴力によって、アパルトヘイト体制を打破した。ここにも、欧米型近代とは異なる「土着的近代」の始まりを見ることができる。アメリカにおける差別の問題は、東アジアの人々に対する「ヘイト」に目を向けるとき、われわれにも直接問われている問題でもある。その克服の道は、敵対者をも包み込み変容させ共生できる社会の実現であり、そこには「土着文化」に基づく「近代化」のもつ変容力に大きな可能性が存在するのではないだろうか。

あとがき

　いまから半世紀近く前、中学生だった私は屈強な黒人男性が満月に向かって赤ん坊を掲げる姿に目を奪われていた。アレックス・ヘイリー原作『ルーツ』のドラマ（一九七七）は日本で二〇パーセントを超える視聴率をたたき出したが、本国アメリカではその比ではなかった。なんと四四・九パーセント、一億三千万人のアメリカ人が見たことになる。全米はひとりの奴隷の物語に涙し、その負の歴史に学び、人種差別は絶対にしまいと誓った、はずだった。が、しかし、その後もクンタ・キンテの末裔たちは、まさに彼自身がそうであったように、軽んじられ、疑われ、蔑まれつづけている。

　そんな状況をずっと容認し、また助長してきたアメリカは、やはり病んでいると言わざるを得ない。トランプが出てきたからではない。トランプを生み出す素地がアメリカ社会の底流にあるから、だ。しかし、だからこそ、アメリカ社会による自浄努力を世界は求めている。困っている人を助け、泣いている人を慰め、目の前に横たわる不条理を正すという人としての原点に立ち返り、今回のＢＬＭ運動が一日でも長く続き、一人でも多くの人の心に共鳴し、人種差別という不条理が一日も早く取り除かれることを切望する次第である。

最後に、ＢＬＭ運動の盛り上がりを受けて急遽刊行を決意したにも関わらず、ご賛同いただいた執筆者の方々には迅速に対応していただいた。心からお礼を申し上げたい。出版を快くお引き受け下さった三月社の石井裕一社長にも尽せぬ感謝の気持ちでいっぱいである。

学問の良心と出版の良心が合わさって生み出された、いわば血のかよったとでもいうべき本書が、日本の黒人研究というアカデミズムの場から積極的に世に問う一冊として、広く長く読まれることを期待したい。

二〇二〇年一〇月十四日

編著者代表　山本伸

❖編著者

山本伸（やまもと・しん）……東海学園大学教授

西垣内磨留美（にしがうち・まるみ）……長野県看護大学名誉教授

馬場聡（ばば・あきら）……日本女子大学准教授

❖著　者

N・Y・ナシリ……イートンヴィル保存協会専務理事

加藤恒彦（かとう・つねひこ）……立命館大学名誉教授

田中千晶（たなか・ちあき）……大阪大学非常勤講師

永尾悟（ながお・さとる）……熊本大学准教授

清水菜穂（しみず・なお）……宮城学院女子大学特命教授

ハーン小路恭子（ハーン・しょうじ・きょうこ）……専修大学准教授

三石庸子（みついし・ようこ）……東洋大学教授

鈴木繁（すずき・しげる）……ニューヨーク市立大学バルーク校准教授

川村亜樹（かわむら・あき）……愛知大学教授

西田桐子（にしだ・きりこ）……お茶の水女子大学非常勤講師

平尾吉直（ひらお・よしなお）……東京都立大学非常勤講師

北島義信（きたじま・ぎしん）……四日市大学名誉教授

ブラック・ライブズ・スタディーズ
BLM運動を知る15のクリティカル・エッセイ

2020年 11月 20日　初版１刷発行

編著者　山本伸 + 西垣内磨留美 + 馬場聡

著　者　N・Y・ナシリ + 加藤恒彦 + 田中千晶 + 永尾悟 + 清水菜穂 + ハーン小路恭子 + 三石庸子 + 鈴木繁 + 川村亜樹 + 西田桐子 + 平尾吉直 + 北島義信

発行人　石井裕一

発行所　株式会社三月社
〒113-0033　東京都文京区本郷一丁目 5 -17 三洋ビル67
tel. 03-5844-6967　fax. 03-5844-6612　http://sangatsusha.jp/

印刷・製本　株式会社シナノ

ISBN978-4-9907755-5-1 C0030

三月社の本

琉神マブヤーでーじ読本
ヒーローソフィカル沖縄文化論

沖縄の特撮《琉神マブヤー》の魅力をカリブ文学者が解き明かす異色のローカル・ヒーロー読本。『琉神マブヤー』には、押し寄せるグローバリズムの荒波を取り入れながらもローカルさを見失わず、逞しく生き延びる「グロー〈カ〉リズム」の文化戦略、「ヒーローソフィカル」があった!

山本伸◉著　A５判並製　カラー口絵 8p ／図版多数／ 256p
定価（本体 2200 円＋税）ISBN978-4-9907755-1-3　C0076

抽象と具体
創造行為を描き出すこと

抽象と具体の表現、その往還の意味を問う論考、思考のダイヤグラム。抽象と具体の表現の往還は創造行為に、芸術にいかに結実するか。この問いを原動とする著者は文学、絵画、写真、映像の作品を貫きながら思考のレールを延ばし創造行為の始発へと思いを巡らせる。

栂正行◉著　四六判並製　本文 218 p
定価（本体 2200 円＋税）ISBN978-4-9907755-4-4　C0070

創造と模倣
移動芸術論

“創造”と“模倣”の関係を“移動”のなかで幅広く問うアートの論考集。小説、絵画、模型、ミニチュア。拡大、縮小、反復、翻案、転用、転換。オリジナルと複製芸術。パスティシュと「まがい物」。イデアとミメーシス。画家たちの伝記的映画に創造への転換を探る。

栂正行◉著　四六判並製　本文 240 p＋カラー口絵４p
定価（本体 2200 円＋税）ISBN978-4-9907755-3-7　C0070

引用と借景
文学・美術・映像・音楽と旅の想到

カズオ・イシグロ作品の断続的批評、V・S・ナイポール『到着の謎』とデ・キリコの絵画『到着と午後の謎』の関係、ロンドン・ソーホーの映画群からシュルレアリスムの絵画、市場と広場の成立、モノ・ことば・こころの関係から「引用」と「借景」の営みを検出する。

栂正行◉著　四六判並製　本文 224 p＋カラー口絵４p
定価（本体 2200 円＋税）　ISBN978-4-9907755-2-0 C0070